Andreas Redtenbacher/Daniel Seper (Hg.)
Die Liturgietheologie von Pius Parsch

PIUS-PARSCH-STUDIEN
Quellen und Forschungen zur Liturgischen Bewegung
Band 18

Herausgegeben von Univ.-Prof. Dr. Andreas Redtenbacher CanReg,
Klosterneuburg

In Verbindung mit
Univ.-Prof. Dr. Harald Buchinger, Regensburg
Univ.-Prof. Dr. Hans-Jürgen Feulner, Wien
Univ.-Prof. Dr. Ansgar Franz, Mainz
Univ.-Prof. em. Dr. Basilius Groen, Graz
Univ.-Prof. em. Dr. Andreas Heinz, Trier
Univ.-Prof. Dr. Birgit Jeggle-Merz, Chur/Luzern
Univ.-Prof. Dr. Reinhard Meßner, Innsbruck
Univ.-Prof. em. Dr. Rudolf Pacik, Salzburg
P. Mag. Winfried Bachler OSB, ÖLI Salzburg

Andreas Redtenbacher
Daniel Seper (Hg.)

Die Liturgietheologie von Pius Parsch

Klosterneuburger Symposion 2021

FREIBURG · BASEL · WIEN

WISSENSCHAFT · FORSCHUNG NIEDERÖSTERREICH

© Verlag Herder GmbH, Freiburg im Breisgau 2022
Alle Rechte vorbehalten
www.herder.de
Umschlaggestaltung: Verlag Herder GmbH
Satz: Barbara Herrmann, Freiburg
Herstellung: CPI books GmbH, Leck
Printed in Germany
ISBN 978-3-451-38920-7

Inhalt

Geleitwort
des Referatsbischofs für Liturgie
der Österreichischen Bischofskonferenz 9
Weihbischof Dr. Anton Leichtfried

Hinführung
„Das liturgische Bewusstsein der Weltkirche geformt" (Ratzinger) –
Die Liturgietheologie von Pius Parsch 11
Andreas Redtenbacher

Verortung

Volksliturgie oder Elitebildung? Säkularisierungswahrnehmung
und Kirchenreform bei Pius Parsch 19
Lea Lerch

„Erkennet das höchste Gut des Christentums, das göttliche Leben."
Gnade, Gnadentheologie und Gnadenfrömmigkeit
im Denken Pius Parschs 36
Ursula Schumacher

Die Schau des Christentums „von der Mitte und dem Wesen aus" /
„Das ganze Christentum konzentrieren". Die pastoraltheologischen
Anliegen von Pius Parsch und Josef Andreas Jungmann 76
Rudolf Pacik

Ekklesiologie

Inbegriff der Offenbarung oder gefährlicher Augustinismus?
Die Konzeption der Kirche als mystischer Leib Christi in der
theologischen Debatte der Zwischenkriegszeit 97
Klaus Unterburger

Die Kirche als mystischer Leib Christi
Zum ekklesiologischen Leitbild bei Pius Parsch 114
Stefan Kopp

Die Gemeinde bei Pius Parsch 125
Reinhard Meßner

Die Messe

Zwischen Rezeption und Neuansatz. Zum eucharistietheologischen
Profil der „Messerklärung" von Pius Parsch 139
Peter Ebenbauer

„Die heutigen Christen haben kein Opferbewußtsein."
Beobachtungen zur Messtheologie bei Pius Parsch 156
Winfried Haunerland

„Große Entdeckung: Die Bibel ist sakramental." Zu Pius Parschs
Wort-Gottes-Theologie und seinen liturgischen Predigten 174
Marco Benini

Einflüsse aus Ost und West

Von Kiew nach Klosterneuburg.
Ostkirchliche Einflüsse auf Pius Parsch 203
Daniel Seper

Bibel, Liturgie und Gnade. Pius Parsch und die liturgische
Bewegung in den evangelischen Kirchen 230
Dorothea Haspelmath-Finatti

Neue Perspektiven auf Pius Parsch und sein liturgietheologisches
Denken – Resümee und Ausblick 246
Benedikt Kranemann

Schlusswort
Andreas Redtenbacher 255

Autorinnen und Autoren 257

Dokumentation des Symposions

„Das liturgische Bewusstsein der Weltkirche geformt" (Ratzinger) –
Die Liturgietheologie von Pius Parsch
Viertes Liturgiewissenschaftliches Symposion 260

Geleitwort
des Referatsbischofs für Liturgie
der Österreichischen Bischofskonferenz

Weihbischof Dr. Anton Leichtfried

Liebe Leserinnen und Leser!

Pius Parsch (1884–1954) war der international bekannte Augustiner Chorherr aus dem Stift Klosterneuburg und jener große österreichische Pionier der Liturgischen Bewegung im Vorfeld des II. Vatikanischen Konzils, dessen Werke in 17 internationalen Sprachen erschienen und der damit weitreichenden Einfluss auf die folgende Entwicklung der Liturgie ausübte. Seine Liturgietheologie hatte er stets ausgehend von der konkreten Feier entwickelt: historisch, theologisch und mit Blick auf eine lebendige Feier der Gemeinde. Im Februar 2021 fragte das nun schon dritte Pius-Parsch-Symposion nach dem liturgietheologischen Proprium von Pius Parsch. Der vorliegende Band vereint sämtliche Vorträge des Symposions mit seinen vier Themenblöcken:
  1. Pius Parsch im geschichtlichen Kontext
  2. Ekklesiologie bei Pius Parsch
  3. Geschichte, Theologie und Praxis der Messe bei Pius Parsch
  4. Ökumenische Querverbindungen in Ost und West

Die vier Themenblöcke werden abgerundet durch die exzellente Zusammenfassung von Prof. Benedikt Kranemann (Erfurt), der die ausgelegten Fäden am Schluss zusammenführt. Vor allem weist er auf zentrale, bisher zu wenig beachtete Erkenntnisse hin sowie auf neu entstandene, höchst aktuelle Forschungsfragen, denen nachzugehen nicht nur für die Liturgiewissenschaft von Bedeutung ist.

Als Kirchlicher Protektor des Pius-Parsch-Instituts und als Referatsbischof für Liturgie der Österreichischen Bischofskonferenz möchte ich meine Anerkennung und meinen Dank allen ExpertInnen und ProfessorInnen ausdrücken, die an der inhaltlichen Vorbereitung und Ausrichtung des ertragreichen Symposions beteiligt waren. Mein Dank gilt besonders auch dem Klosterneuburger „Pius-Parsch-Institut für Liturgiewissenschaft und Sakramententheologie" für die engagierte und

Weihbischof Dr. Anton Leichtfried

nimmer müde Arbeit, das Erbe des großen Klosterneuburger Chorherrn als Sinnreserve für die Liturgie der Kirche lebendig zu erhalten und auch für die Zukunft fruchtbar zu machen.

St. Pölten, am 1. November 2021 + Anton Leichtfried

Hinführung

„Das liturgische Bewusstsein der Weltkirche geformt" (Ratzinger) – Die Liturgietheologie von Pius Parsch

Andreas Redtenbacher

Die folgenden zehn kurzen Punkte versuchen, ein „Panorama" abzustecken, innerhalb dessen sich das Symposion bewegt. Der Rahmen dieses Panoramas wird sich vermutlich im Lauf des Symposions noch verschieben und seine Markierungen akzentuieren. Vielleicht kommt es dabei aber auch zu Überraschungen.

(1) Dass wir in diesen Tagen gemeinsam eine Community von insgesamt 110 Personen bilden, ist erstaunlich und überraschend. Zum einen ist die große Zahl vermutlich auf das digitale Format dieser Veranstaltung zurückzuführen, die die Teilnahme erheblich erleichtert. Zum anderen macht sich hier wohl auch eine aus der gegenwärtigen Not geborene liturgiepraktische und liturgiewissenschaftliche Suchbewegung bemerkbar, bei der – verkürzt gesagt – auch Pius Parsch in den Blick gerät und als Sinnreserve befragt werden kann und nach meiner unmaßgeblichen Meinung auch sollte.

(2) Die Liturgische Bewegung, die Liturgiereform des II. Vaticanums und die gesamte Liturgiegeschichte – aktuell und umfassend 2018 dargestellt in der zweibändigen *Geschichte der Liturgie in den Kirchen des Westens* von Jürgen Bärsch und Benedikt Kranemann – zeigen eindrucksvoll die nicht nur berechtigte, sondern die wesensnotwendige Wandlungsfähigkeit und das erhebliche Inkulturationspotenzial der Liturgie der Kirche. Diesbezüglich scheint die gegenwärtige Lage besonders herausfordernd. Liturgie und Kirche erleben sich heute in einer gesellschaftlichen Epoche, in die sie sich ungewohnt neu hinein transponieren, wenn man so will: neu hineinschreiben müssen. Bis hin zu innovativen Liturgieformaten. Dabei muss man noch gar nicht an die medialen Übertragungsformen denken, die Pandemie-bedingt das Feld bestimmen und ganz neue Fragen aufgeben. Das ist die eine Seite der Herausforderung, die jeder spüren kann. Dabei bleibt aber entscheidend, dass der Gottesdienst der Kirche zugleich – mit einer Wendung von Gunda Brüske

gesagt – um den „heißen Kern" seiner eigenen Sache ringen muss, der ja nicht aufgegeben werden kann. Diese beiden Spannungspole koinzidieren ja schon im bekannten Begriff der *liturgia semper reformanda*.

(3) In der beschleunigten Veränderung der Sozialgestalt der Kirche, die sich in Konturen längst abzeichnet, liegt es daher heute besonders nahe, Ausschau zu halten: ob, warum und wieweit an früher schon erfolgten und in ihrem jeweiligen Zeitkontext wirksam gewordenen Transformationsprozessen auch heute zu lernen ist. Anders gesagt: Ob es in der Geschichte „Sinnpotenziale" gibt, die vielleicht noch gar nicht ganz ausgeschöpft sind und die wir wieder neu entdecken und – mutatis mutandis – in der gegenwärtigen Situation anwenden können. So liegt die Neubefassung und Neubewertung auch von Pius Parsch heute nahe. Auch hier kann sinngemäß gelten, dass Liturgiegeschichte zwar nicht normativ ist, wohl aber instruktiv sein kann, wie Robert Taft sagt[1].

(4) In der Vergangenheit wurde mehrfach darauf hingewiesen, dass das einst in die Weltkirche so breit hineinstrahlende Echo seines Werkes und seiner Schriften in den ersten Jahren nach dem Konzil nahezu verstummt war und erst ab den 1970er Jahren des letzten Jahrhunderts zaghaft in der Liturgiewissenschaft wieder entdeckt wurde. Das ist erstaunlich, wenn man bedenkt, dass die Werke von Parsch in 17 internationalen Sprachen erschienen waren, von denen immerhin Kardinal Franz König aus eigenem Erleben vermerkt hat, dass es kaum einen Konzilsvater gab, der nicht zumindest eines dieser Werke selbst gelesen hatte. Dies sei, so der Kardinal, neben anderen zumindest *einer* der Gründe gewesen, weshalb die Liturgiekonstitution so einmütig und rasch beschlossen wurde und dann unverzüglich umgesetzt werden konnte. Weltweit war ein „liturgisches Bewusstsein" gewachsen, an dem Parsch maßgeblichen Anteil hatte.

(5) Aber wir kennen auch die andere Seite, die Parsch unterstellt, er sei als bloßer Textheftproduzent – zwar in Millionenauflagen – letztlich über die Rolle des bloßen Popularisierers der Liturgischen Bewegung nicht hinausgekommen. Und vor allem: er sei durch die Liturgiereform des II. Vaticanums überholt, ja überboten worden. Während Odo Casel, Romano Guardini und Joseph Andreas Jungmann in der theologischen Rezeption weiterhin gegenwärtig blieben, sprach man Parsch ein tieferes theologisches Denken ab. Aber ist es wirklich möglich, das „liturgische Bewusstsein der Weltkirche"[2] so nachhaltig zu formen – um das Zitat

---

1 Vgl. R. Taft, Über die Liturgiewissenschaft heute, in: ThQ 177 (1997) 243–255.
2 J. Ratzinger, Brief anlässlich des 50. Todesjahres von Pius Parsch vom 20. Juli 2004 [Archiv PPI].

von Kardinal Ratzinger aus dem Titel des Symposions zu bemühen –, ohne ein eigenes theologisches Konzept zu haben? Schon allein deswegen lohnt es sich, tiefer zu graben und nach den Grundlagen zu fragen, die Parsch in seinem Denken bewegt haben. Einmal mehr verweise ich in diesem Zusammenhang auf den Beuroner Erzabt Damasus Zähringer, der Parsch eine „weiter nicht ableitbare Ursprünglichkeit"[3] zusprach, die sein Denken innerhalb der Liturgischen Bewegung charakterisiert. Worin besteht eigentlich diese „nicht ableitbare Ursprünglichkeit" bei Parsch und was ist ihre spezifische liturgietheologische Sinnmitte? Diese Frage ist bis heute nicht wirklich aufgearbeitet. Unser Symposion könnte dazu beitragen, dem zumindest in einigen Schritten näherzukommen. Das Programm des Symposions stellt dabei Parsch bewusst in den Kontext seiner Zeit und der damaligen Theologie, um auf dem Hintergrund der Wechselwirkungen nach seinem eigenen Profil zu fragen und nach seinem möglichen Mehrwert zu suchen.

(6) Rund drei Jahrzehnte nach den ersten liturgiewissenschaftlichen Forschungen über Parsch in den späteren 1970er Jahren war es anlässlich seines 50. Todestages 2004 an der Zeit, endlich einen konzentrierten Blick auf Parsch zu lenken, bereits vorhandene Einzelergebnisse zu bündeln und tiefer zu fragen. Während an jenem ersten Parsch-Symposion[4] eine Bestandsaufnahme unter dem Titel „Pius Pasch in der liturgiewissenschaftlichen Rezeption" erfolgt war und vor allem historische und liturgiepastorale Perspektiven im Fokus standen, setzte 2014 das zweite Parsch-Symposion[5] zum 60. Todestag breiter an. Unter dem Generalthema: „Liturgie lernen und leben – zwischen Tradition und Innovation" behandelte es in mehreren Anläufen bereits grundlegende theologische Positionierungen, daneben historisch aufschlussreiche und wirkungsgeschichtlich bedeutsame Einzelthemen, aber auch aktuelle Gegenwartsfragen, die man mit dem Titel „Liturgie aus dem Geist von Pius Parsch" umschreiben kann.

(7) 2021 soll sich nun mit dem dritten Symposion, der Blick auf Parsch noch stärker theologisch konzentrieren und dabei den Fokus

---

3 D. Zähringer, † Dr. Pius Parsch, in: Benediktinische Monatsschrift 30 (1954) 334–337.
4 Vgl. W. Bachler/R. Pacik/A. Redtenbacher (Hg.), Pius Parsch in der liturgiewissenschaftlichen Rezeption. Klosterneuburger Symposion 2004 (PPSt 3), Würzburg 2005.
5 A. Redtenbacher (Hg.), Liturgie lernen und leben – zwischen Tradition und Innovation. Pius Parsch Symposion 2014 (PPSt 12), Freiburg/Br. 2015.

auch auf den inneren Zusammenhang der großen Kernthemen bei Parsch legen. Für die Vorbereitungsgruppe standen dabei folgende Fragen im Raum:
- Was sind eigentlich seine Kernthemen?
- Was davon ist Liturgietheologie?
- Was davon ist genuin und typisch für Parsch?
- Was hat er übernommen, was weitergedacht, was zusammengedacht?
- Wie steht Parsch im kirchlichen und theologischen Kontext seiner Zeit?

Dabei müssen wir aber nicht in einem luftleeren Raum beginnen. Reinhard Meßner hatte bereits auf dem Symposion 2014 eine Skizze über die Kernthemen bei Parsch vorgelegt[6], er nannte konkret:
- die Teilhabe an der göttlichen Natur als Gnade;
- die Kirche als Lebensraum der Gnade im Leib Christi;
- die theologische Dignität der konkreten Ortskirche;
- das daraus resultierende Amtsverständnis des Ortspfarrers;
- das gemeinsame Taufpriestertum aller als Bedingung der aktiven Teilnahme;
- die Bedeutung des konkreten Liturgievollzugs bei Parsch, die einen stark rituell geprägten Liturgiebegriff nahelegen würde;
- zu ergänzen wäre wohl noch das Feld Bibel und Liturgie.

Auf diesem Hintergrund, der hier nur in Schlaglichtern benannt ist, stehen die einzelnen Beiträge auch unseres aktuellen Symposions und nehmen zu den wichtigsten Themen die notwendigen Tiefenbohrungen vor.

(8) Dabei bleibt aber weiterhin die noch größere Frage offen, ob es hinter seinen ja sehr vielfältigen Liturgieaussagen im Einzelnen, aber auch durch seine großen stets wiederkehrenden Kernthemen hindurch einen vielleicht nicht ausdrücklich verbalisierten und nur indirekt sichtbaren Ort gibt, auf den hin letztlich alle seine Themen konvergieren. Oder anders gesagt: Was ist die „Universalgrammatik" hinter allen Liturgieaussagen Parschs – gibt es also eine gemeinsame theologisch-strukturelle Basis der liturgischen Aussagen bei Parsch? Soweit sie in den Einzelbeiträgen zu den theologischen Kernthemen des Symposions durchleuchtet und dabei etwas von seiner Identität sichtbar machen kann, ist damit die Parsch-Forschung ein gutes Stück vorangebracht.

---

6 R. Meßner, Theologische Ansätze bei Pius Parsch, in: A. Redtenbacher (Hg.), Liturgie lernen und leben – zwischen Tradition und Innovation. Pius Parsch Symposion 2014 (PPSt 12), Freiburg/Br. 2015, 218.

Dennoch: Bei aller Analyse, aus seinen Werken seine liturgietheologische „Universalgrammatik" zu erschließen und seine Liturgietheologie zu formulieren, muss jedoch klar bleiben: Parsch geht es um den neu erfassten und verstandenen liturgischen Vollzug. Sein Denken setzt beim Ritus an, nicht bei abstrakter Theorie. Das heißt aber auch: Er setzt konsequent liturgiewissenschaftlich „von unten" und nicht „von oben" an; er macht „Liturgische Theologe" und nicht „Theologie der Liturgie". Aber er verfolgt dabei in jedem Fall ein liturgie-*theologisches* Programm.

(9) „Die erste Morgenstunde ist das Steuerruder des Tages", sagt Augustinus. Es liegt nahe, auch bei Parsch die „erste Morgenstunde" abzurufen, in der Hoffnung, dass sich im Anfang schon das Ganze abzuzeichnen beginnt – und vielleicht doch schon etwas von seiner „weiter nicht ableitbaren Ursprünglichkeit". Der Anfang lag in der Stiftsliturgie in Klosterneuburg und seine fast angeborene unbändige Sehnsucht, sie zu verstehen: Ihren Vollzug wollte er begreifen, um sie betend mitvollziehen zu können. Dafür hat er vom Noviziat an Autoren der Liturgischen Bewegung sowie Psalmen- und Liturgiekommentare herangezogen. Besonders fasziniere ihn das Werk *L'année liturgique* von Prosper Guéranger, dem Gründerabt von Solesmes, das ihn das Liturgische Jahr als sakramentalen Vorgang und als Jahr des Heiles begreifen lässt. Dazu kam die Vertiefung in der biblischen Theologie über die Heilsbedeutung des Kreuzestodes Christi bei Paulus anlässlich der Doktorarbeit[7]. Mit diesem Hintergrund wurde er dann erst der Feldseelsorger mit seinem liturgisch-biblischen, pastoralen Animo. Und was bleibend wichtig wird: Er begegnet in Kiew der byzantinischen Liturgie des Ostens. Von ihr bezieht er den prägenden Impuls, den Mitvollzug der Feier durch das Volks als „aktive Teilnahme" am gefeierten Mysterium selbst zu begreifen. Das wird ihn nie wieder verlassen.

(10) Die „Morgenstunde" seines Lebens für die Liturgie liegt also nicht zuerst im Krieg und in der pastoralen Not des einfachen Mannes an der Front oder später in einer gehobenen Pastoral unter besonderen Bedingungen, die ihn dann später noch weitergetrieben hat. Dies hat ihn natürlich angespornt. Aber sie ist grundgelegt in der Verbindung liturgietheologisch grundlegender Denkmotive.

---

7 P. Parsch, Die Bedeutung des Kreuzestodes Jesu Christi nach s. Paulus [unveröff. Diss. Universität Wien], 1909/10.

Ich sehe auf den ersten Blick vier:
1) theologisches Verstehen des Liturgievollzugs von innen her
2) Rahmenvollzüge (wie das Kirchenjahr) in ihrer sakramentalen Dignität erfassen
3) Biblisch begründete Christozentrik im Paschaereignis
4) „Aktive Teilnahme" als Ausdrucksgestalt der Teilhabe am Mysterium und am Göttlichen Leben.

Das alles steht bereits am Anfang und ist schon in seiner „Morgenstunde" da. Um abschließend den Bogen zu weiten: Später wird er mit Joh 10,10 sagen: Ziel aller Liturgie ist, „dass sie das Leben haben und es in Fülle haben"[8].

Nachtrag und Dank[9]

An dieser Stelle muss allen Beteiligten ein Wort des Dankes und der Anerkennung zugesprochen werden:
- den Experten der Vorbereitungsgruppe *Marco Benini* (Trier), *Peter Ebenbauer* (Graz), *Stefan Kopp* (Paderborn), *Reinhard Meßner* (Innsbruck);
- den Referentinnen und Referenten *Lea Lerch* (Klosterneuburg/Tübingen), *Ursula Schuhmacher* (Karlsruhe), *Rudolf Pacik* (Salzburg), *Klaus Unterburger* (Regensburg), *Stefan Kopp* (Paderborn), *Reinhard Meßner* (Innsbruck), *Peter Ebenbauer* (Graz), *Winfried Haunerland* (München), *Marco Benini* (Trier), *Daniel Seper* (Klosterneuburg), *Dorothea Haspelmath-Finatti* (Wien), *Benedikt Kranemann* (Erfurt);
- den Tagungsmoderatoren *Alexander Zerfaß* (Salzburg), *Joachim Schmiedl* (Vallendar), *Christoph Freilinger* (Salzburg), *Hans-Jürgen Feulner* (Wien);
- besonders auch *Daniel Seper* (Klosterneuburg), der die Last der organisatorischen Vorbereitung getragen hat;
- schließlich allen Teilnehmerinnen und Teilnehmern für den lebendigen Austausch.

---

8 Vgl. P. Parsch, Volksliturgie. Ihr Sinn und Umfang (PPSt 1), Würzburg 2004 [unveränd. Nachdruck d. zweiten, erw. Aufl., Klosterneuburg/Wien 1952], 472.
9 Im Anschluss an das Symposion anlässlich der Veröffentlichung des vorliegenden Dokumentationsbandes.

Verortung

Volksliturgie oder Elitebildung? Säkularisierungswahrnehmung und Kirchenreform bei Pius Parsch

Lea Lerch

1. Gesellschaftlicher Wandel und liturgische Bewegung

Die theologischen und liturgischen Reformvorstellungen von Pius Parsch ebenso wie von Josef Andreas Jungmann, Romano Guardini, Odo Casel und anderen Akteuren der katholischen Liturgischen Bewegung entstanden in Auseinandersetzung mit zeitgenössischen Erfahrungen gesellschaftlichen Wandels. In meiner Dissertation sowie in verschiedenen Beiträgen habe ich dies entfaltet.[1] Vermeintliche Verlust- und Verfallserscheinungen eines bestimmten, je nach Autor unter-

---

1 Vgl. dazu und zum Folgenden: L. Lerch, Modernekritik und religiöse Praxis. Die Liturgische Bewegung im Kontext der Zwischenkriegszeit, in: M. Lerch/C. Stoll (Hg.), Gefährdete Moderne. Interdisziplinäre Perspektiven auf die katholische Reformtheologie der Zwischenkriegszeit, Freiburg/Br. 2021, 140–164; dies., Erwünschte Individualisierung? Laien und Klerus in der Perspektive der Liturgischen Bewegung, in: G. M. Hoff/J. Knop/B. Kranemann (Hg.), Amt – Macht – Liturgie. Theologische Zwischenrufe für eine Kirche auf dem Synodalen Weg (QD 308), Freiburg/Br. 2020, 87–105; dies., Entdeckung des Leibes – Erneuerung der Liturgie. Körperdiskurse in der Liturgischen Bewegung, in: Theologie der Gegenwart 63/1 (2020) 19–32; dies., „Am Mittelalter zu Bewusstsein bringen, was uns fehlt". Geschichtsbilder der Liturgischen Bewegung und ihre theologische Funktion am Beispiel von Romano Guardini, in: A. Gerhards/B. Kranemann (Hg.), Dynamik und Diversität des Gottesdienstes. Liturgiegeschichte in neuem Licht (QD 289), Freiburg/Br. 2018, 227–247; L. Herberg, Heldentum und Hingabe. Liturgische Frömmigkeit und Erster Weltkrieg bei Odo Casel, in: Dies./S. Holzbrecher (Hg.), Theologie im Kontext des Ersten Weltkriegs. Aufbrüche und Gefährdungen (EThS 49), Würzburg 2016, 205–230; dies., „Dass die von den Fluten erfassten wieder die Heimat erkennen". Christozentrik in der Liturgischen Bewegung, in: H.-J. Feulner/A. Bieringer/B. Leven (Hg.), Tradition und Innovation? Die Liturgiekonstitution und ihre Folgen (Österreichische Studien zur Liturgiewissenschaft und Sakramententheologie 7), Münster 2015, 297–306. – Meine Dissertation, die ich unter dem Titel „Liturgie im gesellschaftlichen Umbruch. Romano Guardinis Reformtheologie im historischen Kontext der Weimarer Republik" an der Universität Erfurt eingereicht habe, wird 2022 in den „Veröffentlichungen der Kommission für Zeitgeschichte, Reihe B: Forschungen" erscheinen.

schiedlichen Zeitraums wurden diagnostiziert und prinzipialisiert zu Eigenschaften *der* Moderne. Zugleich entwickeln die Autoren innovative liturgische und theologische Reformimpulse, welche die weitere Theologie- und Kirchengeschichte des 20. Jahrhunderts prägten. Dass zukunftsorientierte Reformvorschläge eine modernekritische Grundstruktur aufweisen konnten, ist in der Zwischenkriegszeit kein Spezifikum von Katholizismus, Kirche oder Christentum. Vielmehr wurden Modernekritiken zunächst in außerkirchlichen bürgerlichen Diskursen zur Gesellschafts- und Lebensreform um 1900 virulent und erfuhren durch den Ersten Weltkrieg eine Popularisierung und Plausibilisierung. Sie gingen mit einem forcierten gestaltungsorientierten Zukunftsbezug einher: Es ist nicht nur notwendig, sondern auch möglich, problematische Entwicklungen der vergangenen Jahrhunderte nun einer Wendung zum Besseren zuzuführen – so die Erwartung. Ausgehend von oftmals scharfen, teilweise polemischen Abgrenzungen von jüngeren historischen Entwicklungen wurden Alternativen entwickelt und umzusetzen versucht.

Mit der theologisch leitenden Bezugnahme auf zeitgenössische Umbruchserfahrungen und Aufbruchserwartungen ist ein charakteristisches Kennzeichen der Liturgischen Bewegung genannt. Zugleich ist damit der strukturelle Grund für ihre ausgeprägte Heterogenität angesprochen: Die betreffenden Autoren beziehen sich jeweils auf konkrete gesellschaftliche Entwicklungen und Kontexte und formulieren ihre theologischen Überlegungen für je spezifische Adressatenkreise jenseits der Fakultäten, etwa für die Jugendbewegung, für katholische Akademiker oder Pfarreimitglieder. Bei dieser bewusst gegenwarts- und gesellschaftsbezogenen Ausrichtung der Theologie handelt es sich um eine wissenssoziologische Gemeinsamkeit der Liturgischen Bewegung. Deren charakteristisches Themenfeld ist von diesem Sachzusammenhang mitbestimmt: Von „Liturgie als Vollzugsform des Glaubens" zu handeln, eignete sich in besonderer Weise dazu, einen angenommenen *Intellektualismus* und eine aus diesem resultierende *Irrelevanz* der Theologie zu überwinden. Die beiden kursivierten Zuschreibungen an die Neuscholastik entnehme ich Ursula Schumachers Typisierung der Neuscholastikkritik im 20. Jahrhundert.[2] In weiterführender Anknüpfung an ihre Analyse habe ich spezifisch für Romano Guardini, Odo Casel,

---

2 Vgl. U. Lievenbrück, Zwischen donum supernaturale und Selbstmitteilung Gottes. Die Entwicklung des systematischen Gnadentraktats im 20. Jahrhundert (Studien zur systematischen Theologie, Ethik und Philosophie 1), Münster 2014, 59–62.

Josef Andreas Jungmann und auch Pius Parsch gezeigt: Sie betrachten die Neuscholastik als intellektualistisch und aus diesem Grunde als gesellschaftlich und lebenspraktisch irrelevant.[3] Diese Defizite versuchen sie zu beheben, indem sie nicht nur neue Deutungen und Gestaltungen von Liturgie, sondern im Zuge dessen auch einen neuen Theologiestil entwickeln, der gekennzeichnet ist durch den bewussten und theologisch leitenden Rekurs auf zeitgenössische Bezugsfelder.

Gerade diese Gemeinsamkeit der Liturgischen Bewegung führt im Einzelnen zu ausgesprochen heterogenen theologischen Profilen. Für die individuellen Reformvorstellungen eines Autors ist maßgeblich, auf welche gewandelten Lebensbedingungen seiner Zeit er in der Ansprache welches Adressatenkreises rekurriert. Bei näherem Hinsehen divergieren daher die Selbstverortungen der genannten Autoren in weitreichender Weise – und mit ihnen unterscheiden sich ihre Reformvorstellungen.

Für Pius Parsch ist dies im Folgenden zu zeigen. Es soll deutlich werden, dass sein Antwortversuch auf die Entkirchlichung auf seinen Erfahrungen im Ersten Weltkrieg beruht – und dass er sich im Verlauf der darauffolgenden Jahrzehnte weitreichend verändert. Weil die erhoffte Breitenwirksamkeit von Parschs „volksliturgischem Apostolat" ausbleibt, korrigiert er knapp dreißig Jahre nach dem Ersten Weltkrieg seine Vorstellungen von Kirchenreform und liturgischer Erneuerung. Die Heranbildung einer liturgisch und biblisch gebildeten Elite, die auch bereits in seinen Schriften der 1920er Jahre begegnet, steht in den 1940er Jahren zunehmend im Mittelpunkt.

2. Der Erste Weltkrieg als biographische Zäsur für Pius Parsch

Parschs Profil innerhalb der Liturgischen Bewegung und der Reformtheologie der Zwischenkriegszeit habe ich andernorts bereits behandelt.[4] Der vorliegende Beitrag stellt in Anknüpfung daran eine seiner

---

3 Die Abkehr der Liturgischen Bewegung von der Neuscholastik habe ich in einem Kapitel meiner Dissertation (s. Anm. 1) dargestellt.
4 Vgl. L. Lerch, Deutschlandreise 1929. Eine neue Quelle zu Netzwerken und Divergenzen in der Liturgischen Bewegung, in: Protokolle zur Liturgie 9 (2021) 65–84; dies., Kirchenreform bei Pius Parsch. Zur Verortung der österreichischen ‚volksliturgischen Bewegung' in der Reformtheologie der Zwischenkriegszeit, in: LJ 69/4 (2019) 227–243.

Gegenwartsdiagnosen und ihren Zusammenhang mit seinen kirchen- und liturgiereformerischen Zielvisionen ins Zentrum: Parsch beobachtet eine *Entfremdung der Katholikinnen und Katholiken von der Gottesdienstpraxis ihrer eigenen Glaubensgemeinschaft*; seine Aufmerksamkeit richtet sich auf das Verhältnis von formal Kirchenangehörigen zum kirchlichen Gottesdienst. Unverständnis und Desinteresse von Katholiken gegenüber Kirche und Liturgie nimmt Parsch erstmals während des Ersten Weltkriegs wahr, an dem er als Militärseelsorger aktiv teilnahm. Hier kommt er zu seinen liturgiebezogenen Reformanliegen, wie sich anhand seines Kriegstagebuchs zeigen lässt.[5] In Feldmessen mit Soldaten und Offizieren entwickelt er neue Formen; beispielsweise trug er seinem Regiment simultan deutsche Übersetzungen der liturgischen Texte vor, während ein anderer Priester zelebrierte.[6] Nach seiner Rückkehr von der Front verfolgte Parsch diese Idee weiter, indem er deutschsprachige (später vielfach in andere Sprachen übersetzte) Messtexte herausgab und liturgische und biblische Bildungsangebote schuf. Dass er auf diese Weise nicht nur die Bildungsschicht, sondern alle Katholikinnen und Katholiken erreichen wollte, kommt in der Selbstbezeichnung seiner Arbeit als „Volksliturgische Bewegung" zum Ausdruck. In diesem Punkt grenzt Parsch sich von anderen Ausprägungen liturgischer Er-

---

5 Vgl. L. Herberg, Militärseelsorger Pius Parsch. Sein Kriegstagebuch als Quelle zur Geschichte der Liturgischen Bewegung, in: W. Freistetter/G. Dabringer (Hg.), Religionen im Krieg 1914–1918: Katholische Kirche in Österreich (Schriftenreihe des Heeresgeschichtlichen Museums 19/2), Wien 2017, 372–395. – Ich danke A. Redtenbacher für die Erlaubnis zur Verwendung der Quelle: P. Parsch, Kriegstagebuch, 5.5.1915–18.11.1918, 7 Bände, Archiv des Pius-Parsch-Instituts; Bd. 2 ist nicht erhalten. In einem von mir geleiteten Editionsprojekt haben Frau Ilse Wolfbeisser, ehrenamtliche Mitarbeiter des sozialgeschichtlichen Vereins „Dokumentation lebensgeschichtlicher Aufzeichnungen" der Universität Wien, und Frau Dr. Herta Peball † die Quelle transkribiert. Ich danke Mag. Günter Müller, Universität Wien, für die Vermittlung und Frau Ilse Wolfbeisser, Wien-Hietzing, für ihre aktive Mitarbeit. Im Folgenden wird aus der transkribierten Quelle zitiert.
6 Kriegstagebuch, Bd. 3: 20.11.1915–26.7.1916: „9 Uhr habe Ich für die 2 andern Bataillone die Meße erklärt, während der Priester die Meße gelesen, dasselbe in der ukrainischen Schule um ½ 11; […]" (16.6.18). „Weißer Sonntag. Gestern bat ich den Feldkuraten von 54, er möge mir die Festmeße halten; ich las die Meße gleich in der Früh; dann arbeitete ich an der Predigt, die einen längst gehegten Plan verwirklichen sollte: ich erklärte den Soldaten die hl. Meße, während der Meße selbst: vorher sprach ich kurz über die Bedeutung der Meße – es waren anfangs nicht viel, später aber c 100 Soldaten, am Ende erhielten einige Soldaten Meßbücheln!" (30.4.16)

neuerung ab, insbesondere von der Benediktinerabtei Maria Laach und ihrer Akademikerseelsorge.[7]

Im Vergleich mit einem anderen Autor wird besonders deutlich, dass Parschs Beitrag zur Liturgischen Bewegung in Klosterneuburg bei Wien in einem vergleichsweise homogen katholisch geprägten gesellschaftlichen Kontext entsteht. Romano Guardini arbeitet ab 1923 in der Metropole Berlin. Zu diesem Zeitpunkt hat Berlin etwa vier Millionen Einwohner und wird von Parsch in einem unveröffentlichten Reisebericht aus dem Jahr 1929 als „schreckliche Stadt" bezeichnet.[8] Guardini nimmt in seinem Umfeld eine deutliche Entkirchlichung wahr, noch prägender aber für sein Reformdenken ist seine Auseinandersetzung mit neuen, alternativen religiösen Praxen, die bereits seit 1900 entstanden waren und denen er in der Jugendbewegung begegnet.[9] Diese religionssoziologische Entwicklung spielt bei Parsch keine erkennbare Rolle. Durchaus aber steht auch seine „volksliturgische Bewegung" unter dem Eindruck gesellschaftlichen Wandels. Weichenstellend für Parsch wurde seine Tätigkeit als Militärseelsorger im Ersten Weltkrieg, zu dem er sich freiwillig meldete.[10] Hier ist er erstmals mit Menschen konfrontiert, die Kirche und Christentum fremd und gleichgültig gegenüberstehen.[11] Er nimmt einen Plausibilitätsverlust des Christentums im deutschsprachigen Teil der Habsburger Monarchie wahr, insbesondere bei den gebildeteren Offizieren.[12] Dies schlägt sich auch in einem Status-

---

7 Vgl. L. Lerch, Deutschlandreise 1929, 73–75; dies., Kirchenreform bei Pius Parsch, 233–235.
8 Vgl. dies., Deutschlandreise 1929, 67.
9 Dies habe ich in meiner Dissertation entfaltet (s. Anm. 1).
10 Kriegstagebuch, Bd. 1: 5.5.1915–18.8.1915: Es „[…] war mein Sehnen und Trachten […] Militärseelsorge leisten zu können. Ich ließ mich zum Feldkuraten machen; 21.II.1915 wurde ich zum Feldkuraten i. R. ernannt; ich meldete mich noch einmal – besonders seit jener Zeit kam ich täglich mit Erwartung aus der Schule; dann wandte ich mich an einen Major des Kriegsministeriums[,] der hat mich an Oberkuraten Kozak gewiesen und dem verdank ich endlich meine Einberufung […]."
11 Kriegstagebuch, Bd. 1: 5.5.1915–18.8.1915: „[…] abends wieder beim Stab; gegen ½ 10 entspann sich ein Religionsgespräch, das bis ½ 12 dauerte – ich war zu wenig gefasst, als dass ich gut verteidigt hätte. Jedenfalls aber lerne ich viel; ich sehe, wie viel Missverständnisse da sind und wie die Menschen zu entschuldigen sind, wenn sie eben nicht so sind, wie es die Kirche haben will." (9.7.15)
12 Kriegstagebuch, Bd. 6: 3.7.1917–28.3.1918: „Ach, das ist eine traurige Seelsorge: von den c[a.] 100 Offizieren, von denen der größte Teil Zeit hat, kommen nur einige wenige zur Meße, so ist die Religiosität in den gebildeten Kreisen der heutigen Zeit; diese sind natürlich die Führer des Volkes. – Wie wenig Soldaten können Sonntags in

verlust des Klerus nieder: Parsch hat als Feldseelsorger zwar Offiziersrang, aber bei geselligen Abenden kann er vor den anderen Offizieren nicht bestehen und wird von ihnen nicht als gleichrangig anerkannt.[13] Die unterschiedlich geprägten Bevölkerungsteile, die besonderen Schwierigkeiten der Kriegssituation und eine ausschließlich männliche Umgebung ergeben für Parsch zunehmend eine kaum zu bewältigende Situation. Er schreibt im beginnenden Advent 1917:

„So sind wir wieder im neuen Kirchenjahr. Gestern Sonntag, war wieder Feldmeße – das Wetter war warm u[nd] schön, nur der Wind war etwas lästig; die Soldaten trugen daher vor der Feldmeße den Altar an die vom Wind geschützte Seite der Kirche. Ich predigte von der Idee des Advents; je länger ich beim Militär, umso mehr sehe ich[,] wie schwer Soldatenpredigten sind; die Psyche des Mannes glaube ich noch immer nicht gut zu verstehen. Dann eine so verschiedene Zuhö-

---

die Meße [...] waren gestern 500 Mann von 3000! – Oberarzt Weiss: ein ganz gemeiner moderner Jude: hat gestern vor allen gesagt ‚erlaub Du mir, es ist doch keine Schande, wenn ein junger Mensch seinen Geschlechtstrieb betätigt.' Dies alles fällt oft so schwer auf meine Seele! In einer solchen Gesellschaft soll ich mich wohl fühlen." (16.9.17) Kriegstagebuch, Bd. 3: 20.11.1915–26.7.1916: „[...] Ungarn gastfreundlich u[nd] liebenswürdig; religiös, gläubig, furchtbare Chauvinisten[:] nur Ungarn ist schön – aber es tut mir so wohl, soviel Religion u[nd] Rücksichtnahme gegen einen Priester zu finden – unsere Offiziere würden das nicht tun." (24.4.16)
13 Kriegstagebuch, Bd. 1: 5.5.1915–18.8.1915: „Abends war Souper für alle Offiziere des ganzen Regiments, das bis ½ 12 gedauert, sehr animiert war, doch ich muss mich sehr auf die Füße stellen, um dem Kompromiss zwischen meiner Priesterwürde und den Gesprächen aufrecht zu halten." (3.7.15) „Seit gestern bin ich allein, ich gehe auch nicht eßen zum Reg.komdo, weil ‚kein Platz ist' – nämlich für mich. Schwester Leid hat bei mir angeklopft u[nd] es will nicht recht weitergehen mit dem friedlichen Einvernehmen mit den Herren vom Regiment. Es hat mir recht weh getan." (28.11.15) „Mittags hatte ich mit Offizieren eine aufregende Debatte über das alte Lied: wir Klostergeistliche haben keine Lebenserfahrung u[nd] keine Existenzberechtigung! Leider muß ich meine Ungeschicklichkeit in der Dialektik zugestehen. Es sind in den Ansichten fast unüberbrückliche Verschiedenheiten." (11.12.15) „[W]ie wenige von den Offizieren haben einen Lebensernst; die meisten haben gar keine höheren Interessen: Alkohol, Spiel [...] u[nd] Weib, diese 3 Namen füllen ihr Leben aus – auch mitten im Krieg. Ich fühle immer mehr, wie fremd ich diesen Leuten gegenüberstehe [...] dann ärgere ich mich immer, wenn man mir sagt: ich habe ja nichts zu tun, ich sei unnütz da (ich meine schon aus diesem Grund wäre es gut wenn der Feldkurat auch etwas von Sinnenlust verstände u[nd] damit beschäftigt wäre. [...] Ich fühle, daß ich doch nicht für diese Seelsorge geschaffen bin[,] ich gebe mir viel zu viel Blößen." (31.12.15)

rerschaft, die skeptisch veranlagten Offiziere in Sinnlichkeit versunken; die verhetzten proletarischen Unteroffiziere, die zermergelten, resigniert verzweifelten Soldaten – wie das verbinden?"¹⁴

Nach 1918 wird die Einsicht in die Entfremdung von Kirche und Liturgie unter formal Kirchenangehörigen für Parsch als Theologen und Seelsorger handlungsleitend.¹⁵ In dieser Hinsicht war sein Militäreinsatz weichenstellend für seine liturgiereformerische Arbeit. Bereits im Krieg nimmt er sich vor:

„[...] heute denke ich mir: unser Stift u[nd] damit ich, als Teil desselben[,] ist berufen: Seelsorge in weiterem Sinne zu üben: kathol[ische] Kultur zu pflegen – ich will, soweit Mittel, Zeit u[nd] Gelegenheit reichen, alles fördern, was das Christentum vor der Welt in Ansehen bringt u[nd] fördert. Dabei will ich bes[onders] die [g]ebildete Welt im Auge behalten – da ist die größte Not: dazu gehört die Preße, (kath. Zeitung, Zeitschriften), kath. Hochschule ect."¹⁶

3. Das Reformprofil Pius Parschs im Vergleich

Versucht man, Parschs Wahrnehmungen gesellschaftlichen Wandels und seine liturgiepraktischen Antwortversuche im Binnenvergleich der Liturgischen Bewegung zu erfassen, so sind mehrere Punkte festzuhalten:
(1) *Wahrnehmung der Entkirchlichung*: Im Unterschied zu Guardini und Casel ist Parsch weit entfernt von den Religionsdiskursen und neuen religiösen Praxen, die seit der Jahrhundertwende entstanden waren. Nicht die alternativen religiösen Angebote jenseits des Christentums und des Judentums, mit denen Guardini sich insbesondere 1920 bis 1934 befasst, beschäftigen Parsch. Auch nicht die konkurrierenden wissenschaftlichen Perspektiven auf Religion jenseits der konfessionellen Theologien, die für Casels Mysterientheologie zentral sind, werden von Parsch als zeitspezifische Herausforderung wahrgenommen.¹⁷ Sondern

---
14 Kriegstagebuch, Bd. 6: 3.7.1917–28.3.1918, hier: 3.12.1917.
15 Vgl. P. Parsch, Volksliturgie. Ihr Sinn und Umfang (PPSt 1), Würzburg 2004 [¹1940], 17f.
16 Kriegstagebuch, Bd. 4: 27.7.1916–11.11.1916, hier: 31.7.16.
17 Vgl. meine Dissertation (s. Anm. 1) und L. Lerch, Modernekritik.

im Vergleich zu diesen Gegenwartsbezügen liegt Parschs Antrieb zu liturgiepraktischer Reform und zu einer Neuvermittlung von Liturgie auf einer basaleren Ebene. Ausgehend von seinen Erfahrungen als Militärseelsorger ist er angetrieben von der Einsicht in die verlorene Bindungskraft der katholischen Kirche. In dieser Einsicht liegt die zäsurbildende werkgenetische Bedeutung des Ersten Weltkriegs für Parsch. Für alle drei genannten Akteure der Liturgischen Bewegung ist damit das Thema „Säkularisierung" bestimmend, jedoch auf unterschiedliche Weise und in unterschiedlicher Differenzierung.

(2) *Adressatinnen und Adressaten der „volksliturgischen Bewegung"*: Parsch versucht nach 1918, dem gesellschaftlichen Wandel im Binnenraum der Kirche zu begegnen. Die „volksliturgische Bewegung" bzw. Parschs Bildungsarbeit, die eng um die liturgischen Vollzüge und den Kirchenraum gruppiert ist, richtet sich an praktizierende Katholikinnen und Katholiken. Er verfasst ab 1919 Übersetzungen und Erklärungen liturgischer Feiern, sorgt für deutschsprachige Bibelausgaben und führt in die persönliche Verwendung der Bibel zu Hause ein.[18] Seine Schriften sind bewusst preisgünstig zu erwerben.[19] Diese Vorgehensweise, mit der er einen enormen Wirkradius entwickelte, stellt eine durchhaltende Eigenheit seiner Reformarbeit im Vergleich mit anderen Akteuren der Liturgischen Bewegung dar. Sie deutet nicht allein auf einen praktischen Akzent seines Reformprofils hin, sondern insbesondere auf eine Fokussierung der Kirchenangehörigen im Unterschied zur Gesamtgesellschaft. Für Guardini dagegen gilt, dass er „Fernstehende" bewusst thematisierte und, auch als Hochschullehrer, zu erreichen versuchte.[20] Aber nicht nur faktisch, sondern in reflektierter Weise ist Guardinis Verständnis von liturgischer Erneuerung davon geprägt, dass er eine gesamtgesellschaftliche Perspektive einnimmt: Neue religionspraktische Alternativen jenseits von Christentum und Judentum und der damit verbundene Konkurrenzdruck auch auf katholische Gottesdienstpraxis

---

18 Vgl. bspw. P. Parsch, Die Weihnachtsmette. Übersetzt und erklärt, Klosterneuburg 1922; ders., Opfere mit der Kirche. Volksmeßbuch für Sonn- und Feiertage. 3 Bde., Klosterneuburg 1931; ders., Meßerklärung im Geiste der liturgischen Erneuerung, Klosterneuburg 1930; ders., Wie lerne ich Bibel lesen, Klosterneuburg 1951.

19 Eines der erklärten „Hauptziele" Parschs ist es, „alle für die Liturgie notwendigen Bücher in populärer Übersetzung und in sehr billigen Preisen in Massen zu verbreiten." (P. Parsch, Die liturgische Aktion in Oesterreich, in: BiLi 5 (1929/30) 501–509.504.506.)

20 S. Anm. 1.

waren ein maßgeblicher Antrieb seiner liturgiebezogenen Reflexionen und Praxen.

Dass Parschs Adressatinnen- und Adressatenkreis dagegen vergleichsweise begrenzt ist, wie es bereits für die Zeit nach dem Ersten Weltkrieg gilt, verstärkte sich im Lauf der Zeit noch weiter. Damit gingen veränderte Prämissen und Intentionen der Kirchenreform einher, die er betrieb; dies wird unten im letzten Abschnitt dieses Beitrags noch zu thematisieren sein.

(3) *Vorstellungen von geschichtlichem Wandel und historischen Zäsuren:* Parsch beabsichtigt Wissensvermittlung über Liturgie und Bibel. Guardini und Casel dagegen greifen zeitgenössische Vernunftkritiken auf und stellen sie ins Zentrum ihres Interesses an Liturgie als einem körperlichen und ritualisierten Vollzug. Dieser Aspekt, den ich in meiner Dissertation eingehend verfolgt habe, ist hier nur in vergleichender Absicht knapp heranzuziehen: Mit dem Verlauf des Ersten Weltkriegs war das Vertrauen in Wissenschaft und Technik erodiert – und damit in einen Modernisierungsprozess, der im deutschsprachigen Raum bereits seit seiner Entstehung im letzten Drittel des 19. Jahrhunderts konstitutiv verbunden war mit einer ausdrücklich geäußerten Fortschrittsskepsis, die erwachsen war aus den radikalen Veränderungen des individuellen Lebensalltags.[21] Es handelte sich um eine nicht so sehr aufklärungs- als vielmehr kurzfristiger industrialisierungsbezogene Modernekritik.[22] Obwohl die gesellschaftliche Popularisierung und teilweise Radikalisierung einer modernekritischen Fortschrittsskepsis ab 1918 auch auf die ansatzweise technisierte Führung des Ersten Weltkriegs zurückzuführen ist, spielen Fortschritts- und Vernunftkritik gerade bei Parsch – dem einzigen unter den genannten Theologen der Liturgischen Bewegung, der jahrelang direkt an der Front eingesetzt war! – eine vergleichsweise geringe Rolle. Vielmehr setzt er den Schwerpunkt seiner

---

21 Aus einer Fülle an Literatur seien hier nur genannt: U. Herbert, Geschichte Deutschlands im 20. Jahrhundert, 2., durchges. Aufl., München 2017, 25–67; A. Doering-Manteuffel, Mensch, Maschine, Zeit. Fortschrittsbewußtsein und Kulturkritik im ersten Drittel des 20. Jahrhunderts, in: ders., Konturen von Ordnung. Ideengeschichtliche Zugänge zum 20. Jahrhundert, Berlin/München/Boston 2019, 157–190; G. Bollenbeck, Tradition – Avantgarde – Reaktion. Deutsche Kontroversen um die kulturelle Moderne 1880–1945, Frankfurt/M. 1999.

22 Den Industrialisierungsbezug von (auch reformtheologischer) Modernekritik in der Zwischenkriegszeit entfalte ich ausführlich in meiner Dissertation (s. Anm. 1) und stelle einen historischen Bezugspunkt ins Zentrum, der theologiegeschichtlich bisher nahezu vollständig übersehen wurde.

Reformideen in ein Feld, dessen Krise insbesondere Guardini, aber auch Casel diagnostizieren: Parsch setzt auf Wissensvermittlung und seine Zielvision ist eine ausdrücklich im Sinne der Aufklärung „fortschrittliche" Entwicklung der katholischen Kirche.[23] Seiner Beobachtung nach sind seine Zeitgenossinnen und Zeitgenossen primär von dem Wunsch nach „Aufklärung" geleitet.[24] Er geht zwar davon aus, dass „es mit den alten Methoden von Anno dazumal nicht mehr geht"[25]. Aber wenn das Bedürfnis nach „Aufklärung" befriedigt wird – durch volkssprachliche Elemente in der Liturgie und durch die Befähigung der Katholiken zu selbstständiger Bibellektüre –, steht einer Zukunftsfähigkeit von Kirche und Katholizismus nichts entgegen.[26] Für diese Zukunftsfähigkeit will Parsch mit seiner „volksliturgischen" Bewegung praktisch sorgen.

Damit haben bestimmte historische Zäsuren, die andere Theologen der Liturgischen Bewegung wahrnehmen, für Parsch wenig Bedeutung. Insbesondere im Vergleich mit Guardini fällt Parschs Gegenwartswahrnehmung kontinuitätsbetonter bzw. längerfristiger und ungleich weniger krisenhaft aus. Im Hintergrund der liturgiebezogenen Schriften Guardinis, dessen Theologie von der Jugendbewegung geprägt ist, stehen die Industrialisierung und ihre Folgen für das gesellschaftliche Prestige von Technik und Naturwissenschaft im Unterschied zur Geschichtswissenschaft und – damit verbunden – für den Statusverlust des Bildungsbürgertums gegenüber dem Wirtschaftsbürgertum. Maßgeblich auf diese Entwicklungen reagiert er mit seinen liturgischen sowie theologischen, disziplinbezogenen Reformanliegen.[27] Guardini geht es darum, Wandlungsprozesse des späten 19. und frühen 20. Jahrhunderts theologisch und kirchlich zu berücksichtigen. Indem Parsch dagegen die „Aufklärung" zum Leitbild einer zukünftigen Kirche erklärt, haben die Entwicklungen des letzten Drittels des 19. Jahrhunderts für ihn keine zäsurbildende Bedeutung.

Hier kann nicht geklärt werden, woher diese Perspektiven Parschs auf die Moderne und in diesem Zusammenhang auf das Vernunftver-

---

23 Vgl. L. Lerch, Modernekritik, 141–145.
24 P. Parsch, Liturgisches Mindestprogramm der Seelsorge, in: BiLi 8 (1933/34) 38–40, hier: 39.
25 Ders., Was erwartet die volksliturgische Bewegung von der Pfarrgemeinde, in: BiLi 10 (1935/36) 73–79, hier: 73.
26 Vgl. dazu L. Lerch, Kirchenreform bei Pius Parsch, 229–232. In den folgenden Passagen bis zu Abschnitt 4 greife ich stellenweise auf diesen Beitrag zurück.
27 S. den Hinweis auf meine Dissertation in Anm. 1.

mögen des Menschen historisch resultieren. Der Befund selbst – insbesondere, da er mit einer Vorstellung von Geschichte als Fortschritt einhergeht – ist aber aufschlussreich für Parschs theologisches und liturgisches Reformprofil. Parsch nimmt an, dass immer schon „alles Wachsen der Kirche in Welt und Menschen ein Entwickeln, ein stetes Neuwerden bedeutete"[28]. Diese Vorstellung hat für ihn eine stabilisierende Wirkung. Fortschritt ist demnach nicht nur möglich, sondern Geschichte bedeutet geradezu Fortschritt. Dementsprechend sollen Kirche und Theologie laut Parsch „zeitgemäß" sein.[29] Sein Optimismus wird dadurch noch verstärkt, dass er die Kirche in ausgeprägter Weise als Institution betrachtet und annimmt, dass sie und ihre amtlichen Vertreter das Heft des Handelns weiterhin in der Hand haben: „Bedenken wir doch, uns stehen Tausende von Kanzeln zu Gebote, von denen wir alle Sonntage, und wenn wir wollen, noch öfters zu unseren Gläubigen sprechen könnten."[30] Das Zitat deutet an, dass Liturgie für Parsch nicht zuletzt eine Möglichkeit priesterlicher Einflussnahme auf andere Katholikinnen und Katholiken darstellt.

Dass mit seinen Reformideen auch weitreichende Erwartungen an den Klerus und ein in dieser Form theologisch nicht begründetes Priesterbild einhergehen, insbesondere im Zusammenhang seiner Gemeindetheologie, habe ich andernorts problematisiert.[31] Hier ist ein anderer Punkt zu heraußtuzustellen: In Parschs Augen wird der geschichtliche Wandel von der Kirche weniger passiv erlitten, als vielmehr aktiv vorangetrieben. Ausgehend von seinen im Krieg gewonnenen Einsichten in eine bereits fortgeschrittene Entkirchlichung hält er zwar den gesellschaftlichen Plausibilitätsverlust der Kirche für ausgeprägt, aber er ist weit entfernt von den radikalen Krisendiagnosen, die andere Zeitgenossen vertreten. Es ist die *Annahme eines weiterhin machtvollen gesellschaftlichen Status der Kirche*, aus der heraus Parsch nach 1918 liturgische Reformen vornimmt. Ein Veränderungsdruck auf die Liturgie und Kirche ist Parsch zufolge zwar gegeben, aber dies gilt zum einen grundsätzlich immer und ist zum anderen in der spezifischen zeitgenössischen Situation auf bestimmte Aspekte begrenzt. Die Situation ist demnach, so lässt sich ableiten, mit konkreten Reformschritten händelbar.

---

28 P. Parsch, Kirche und Erneuerungen, in: BiLi 15 (1940/41) 1–5, hier: 1.
29 Vgl. ders., Liturgisches Mindestprogramm, 38.
30 Ders., Zur Reform der Predigt, in: BiLi 7 (1932/33) 373–379, hier: 373.
31 Vgl. L. Lerch, Individualisierung, 97f.

Eine „moderne, wirksame Seelsorge"[32] ist möglich. Im Zusammenhang dieser optimistischen Erwartungen werden Kirche und Liturgie bei Parsch zum Gegenstand von Reformen.

4. ‚Volksliturgie' und pastoraler Elitegedanke

Wie oben gezeigt wurde, geht Parschs Entkirchlichungsdiagnose ursprünglich bereits auf seinen Kriegseinsatz 1915–18 zurück. Seine Anstrengungen im und nach dem Ersten Weltkrieg richten sich darauf, alle Katholikinnen und Katholiken neu an die liturgische Praxis und zudem an die Bibellektüre heranzuführen. Mit den außerordentlich arbeitsreichen und auch wirtschaftlich aufwändigen Aktivitäten des „Volksliturgischen Apostolats" versucht er optimistisch und tatkräftig, die Bindungskraft der Kirche wieder zu stärken. Aber im weiteren Zeitverlauf verändert sich sein theologischer und liturgiepraktischer Antwortversuch auf die wahrgenommene Entkirchlichung. Etwa drei Jahrzehnte nach dem Ersten Weltkrieg ist eine verstärkte Tendenz zur pastoralpraktischen Elitebildung zu erkennen, die mit einem verengten Kirchenverständnis einhergeht. Liturgisch besonders gebildete Kleingemeinden, die Parsch zuvor als Multiplikatoren innerhalb der Pfarrstruktur verstand, werden von ihm nun zunehmend als eigenständiges Ziel der Liturgiepastoral verstanden. Er spricht 1946 von einer „Akzentverschiebung"[33]. Diese ist im Folgenden zu erläutern, als Basis für eine noch ausstehende Diskussion darüber, wie „Volk" und „Elite" sich in Parschs liturgiebezogenen Überlegungen zueinander verhalten.

Parsch unterscheidet in den 1940er Jahren in landwirtschaftlichem Sprachgebrauch eine „intensive" von einer „extensiven" Pastoral und ordnet die Erstere der Vergangenheit zu.[34] Die Kirche sei früher primär als „Organisation" verstanden worden, „als Rechtskirche, als geschichtlich und sichtbar gewordene Größe"[35]. Darin sieht Parsch eine falsche

---

32 P. Parsch, Was erwartet die volksliturgische Bewegung von der Pfarrgemeinde, 73.
33 Ders., Intensiv oder Extensiv?, in: Lebe mit der Kirche 1946/47, 181–184, hier: 184. Der Beitrag ist in veränderter und längerer Fassung auch abgedruckt in: ders., Volksliturgie, 287–295.
34 Vgl. ders., Intensiv oder Extensiv?, 181f.; ebd., 181 zur Landwirtschaft.
35 Ebd., 182f.; ebd., 182, auch die beiden folgenden Zitate.

Angleichung an weltliche, politische Zugehörigkeit: „Man ahmte die materialistischen Methoden der Sozialisten nach, errichtete Karteien und war stolz darauf, möglichst viele Menschen ‚erfaßt' zu haben." Als Alternative beschreibt er sein Konzept von „lebendige[r] Pfarrgemeinde"', in der die „Christen [...] nicht Blätter einer Karthotek" seien, „sondern Glieder des Gnadenleibes der Kirche, die in der Pfarre ihre konkrete Erscheinung findet". Er kontrastiert damit sichtbare und unsichtbare Kirche und wendet sich kritisch gegen ein institutionelles Verständnis von Kirchenmitgliedschaft. „Heute [...] kommt es uns nicht mehr auf die Zahl der Glieder, sondern auf die Gnadensubstanz in den Gliedern an."[36] In einer späteren Fassung des Beitrags heißt es sogar: „Lieber weniger Christen in unserer Gemeinde, dafür aber bessere Christen! Das ist eine Seelsorgsmethode, die wir vielleicht bisher zu wenig befolgt [haben]."[37]

Die Leib-Christi-Metaphorik, die in der Zwischenkriegszeit besonders verbreitet war und auch von Parsch häufig verwendet wird, spielt für seinen Perspektivwechsel eine spezifische Rolle.[38] Bereits zu einem früheren Zeitpunkt hatte er das Leib-Christi-Bild stärker als andere Theologen der Zeit biologisch akzentuiert, um im übertragenen Sinne eine Lebensnotwendigkeit liturgischer Praxis für die Pfarreimitglieder zum Ausdruck zu bringen und dabei auch die Bindung der Laien an den Priester zu intensivieren.[39] Im zitierten Beitrag von 1946 nutzt er das Organismus-Bild, um eine Rettung der Kirche in der Bedrängnis ihres Relevanzverlustes in Aussicht zu stellen: die Rettung liegt im regelmäßigen Sakramentenempfang weniger Pfarreimitglieder. Während mit dem institutionell akzentuierten Kirchenverständnis der Vergangenheit ein pastorales „Minimalprogramm" einhergegangen sei, fordert Parsch das „Maximalprogramm", zu dem die verstärkte liturgische Praxis Einzelner gehört.[40] Positiv spricht er von „esoterischen Christen" und fragt:

---

36 Ebd., 183.
37 Ders., Volksliturgie, 291.
38 Zur Leib-Christi-Metaphorik vgl. K. Unterburger, Zwischen Realidentität und symbolische Repräsentation. Weichenstellungen der Leib-Christi-Ekklesiologie in kirchenhistorischer Perspektive, in: M. Remenyi/S. Wendel (Hg.), Die Kirche als Leib Christi. Geltung und Grenze einer umstrittenen Metapher (QD 288), Freiburg 2017, 91–109.
39 Vgl. L. Lerch, Kirchenreform bei Pius Parsch, 236–241; dies., Individualisierung, 97f.
40 Vgl. P. Parsch, Intensiv oder Extensiv?, 182. „Früher war der Glaube das Ziel, jetzt ist es die Gnade, früher die Osterbeichte (man dachte kaum an die Osterkom-

„Sind nicht diese Christen die wahren Blutspender für den ausgebluteten Organismus der Pfarre?"[41] Neben dem Bild des Blutverlustes knüpft Parsch kurz nach dem Zweiten Weltkrieg auch an Hungererfahrungen an:

> „Der Leib der Kirche gleicht einem unterernährten, ausgezehrten Menschen, der Krankheiten keinen Widerstand entgegensetzen kann. Und warum ist die Kirche unterernährt? Durch die jahrhundertelange Entbehrung der genügenden Gnadennahrung: Eucharistie und Gotteswort. Sollte sich das nicht rächen, daß der Gnadenleib der Kirche mehr als 1000 Jahre einen Kalorienmangel der Eucharistie geduldet hat? Das kann ein Organismus auf die Dauer ohne Gefährdung nicht aushalten. Ich bin fest überzeugt, mag ich auch Widerspruch finden: das ist ein Hauptgrund der furchtbaren Säkularisierung unseres christlichen Lebens."[42]

Neben der biologischen Überspitzung des Leib-Christi-Bildes fällt auf, dass Parsch die Ursachen des kirchlichen Bedeutungsverlustes in der Kirche selbst verortet. Sie hat ihren Bedeutungsverlust durch eigenes Verschulden ausgelöst, so die implizite Kirchenkritik. Auch andernorts beklagt Parsch in diesem Sinne: „Leider sind wir modernen Seelsorger so rationalistisch geworden, wir sehen alles Heil in menschlichen Akten, im Organisieren, und haben das Gnadenwirken im Christentum vielfach übersehen".[43] Einen solchen Verfall innerhalb des Katholizismus sieht er als fortschreitend an: „Die Christen werden in ihrem Denken und Tun immer heidnischer, unchristlicher. Das dringt schon in die entlegensten Landgemeinden hinein."[44] Es handle sich um einen „Säkularisierungsprozeß der Kirche"[45] selbst. Wie die Kritik bewegt sich auch Parschs Lösungssuche im Binnenraum von Kirche und Katholizismus: Das rechte Mittel zur Bekämpfung der „Säkularisierung der Kirche" ist die erneute Zuführung der richtigen Nahrung – eine verstärkte Ausrichtung der Seel-

---

munion), jetzt die Kommunion bei jeder Messe; früher galt das Gebot: die Sonntagsmesse mit ‚gebührender Andacht zu hören'; heute ist das Ziel: aktive Teilnahme an der Meßfeier." (Ebd.)
41 Ebd., 184.
42 Ebd., 183.
43 Ders., Volksliturgie, 169.
44 Ders., Intensiv oder Extensiv?, 183.
45 Ebd., wo es heißt: „Wir fragen uns, woher es kommt, daß der Säkularisierungsprozeß der Kirche so starke Fortschritte macht."

sorge auf den Sakramentenempfang. Die Kirche kann die Wandlungsprozesse souverän, aus ihren eigenen Mitteln heraus aufhalten.

Zwar geht die Diagnose einer fortschreitenden Entkirchlichung bereits auf Parschs Erfahrungen als Militärseelsorger zurück, aber im weiteren Zeitverlauf wird zunehmend deutlich, dass er die plurale Gesamtgesellschaft, in die er im Schützengraben unversehens hineingeraten war, nicht in sein Kirchenverständnis einbezieht. Stattdessen reduziert er die Gruppe derer, die zur Kirche als „Leib Christi" gehören: Die Pfarrgemeinde „zählt nicht nach getauften Mitgliedern, sondern nach begnadeten Seelen. Sie ist nur insofern der mystische Leib im Kleinen, als in ihren Gliedern das ‚Leben' pulst und wächst"[46], formuliert er bereits Mitte der 1930er Jahre. Demnach besteht der „Leib Christi" ausschließlich aus denjenigen, die regelmäßig den Gottesdienst besuchen.

Die Zeit des Nationalsozialismus in Österreich ab 1938 deutet Parsch rückblickend als Bestätigung seiner liturgischen Erneuerungsbestrebungen:

> „Die Eucharistie ist der Brennpunkt, der Altar der Mittelpunkt der Pfarre. […] Und es war providentiell für die kommende Notzeit, in der alle äußeren Organisationsmöglichkeiten zerschlagen wurden. Man hatte den geistigen Besitz der Pfarre mit dem Brennpunkt der Eucharistie. Dazu hatte man wieder den Zugang zu den zwei großen Quellen des religiösen Lebens gefunden, zu Bibel und Liturgie. Das war die Ausrüstung der Christen für die Verfolgungszeit der sieben bösen Jahre in Österreich."[47]

Parsch will die Katholikinnen und Katholiken anlässlich der Annexion Österreichs wehrhaft machen gegenüber den „Pforten der Hölle", indem er ihnen eine liturgisch begleitete Internalisierung ihrer christli-

---

46 Ders., Was erwartet die volksliturgische Bewegung von der Pfarrgemeinde, 74.
47 Ders., Intensiv oder Extensiv?, 182. 1938 beschreibt Parsch eine freiwillige Selbstbeschränkung angesichts des „Anschluß[es] Österreichs an das deutsch Reich": „Diese Neuorientierung hat den Vorteil, daß die Wertung der Seelsorgsmittel in ein besseres Licht gerückt werden kann. […] Begeben wir uns nicht in Grenzgebiete. Wenn wir die Christen mündig machen, dann werden sie sich selbst entscheiden, wie sie in Grenzfällen handeln müssen. Aber schon gar nicht wollen wir Religion mit Politik verquicken. Das ist nicht unsere Sache. Von unserem Herrn und Meister müssen wir lernen, wie er sich streng auf das Gottesreich bescheidet. Tun wir dies auch." (Ders., Neue und doch alte Seelsorge, in: BiLi 12 (1937/38) 281–286, hier: 281f.)

chen Identität anbietet.[48] Damit kritisiert er an dieser Stelle zwar implizit den Nationalsozialismus.[49] Aber eine Situation der Verfolgung, die er auf diese Weise thematisiert, ist seines Erachtens für die Weiterentwicklung der katholischen Kirche zuträglicher als der Modus der Volkskirche. So lässt sich auch sein Beitrag von 1946 interpretieren, wo es heißt:

> „[S]o lange die Kirche diese Seelsorgsmethode einhielt [sich „eine Schar von Menschen" zu wählen und diese „intensiv" zu betreuen], stand sie groß und innerlich gesund da. Als sie aber später [gemeint ist hier die Spätantike, L.L.] Wasser in den Wein goß, mehr auf die Zahl als auf die Qualität der Christen blickte, begann die Verweltlichung."[50]

Diese Verweltlichungskritik ist eine andere Antwort auf die Säkularisierung als diejenige, die Parsch in den Jahren ab 1919 mit seiner Gründung des „Volksliturgischen Apostolats" im Anschluss an den Ersten Weltkrieg zu geben versucht hatte. Ein Jahr nach dem Ende des Zweiten Weltkriegs beschreibt Parsch sein neues Reformziel im Bild der Unterernährung:

> „Die Gesundung [des Leibes Christi, L.L.] wird nicht in der Masse in Erscheinung treten und auch nicht von der Masse der Christen ausgehen können, sondern von einzelnen gesunden und kräftigen Gliedern. Mit anderen Worten: Sorgen wir in der Seelsorge, in den einzelnen Gemeinden für die Vertiefung der christlichen Elite. Gehen wir nicht so sehr in die Breite als in die Tiefe […] Intensive Arbeit an den gesunden und lebendigen Gliedern des Gnadenleibes."[51]

In einer Situation, in der die Lebensmittel nicht ausreichen, können nur entweder wenige oder niemand vor dem Hungertod gerettet werden; so verhält es sich dem Zitat zufolge auch mit der Kirche in Zeiten ihres Relevanzverlustes. Das ganze „Kirchenvolk" im Sinne von katholischer „Be-

---

48 Vgl. ders., Neue und doch alte Seelsorge, 286.
49 Parschs Verhalten im Nationalsozialismus ist jedoch nicht erforscht. Zum Umfeld vgl. jetzt L. Scherzberg, Eliminierung von „Hebraismen". Ein Beitrag zur Geschichte des Liturgischen Referats der Fuldaer Bischofskonferenz, in: Protokolle zur Liturgie 9 (2020/21) 85-109.
50 Ders., Intensiv oder Extensiv?, 183f.
51 Ebd., 183. Im Original teilweise gesperrt gedruckt.

völkerung" hält Parsch offensichtlich nicht mehr für erreichbar. Stattdessen will er in die „gesunden und lebendigen" Glieder des Leibes Christi investieren – das sind die religiös besonders observanten Katholikinnen und Katholiken. Wenn Parsch von „Gnade" spricht, so ist stets deren sakramentale Vermittlung gemeint; in diesem Sinne formuliert er: „Nicht der Glaube allein macht Christen, sondern die Gnade macht sie erst"[52].

In der Zwischenkriegszeit war Parsch mit dem Anspruch angetreten, im Unterschied zu Maria Laach die „Liturgische" zur „Volksliturgischen" Bewegung zu machen. Eine möglichst voraussetzungsfreie Allgemeinverständlichkeit ist auch in den 1940er Jahren bleibendes Kennzeichen seiner Schriften. Aber liturgische Erneuerung, wie Parsch sie nun versteht, bedeutet nicht unwesentlich eine Reduktion dessen, was „Kirche" ist.

5. Fazit

Parsch geht im Verlauf der Zeit unterschiedlich mit dem Themenfeld „Säkularisierung" um. Basierend auf seinem Tagebuch wurde gezeigt, dass der Erste Weltkrieg für ihn als Seelsorger eine biographische Zäsur darstellt. Hier realisiert er erstmals einen gesellschaftlichen Prozess der Entkirchlichung und begegnet dem in der Folgezeit mit liturgischer Bildungsarbeit. Im weiteren Verlauf der Jahrzehnte scheint sich jedoch ein geringerer Erfolg eingestellt zu haben, als zunächst erwartet; die „Säkularisierung der Kirche selbst" schreitet weiter fort, wie Parsch beschreibt. Er ändert daraufhin sein Reformziel und plädiert zunehmend dafür, die Pastoral auf die besonders aktiven Katholikinnen und Katholiken zu konzentrieren. Damit erweist die „volksliturgische Bewegung" sich in ihrer Spätphase als Programm einer religiösen Elitebildung.

---

52 Ebd., 182. Im Original gesperrt gedruckt.

„Erkennet das höchste Gut des Christentums, das göttliche Leben."
Gnade, Gnadentheologie und Gnadenfrömmigkeit im Denken Pius Parschs

Ursula Schumacher

1. Hinführung

Für Pius Parsch war die Gnade nichts Weniger als seine „dritte und größte Entdeckung, wie er es nannte"[1] – nach, über und in der ersten und zweiten Erkenntnis, denen es um die Wiedergewinnung und neue Erschließung von Bibel und Liturgie als Quellen lebendigen Glaubens ging. Diese großen drei Einsichten seines Lebens sind für Parsch nicht als voneinander getrennte Realitäten, sondern vielmehr in einer lebendigen Verwobenheit miteinander zu sehen, insofern die charitologische dritte Erkenntnis sich aus den ersten beiden als ihren Quellen speist und diese zu ihrer Eigentlichkeit führt. Diese im Schrifttum Parschs mehrfach anzutreffende Überlegung hat den Charakter und Stellenwert einer im Lebensrückblick formulierten fokussierenden Selbsteinschätzung und somit eines hermeneutischen Schlüssels zu Denkbewegung und Gesamtwerk des Klosterneuburger Chorherrn, weshalb die entsprechende Passage aus der *Volksliturgie* den folgenden Überlegungen in ausführlicher Zitation vorangestellt sei:

> „Mir wurde klar, daß wir viel zu stark im Natürlichen, Gedanklichen, Sittlichen stecken geblieben sind, daß wir uns auf eine andere Ebene erheben müssen, zum Übernatürlichen. Hl. Schrift und Liturgie um ihrer selbst willen würden zur Einseitigkeit führen, doch sie sind Mittel zu etwas Höherem. Wir erkannten, daß hinter Bibel und Liturgie ein großes Gut des Christentums verborgen lag, das ganz vergessen war, das aber durch die beiden lebendig wurde, und dieses Gut ist die *Gnade*. Das sind die drei Entdeckungen in meinem Leben und

---

1 N. Höslinger, Pius Parsch in der Sicht seiner Zeitgenossen. Eine Dokumentation, in: ders./T. Maas-Ewerd (Hg.), Mit sanfter Zähigkeit. Pius Parsch und die biblisch-liturgische Erneuerung (SPPI 4), Klosterneuburg 1979, 281–296, hier: 292.

„Erkennet das höchste Gut des Christentums, das göttliche Leben."

ich halte die Erkenntnis von ihnen auch für drei Charismen, die ich vom Hl. Geist empfangen habe. Es sind drei frohe Botschaften, die ich der Welt künden will: 1. Erfüllet euch mit dem Gotteswort der Heiligen Schrift, 2. Gebet dem Volk seine Liturgie, 3. Erkennet das höchste Gut des Christentums, das göttliche Leben."[2]

Aus dieser Einsicht, dass die Wiederentdeckung der Gnade im eigentlichen Sinn sogar das ist, worauf der mit dem Wirken Parschs primär verbundene Einsatz für biblische und liturgische Erneuerung seinem Kern nach ausgerichtet ist, leitet Parsch folgerichtig das Postulat ab, dass die Gnade auch das Zentralthema und -anliegen aller pastoralen Aktivitäten sein sollte:

„Man müßte wieder vielmehr die Gnade in den Mittelpunkt stellen. Nicht bloß öfter darüber predigen; gewisse Dinge müßten den Konzentrationsgegenstand bilden, das Leitmotiv, das bei jeder Predigt, bei allen Seelsorgshandlungen des Pfarrers wiederklingt. Ein solches wäre das göttliche Leben der Gnade. Wir können sagen, eine katholische Aktion, die nicht vom göttlichen Leben ausgeht und dieses in den Mittelpunkt stellt, gleicht einer Maschine, die leer läuft."[3]

Bedenkt man diese starken und unzweideutigen Formulierungen, in denen charitologische Motive zu nichts Geringerem als der tragenden Mitte und dem eigentlichen Ziel von Parschs Denken und Wirken erklärt werden, dann erscheint es einigermaßen überraschend, dass in der Forschung eine systematische Auseinandersetzung mit Parschs Gnadentheologie bislang fehlt[4] – ein Befund, der ein sprechendes Beispiel

---

2 P. Parsch, Volksliturgie. Ihr Sinn und Umfang (PPSt 1), Würzburg 2004 [Nachdruck d. zweiten, erw. Aufl., Klosterneuburg/Wien 1952, mit Vorwort und biographischem Überblick von A. Redtenbacher], 251. Vgl. auch ders., Die liturgische Predigt, Bd. 6: Das Kirchenjahr im Lichte der Gnade, Klosterneuburg 1952, 11f. Die genauen Formulierungen variieren; an anderer Stelle etwa kann Parsch die dritte Einsicht wie folgt ausdrücken: „3. Christ sein heißt Gotteskind sein. Die Gnade muß wieder die Herzensmitte des Christenlebens bilden", ders., Christliche Renaissance, in: BiLi 57 (1984) 41–45, hier: 42.
3 Ders., Volksliturgie, 269.
4 Die Ansätze zu einer Skizze von Parschs Gnadentheologie bei R. Stafin, Eucharistie als Quelle der Gnade bei Pius Parsch. Ein neues Verhältnis zwischen Gott und dem Menschen (PPSt 2), Würzburg 2004, füllen diese Lücke nicht, da sie faktisch weder eine systematische Darstellung noch eine Einordnung in den charitologischen Kon-

für nachteilige Auswirkungen der Disziplintrennung zwischen Liturgiewissenschaft und Dogmatik darstellt. In der eigentlich wünschenswerten Breite und Tiefe kann diese Auseinandersetzung auch in den hier anschließenden Überlegungen nicht geleistet werden. Immerhin sollen aber ein Umriss der Charitologie Pius Parschs geboten und einige Reflexionen zu Genese und Einordnung derselben angestellt werden. Als Verstehensvoraussetzung für die Befassung mit Parschs eigener Theologie sei zu Beginn der folgenden Ausführungen jedoch zunächst ein Blick auf die erklärte Hauptautorität gerichtet, aus der Parschs charitologisches Denken schöpft.

2. Die Hauptquelle von Parschs Charitologie: Matthias Joseph Scheebens *Herrlichkeiten der göttlichen Gnade*

Aufschluss über Parschs gedankliche Abhängigkeiten verschafft nicht selten eher der äußere Vergleich als die explizite Bezugnahme im Text selbst, „weil Pius Parsch die theologischen Werke anderer Autoren in seinem Schrifttum kaum zitiert und selten auf sie hinweist"[5]. Gerade angesichts dieses Befundes ist es umso bemerkenswerter, dass der Klosterneuburger Chorherr eine bedeutende Inspirationsquelle seines gnadentheologischen Denkens sehr klar benennt: „Viel half mir das herrliche Werk von Scheeben: Die Herrlichkeiten der göttlichen Gnade; dieses Buch ist nicht eine wissenschaftliche Dogmatik, sondern eine volkstümliche Darstellung der Gnade; ich möchte es jedem Seelsorger dringendst empfehlen"[6]. Angesichts dieser grundlegenden Rezeptionsbeziehung erscheint es sinnführend, der Befassung mit Parschs eigener Charitologie einen Blick auf die erwähnte Schrift Matthias Joseph Scheebens (1835–1888) voranzustellen.[7]

---

text der Zeit leisten. Daher meldet Redtenbacher völlig zu Recht ein entsprechendes Desiderat an: A. Redtenbacher, Pius Parsch in der liturgiewissenschaftlichen Rezeption. Veröffentlichte und unveröffentlichte Arbeiten über Pius Parsch bis 2005, in: ders./W. Bachler/R. Pacik (Hg.), Pius Parsch in der liturgiewissenschaftlichen Rezeption. Klosterneuburger Symposion 2004 (PPSt 3), Würzburg 2005, 221–278, hier: 227. Seither hat sich an der Literatursituation nichts Grundlegendes geändert.
5   R. Stafin, Eucharistie, 213.
6   P. Parsch, Volksliturgie, 260, vgl. auch ebd., 336; ders., Predigt, Bd. 6, 10.
7   Zu Parschs eucharistietheologischer Scheebenrezeption vgl. R. Stafin, Eucharistie, 215–224.

Die Gnadentheologie kann als ein – auch in der Rezeption intensiv wahrgenommenes – Kernthema des Denkens von Scheeben ausgemacht werden; Scheeben hat sich von den Frühwerken *Natur und Gnade*[8] und *Die Herrlichkeiten der göttlichen Gnade*[9] über die *Mysterien des Christentums*[10] bis hin zu seiner unvollendeten *Katholischen Dogmatik*[11] immer wieder auf durchaus originelle Weise mit dem Thema befasst und „gilt als der große Theologe der Gnade in der Moderne"[12]. Als Hintergrund der Gnadentheologie Parschs ist jedoch, wie gesehen, insbesondere das in 17 Auflagen erschienene und in mehrere Sprachen übersetzte[13] Buch *Herrlichkeiten der göttlichen Gnade* zu berücksichtigen, das im Sinne einer Vermittlung der kurz vorher in *Natur und Gnade* niedergelegten Gedanken an einen breiteren Rezipientenkreis zu verstehen ist.[14] Es zielt im Gefolge eines ebenfalls populärwissenschaftlichen Werks des spanischen Barocktheologen Juan Eusebio Nieremberg SJ[15] darauf ab, Freude an der Gnade und Begeisterung für Gott als Quell der Gnade zu wecken und das christliche Leben zu stärken.[16] Die in den *Herrlichkeiten der göttlichen Gnade* entfaltete Charitologie soll im Folgenden zunächst in ihren formalen (2.1) und dann in ihren inhaltlichen (2.2) Spezifika dargestellt werden.

---

8 M. J. Scheeben, Natur und Gnade. Versuch einer systematischen, wissenschaftlichen Darstellung der natürlichen und übernatürlichen Lebensordnung im Menschen (Gesammelte Schriften 1), Freiburg/Br. 1949.
9 Ders., Die Herrlichkeiten der göttlichen Gnade. Nach P. Eusebius Nieremberg S. J. frei bearbeitet (Gesammelte Schriften 1), Freiburg/Br. 1949.
10 Ders., Die Mysterien des Christentums. Wesen, Bedeutung und Zusammenhang derselben nach der in ihrem übernatürlichen Charakter gegebenen Perspektive dargestellt (Gesammelte Schriften 2), Freiburg/Br. 1941; von Parsch etwa zitiert in: P. Parsch, Das Orpheussymbol, in: BiLi 7 (1932/33) 185–193, hier: 190.
11 M. J. Scheeben, Handbuch der Katholischen Dogmatik, Bd. 6: Gnadenlehre (Gesammelte Schriften 7), Freiburg/Br. 1957.
12 W. W. Müller, Vom letzten Ziel des Menschen. Was verbindet die Entwürfe M. J. Scheebens und J. Maréchals?, in: MThZ 46 (1995) 437–446, hier: 437; zu einer Gesamtdarstellung von Scheebens Gnadentheologie: ders., Die Gnade Christi. Eine geschichtlich-systematische Darstellung der Gnadentheorie M. J. Scheebens und ihrer Wirkungsgeschichte, St. Ottilien 1994.
13 Vgl. M. Hauke, Das Faszinierende der göttlichen Gnade. Zur charitologischen Ästhetik bei M. J. Scheeben, in: FKTh 9 (1993) 275–289, hier: 267f.
14 Vgl. W. W. Müller, Gnade, 111.
15 Vgl. M. J. Scheeben, Herrlichkeiten, 1f.
16 Vgl. ebd., 3.

2.1 Formale Aspekte

Das vielleicht zentrale und auch für Pius Parsch ausschlaggebende Merkmal von Scheebens *Herrlichkeiten der göttlichen Gnade* ist eine in die Breite zielende Vermittlungsabsicht, die hier deutliche Differenzen gegenüber dem im dogmatischen Lehr- und Wissenschaftsbetrieb üblichen Darlegungsduktus generiert.[17] Bei einer insgesamt spürbaren doxologischen Grundnote können beispielsweise Passagen in Gebetsform gehalten sein;[18] insgesamt legt Scheeben Wert darauf, die spekulativeren Anteile der wissenschaftlichen Dogmatik zugunsten lebensrelevanter Themen zu reduzieren oder gänzlich auszuklammern. Scheebens ‚Laiencharitologie' kann ganz prinzipiell ein erfahrungsorientierter Grundzug attestiert werden, was sich beispielsweise erweist, wenn für das Durchformtwerden der Seele von der göttlichen Gnade Bilder wie die lichtdurchstrahlte Kristallkugel, der Spiegel oder das im Feuer glühende Eisen herangezogen werden.[19] Dieser erfahrungs- bzw. bildorientierte Ansatz entfaltet sich vollends zu einer „charitologischen Ästhetik",[20] wenn Scheeben immer wieder über die Gott selbst kennzeichnende Schönheit schreibt, die im Gnadengeschehen, durch die „Herrlichkeiten" der Gnade, auch auf den Menschen ausstrahlt[21] – eine Vision von *doxa* und Schönheit als Inbegriff von Gnade, die durch Metaphern wie Lichtglanz, Sonnenstrahlen, Morgenröte, Glut illustriert werden kann. Und dies ist – auch wenn natürlich eine erfahrungsbezogene Darlegungsweise von der ausdrücklichen Reflexion auf die Möglichkeit von Gnadenerfahrung sorgfältig zu unterscheiden ist – wenigstens aufgrund der damit einhergehenden Implikationen nun einer besonderen Erwähnung jedenfalls wert, da die neuscholastische Charitologie eine höchstens verhaltene, wenn nicht sogar rundweg negative Haltung zum Thema Gnadenerfahrung einnahm.[22]

---

17 Dies gilt, wie noch genauer zu zeigen sein wird, auch für inhaltliche Aspekte der Darlegung; exemplarisch sei bereits hier auf die Erörterung pastoral relevanter, im neuscholastischen Gnadentraktat üblicherweise jedoch nicht berücksichtigter Themen aus dem Bereich der Volksfrömmigkeit verwiesen – etwa die Fragen einer besonderen Vorsehung Gottes für die Gerechtfertigten (vgl. ebd., 199–202) und der Sendung von Engelscharen als Begleiter des begnadeten Menschen, vgl. ebd., 202–205.
18 Vgl. etwa ebd., 19.
19 Vgl. ebd., 25.27.
20 So der Titel von Manfred Haukes einschlägigem Beitrag.
21 Vgl. M. J. Scheeben, Herrlichkeiten, bes. 7.33f.105–112 u. ö.
22 Vgl. U. Lievenbrück, Zwischen *donum supernaturale* und Selbstmitteilung Got-

In diesen charakteristischen Grundzug der Charitologie von Scheebens *Herrlichkeiten der göttlichen Gnade* zeichnet sich auch ein „organisches" Denken[23] bzw. eine „Organo-logik" ein,[24] auch wenn diesbezüglich gewiss zu berücksichtigen ist, dass Scheeben dabei Vorläufer etwa in der Lebensorientierung von Romantik und Tübinger Schule findet.[25] Gemeint ist hier ein Verständnis von Theologie als dynamisches Gesamtgefüge, in dessen Entfaltung immer wieder auf Bilder aus der Welt des Lebens zurückgegriffen und die Gnade selbst als göttliches Leben im Menschen ausbuchstabiert wird;[26] die Rede von der Nahrung des Gnadenlebens,[27] das dem Römerbrief nachempfundene Bild der Seele als Zweig des wilden Ölbaums, der dem edlen Ölbaum – Christus – eingepflanzt wird,[28] oder eine Vorstellung von Gnade als Keim und heranwachsende edle Pflanze in der Seele des Menschen[29] sind sprechende Beispiele für Scheebens organologische Denk- und Darlegungsweise.

Ganz in der Fluchtlinie dieses erfahrungsorientierten Entfaltungsduktus von Scheebens ‚Laiencharitologie' liegt auch die besondere Betonung der personalen Bilder, die die theologische Tradition im Reservoir ihrer charitologischen Reflexionen bereithält. Das Bild von Gnade als Gotteskindschaft etwa wird gleich zu Beginn eingeführt und später eingehend entfaltet,[30] auch die Bildrede von der Gottesfreundschaft des begnadeten Menschen[31] bzw. von der in der Gnade stehenden Seele als Braut Gottes[32] und die Betonung der Liebe Gottes zum Menschen[33] fallen in diese Kategorie. All dies sind Bilder, die mehr oder weniger deutlich auch zum Standardrepertoire neuscholastischer Gnadentheologie gehören, in Scheebens *Herrlichkeiten der göttlichen Gnade* jedoch – im Gegensatz zur Traktatliteratur – in breitester Weise existentiell, auf ihre

---

tes. Die Entwicklung des systematischen Gnadentraktats im 20. Jahrhundert (Studien zur systematischen Theologie, Ethik und Philosophie 1), Münster 2014, 363–377.
23   L. Scheffczyk, Die „organische" und die „transzendentale" Verbindung zwischen Natur und Gnade. Ein Vergleich zwischen M. J. Scheeben und K. Rahner aus Anlaß des Scheeben-Gedenkens, in: FKTh 4 (1988) 161–179, hier: 162f.
24   W. W. Müller, Gnade, 102.
25   Vgl. dazu etwa ebd., 76–79.
26   Vgl. etwa M. J. Scheeben, Herrlichkeiten, 70–75.
27   Vgl. ebd., 88–94.
28   Vgl. ebd., 146.
29   Vgl. ebd., 174, vgl. auch 279.284.
30   Vgl. ebd., 4.76–88.
31   Vgl. ebd., 94–101.
32   Vgl. ebd., 112–119.
33   Vgl. ebd., 101–105.

„Lebenswerte" hin ausgewertet und vernetzt, genauer: zu einem Geflecht personaler Bilder verwoben und dabei in einer reziproken Überbietungs- und Vervollkommnungsrelation gedeutet werden.

Ein Letztes bleibt dieser Skizze formaler Aspekte der Gnadentheologie von Scheebens *Herrlichkeiten der göttlichen Gnade* noch anzufügen, zumal damit ein weiteres Mal eine methodische Differenz zur Vorgehensweise der späteren neuscholastischen Traktatliteratur berührt ist: Es geht um Bedeutung und Funktion von Bibel und Vätertheologie im Rahmen der charitologischen Argumentation. Die neuscholastische Manualistik räumt dem „Schrift-" und dem „Väterbeweis" ja breiten Raum ein – bindet beide allerdings auch ein in den vorgegebenen thematischen Rahmen der übergeordneten These und zitiert mehrheitlich eher satzweise als im breiten Kontext, was ihr den Vorwurf einer „Steinbruchexegese" eingetragen hat. In den *Herrlichkeiten der göttlichen Gnade* erfolgt ganz offenbar eine davon abweichende Verwendung sowohl von Bibel- als auch Väterbelegen: Bibelzitate werden immer wieder in den Darlegungsduktus eingewoben und dabei auch teils in größerer Länge dargeboten, programmatisch ist dem Werk bereits als erstem Satz der Einleitung ein Zitat aus Weish 7,11.14 vorangestellt.[34] Und auch den patristischen Bezugnahmen kommt in Scheebens Theologie mehr als nur die Funktion einer argumentationsstützenden Anführung von *dicta probantia* zu, wie verschiedentlich beobachtet wurde:[35] Immer wieder finden sich Belege – und dies in einer auch über Augustinus, den scholastisch meistzitierten *doctor gratiae* hinaus ausgreifenden und unbekanntere Väter berücksichtigenden sowie den Gedankengang deutlich prägenden Weise,[36] teils in seitenweiser Zitation und statistisch signifikant häufiger als vergleichbare Referenzen auf scholastische Theologen.[37]

---

34 Vgl. ebd., 4.
35 Vgl. etwa K. Reinhardt, Der dogmatische Schriftgebrauch in der katholischen und protestantischen Christologie von der Aufklärung bis zur Gegenwart, München/Paderborn/Wien 1970, 161; W. W. Müller, Gnade, 89–91; K.-H. Minz, Communio Spiritus Sancti. Zur Theologie der „inhabitatio propria" bei M. J. Scheeben, in: H. Hammans/H.-J. Reudenbach/H. Sonnemans (Hg.), Geist und Kirche. Studien zur Theologie im Umfeld der beiden Vatikanischen Konzilien. FS H. Schauf, Paderborn u. a. 1991, 181–200, hier: 190.
36 „Die patristische Sicht der Trinität verhilft ihm [Scheeben] die Dynamik des Lebens und seiner Begnadung personal-dynamisch statt ontisch-statisch zu denken", W. W. Müller, Gnade, 106.
37 Vgl. exemplarisch die Bilder, die Scheeben für die Vergöttlichung des Menschen anführt: M. J. Scheeben, Herrlichkeiten, 24f.

2.2 Inhaltliche Aspekte

Eine konzise, bündelnde Begriffsbestimmung findet sich in den *Herrlichkeiten der göttlichen Gnade* erst an vorangeschrittener Stelle in der Argumentation, und dabei ist näherhin – auf diesen Aspekt wird noch zurückzukommen sein – die heiligmachende Gnade als Inbegriff und Grundlage des Gnadenlebens im Blick. Diese wird bestimmt als „eine höchst erhabene, übernatürliche, von Gott in wunderbarer Weise eingegossene Beschaffenheit unserer Natur [...], durch welche wir der göttlichen Natur teilhaftig und derselben in ihren erhabenen Vorzügen ähnlich werden"[38]. Diese Definition unterscheidet sich nun nicht wesentlich von Bestimmungen, die auch in der neuscholastischen Traktatliteratur anzutreffen sind; bei Joseph Pohle beispielsweise ist zu lesen: „Die heiligmachende Gnade ist eine streng übernatürliche, der Seele in Weise eines Habitus anhaftende Qualität, durch die wir der göttlichen Natur teilhaftig werden"[39], und Matthias Premm formuliert: „Die heiligmachende Gnade ist eine übernatürliche, der Seele nach Art eines Habitus eingegossene Qualität, durch die der Mensch von den Sünden gereinigt, physisch geheiligt und als Kind Gottes der göttlichen Natur teilhaftig wird."[40]

Auch wenn es fraglos zutreffend ist, dass die Bestimmung der Gnadenrealität als Teilhabe an der göttlichen Natur[41] ein „Zentralbegriff der Theologie Scheebens"[42] ist, so liegt folglich dieses in der Tradition breit reflektierte und biblisch fundierte[43] Theologumenon doch noch ganz im Fahrwasser neuscholastischen Gnadendenkens. Als ein Spezifikum der in den *Herrlichkeiten der göttlichen Gnade* entfalteten Charitologie ist damit wohl nicht nur der hohe Stellenwert dieses Begriffs selbst zu benennen, sondern insbesondere auch die damit verbundene und auf das ontologische Gefälle zwischen Gott und Mensch referierende deutliche Betonung der staunenswerten Geheimnishaftigkeit dieser Gege-

---

38 Ebd., 59f.
39 J. Pohle, Lehrbuch der Dogmatik, Bd. 2, Paderborn [7]1921, 467.
40 M. Premm, Katholische Glaubenskunde. Ein Lehrbuch der Dogmatik, Bd. 4: Gnade, Tugenden, Vollendung, Wien [3]1961, 239.
41 Vgl. M. J. Scheeben, Herrlichkeiten, 4.13–15; vgl. zudem die Ausführungen zur Vergöttlichung des Menschen durch die Gnade, ebd., 22–26.
42 W. W. Müller, Ziel, 438.
43 Die Referenzstelle ist 2 Petr 1,4: „Durch sie [die göttliche Macht] sind uns die kostbaren und überaus großen Verheißungen geschenkt, damit ihr durch diese Anteil an der göttlichen Natur erhaltet und dem Verderben entflieht, das durch die Begierde in der Welt herrscht".

benheit. Dieser Gedanke wird weit entfaltet und mit starken Vergleichen illustriert:

> „So ist die Gnadenwirkung selbst das größte Wunder der Allmacht Gottes. Sie ist noch größer als selbst die Schöpfung der natürlichen Dinge aus dem Nichts und läßt sich nur mit jener unaussprechlichen Tätigkeit Gottes des Vaters vergleichen, durch welche er seinen eigenen ihm gleichen Sohn von Ewigkeit her hervorbringt"[44] – und daher kann formuliert werden, „daß der Sohn Gottes, wenn er auch nur einer einzigen Seele die Gnade hätte erwerben sollen, nicht umsonst Mensch geworden und gestorben sein würde"[45].

In Scheebens Darstellung bleibt die Rede von der *participatio divinae naturae* somit nicht reine Theorie, sondern wird auf die Freude und Dankbarkeit als existentielle Reaktion des durch die Gnade unendlich über seine eigenen Möglichkeiten hinaus erhobenen Menschen hin ausbuchstabiert und so in die eingangs benannte Zentralintention des Buches eingefügt.

In Verbindung mit dieser Besonderheit, aber gewiss auch als ein der formgebenden Vermittlungsabsicht geschuldetes Detail ist zudem eine auffällige Schwerpunktsetzung zu bewerten, die Scheeben hier bei der Verhältnisbestimmung von *gratia actualis* und *gratia habitualis*, also der den Menschen zur Bejahung und Realisierung heilsrelevanter Akte befähigenden „wirklichen" oder „Tatgnade" auf der einen, und der „habituellen", „heiligmachenden Gnade" auf der anderen Seite vornimmt: Während die neuscholastische Traktatliteratur üblicherweise einen breiten Akzent auf die Entfaltung von *quaestiones disputatae* rund um die aktuelle Gnade legte und mit diesem Thema zumeist auch die charitologischen Ausführungen eröffnete,[46] setzt Scheeben in den *Herrlichkeiten der göttlichen Gnade* gerade umgekehrt, nämlich mit der heiligmachenden Gnade an – um erst an relativ später Stelle des gedanklichen Bogens der Schrift einen relativ schwachgewichtigen Abschnitt zur „wirklichen Gnade"[47] anzufügen. Zusammen mit der habituellen Gnade rückt damit aber – insofern diese, wie gesehen, als eine in ontologischen wie auch personalen Kategorien auszubuchstabierende Gottesrelation

---

44 M. J. Scheeben, Herrlichkeiten, 17.
45 Ebd., 54.
46 Vgl. dazu U. Lievenbrück, Selbstmitteilung, 80–82.
47 Vgl. M. J. Scheeben, Herrlichkeiten, 173–178.

gedeutet wird – die *gratia increata*, also: Gott in seiner Zuwendung zum Menschen in den Mittelpunkt des Blickfeldes. Und in einer solchen theozentrischen bzw. trinitätstheologisch durchformten Betrachtungsweise liegt nun ebenfalls, wie verschiedentlich bereits angemerkt wurde,[48] eine Besonderheit von Scheebens Charitologie.

Auch wenn Scheeben von einer Einwohnung der gesamten Trinität im begnadeten Menschen ausgeht,[49] so weist er dem Hl. Geist doch eine besondere Bedeutung für das Gnadenleben des Menschen zu, insofern gerade die dritte göttliche Person als „gleichsam an der Grenzscheide der hl. Dreifaltigkeit"[50] stehend den Menschen mit Gott verbindet und vergöttlicht. Und selbst wenn in den *Herrlichkeiten der göttlichen Gnade* noch recht vorsichtige Formulierungen gewählt werden – indem Scheeben beispielsweise notiert, der Geist sei die „Person [...], mit welcher wir durch die Gnade ganz besonders in Verbindung treten"[51], – so deutet sich doch auch in diesem vermittlungsorientierten Frühwerk bereits die in späteren Schriften explizit, auch in Orientierung an den Vätern sowie späteren Vorläufern wie Petavius, Lessius und Thomassin und mit spekulativer Argumentation vertretene[52] Annahme nichtappropriierter Beziehungen des Gerechtfertigten zum Hl. Geist an. In einer auf die Vermeidung technischer Fachtermini ausgerichteten Darlegungsweise kann das wohl kaum deutlicher ausgedrückt werden als etwa in folgender Formulierung: „Von dem hl. Geist sagen wir nun, daß er selbst mit der Gnade zu uns kommt, sich selbst in der Gnade uns schenkt und auf eine unaussprechlich innige Weise wirklich und wesentlich durch die Gnade in uns wohnt."[53]

So lässt sich abschließend festhalten, dass in den *Herrlichkeiten der göttlichen Gnade* eine Reihe formaler wie inhaltlicher Aspekte realisiert sind, die die rückblickende Kritik an der späteren neuscholastischen Handbuchcharitologie deutlich vermissen wird. In seiner Evaluation dieses vermittlungsorientierten Frühwerks konstatiert Manfred Hauke freilich auch, dass eine ekklesiale Dimension darin ebenso unterreprä-

---

48 Vgl. etwa M. Hauke, Gnade, 283; K.-H. Minz, Communio, 182; W. W. Müller, Gnade, 103.113.
49 Vgl. M. J. Scheeben, Herrlichkeiten, 67–70.
50 Ebd., 60.
51 Ebd., 60.
52 Vgl. M. Hauke, Gnade, 283f. Vgl. dafür etwa die Ausführungen dazu, dass „eine dem heiligen Geiste wirklich hypostatisch eigentümliche Besitznahme der Kreatur" (141) anzunehmen sei, M. J. Scheeben, Mysterien, 141–147.
53 M. J. Scheeben, Herrlichkeiten, 60.

sentiert ist[54] wie liturgische Bezüge.[55] Gerade in diesen beiden Hinsichten wird die Rezeption durch Pius Parsch deutlich andere Akzente setzen, ohne dass bei ihm freilich ein stark ausdifferenziertes systematisch-theologisches Fachinteresse bestünde. Aus diesem Grund spielen andere Aspekte von Scheebens Charitologie, die eine spätere Betrachtung würdigend in den Mittelpunkt gerückt hat – zu benennen wäre insbesondere die Vermeidung des üblicherweise als „Zwei-Stockwerk-Denken" desavouierten Gnadenextrinsezismus – für Pius Parschs Wertschätzung der Gnadentheologie Scheebens offenbar keine Rolle und bleiben daher aus der Darstellung hier ausgeklammert.

3. Gnade im Denken von Pius Parsch

3.1 Grundlegendes

Es mag diskussionswürdig sein, ob bzw. inwieweit Scheeben der Strömung der Neuscholastik überhaupt zuzurechnen ist – eine Frage, der hier nicht vertiefend nachgegangen werden kann,[56] die sich aber durch einen differenzierteren und nicht lediglich als Negativfolie fungierenden Neuscholastikbegriff wohl einer nachvollziehbaren, wenigstens in Teilen affirmativen Antwort zuführen lassen dürfte. Gewiss ist jedenfalls, dass der Kölner Theologe von seiner Studienzeit, in der er eine Prägung durch die Theologen der sogenannten „Römischen Schule" erfuhr, über seine kirchenpolitischen Positionierungen (etwa zum I. Vaticanum) bis hin zu Details seiner Theologie in einer engen Beziehung zu Methode, Inhalten und Anliegen der Neuscholastik stand. Andererseits zeigt bereits der Blick auf Scheebens hier näher betrachtete *Herrlichkeiten der göttlichen Gnade* auch verschiedene Differenzen gegenüber der zu Beginn des 20. Jahrhunderts anzutreffenden schultheologischen Gestalt des Gnadentraktats. Nur deswegen kann Scheeben, obgleich in vielen Grundzügen seiner Gnadentheologie fraglos selbst in einer Nähe

---

54 Vgl. M. Hauke, Gnade, 286.
55 Vgl. ebd., 287.
56 Vgl. dazu etwa W. W. Müller, Gnade, 86–89 mit Anm. 248; ebd., 260–262 mit Anm. 20; M. Schmaus, Die Stellung Matthias Joseph Scheebens in der Theologie des 19. Jahrhunderts, in: Matthias Joseph Scheeben. Der Erneuerer katholischer Glaubenswissenschaft, Mainz 1935, 29–54, hier: 36–41.

zum neuscholastischen Denken stehend, für Parsch eine themenerschließende Denkalternative zu der im eigenen Dogmatikstudium erlebten schultheologischen Charitologie eröffnen. Diese bewertet Parsch nämlich als höchst unfruchtbar:

> „Die meisten Seelsorger haben von der Gnade keine rechte Ahnung"[57], denn: „Uns allen ist es so ergangen: Der Traktat über die Gnade in der Dogmatik hat uns so wenig Lebenswerte gegeben, daß wir in der Praxis einen weiten Bogen um alle diese Gedanken und Wahrheiten gemacht haben. Auch mir ist es so ergangen, erst in den letzten Jahren ist mir die Klarheit über diese Dinge aufgegangen."[58]

Dieser Zugang zum Thema der Gnade erschließt sich für Pius Parsch durch ein Predigtvorhaben, das ihn über ein sakramententheologisches Fundierungsanliegen zur Gnadentheologie und auch zur Scheeben-Lektüre hinführt. Er notiert dazu: „Dieser Predigtzyklus hat mir persönlich mehr gegeben, als mein Dogmatikstudium über die Gnade."[59] Und ganz wie es für Parsch charakteristisch ist, manifestiert sich auch in seinen charitologischen Reflexionen ein seelsorgliches Vermittlungsanliegen, die Suche nach dem Lebenswert der theologischen Rede, die ihn dazu führt, von der Gnade nicht so zu sprechen, „wie es die wissenschaftliche Dogmatik uns gelehrt hat, sondern praktisch fürs Leben und für die Seelsorge"[60], die Gnade also nicht zu betrachten als „eine imaginäre Größe [...], die bloß in der wissenschaftlichen Dogmatik steht und mit der wir in der Seelsorge und Predigt nicht viel anfangen können"[61].

Stattdessen betont Parsch, dass zur Erkenntnis der Gnade „mit heiligem Schweigen" mehr erreicht ist „als durch viele Worte und hohe Gedanken"[62]. Und wenn er von der Gnade aus pastoralen Gründen dann doch spricht, entwickelt Parsch eine erfahrungsorientierte und bildstarke Sprache, die gerade in dieser Hinsicht an Scheebens ‚Laiencharitologie' anknüpft. Deutlich wird das exemplarisch, wenn man sich die zahlreichen Beispiele organischen Denkens vergegenwärtigt, die Parsch zur Illustration seiner Verhältnisbestimmung von Gnade, Kirche und Litur-

---

57 P. Parsch, Volksliturgie, 260.
58 Ebd., 260. Vgl. auch ders., Predigt, Bd. 6, 9.21.
59 Ders., Volksliturgie, 260.
60 Ebd., 251.
61 Ebd., 252.
62 P. Parsch, Predigt, Bd. 6, 32.

gie heranzieht und in denen etwa die Kirche als ein vom göttlichen Leben erfüllter Organismus[63] und die Liturgie als dessen Blutkreislauf oder auch als „Lunge des Gnadenlebens"[64] betrachtet werden kann.

Und noch im Hinblick auf zwei weitere formal-methodische Aspekte steht Parschs Gnadentheologie in einer gewissen Nähe zu Scheebens *Herrlichkeiten der göttlichen Gnade* (ohne dass hier freilich eine direkte Abhängigkeit von Scheeben als Erklärung in Betracht zu ziehen wäre): Zum einen lebt Parschs charitologisches Denken ganz aus der Rezeption der Bibel – seiner ersten großen „Entdeckung". Im Vorgang der Erarbeitung des eingangs erwähnten Predigtzyklus zur Gnade gelangt Parsch zu der ihn laut eigener Aussage überraschenden Erkenntnis, dass die Bibel keineswegs selten oder peripher, sondern vielmehr „fast nur von Gnade spricht"[65], was noch besser verständlich wird, wenn man sich vergegenwärtigt, dass Parsch etwa die Reich-Gottes-Verkündigung Jesu mit der Gnadenbotschaft identifiziert.[66] Ja, der Klosterneuburger Chorherr kann sogar notieren, dass seine Entdeckung der Gnade ganz wesentlich auf das intensive Bibelstudium zurückzuführen war: „[D]er ganz wichtige Erfolg meines ständigen Bibellesens und -forschens war eben die Entdeckung der Gnadenordnung"[67]. Und so ist es wenig überraschend, dass die Gnadentheologie Parschs bleibend biblisch geprägt ist und in enger Auseinandersetzung mit den theologischen Kernaussagen der biblischen Texte gewonnen wird.[68]

Und zum zweiten verbindet Parsch und Scheeben auch der Rückbezug auf die alte Kirche und die Theologie der Kirchenväter als orientierendes Vorbild für die Gegenwart. So finden sich in Parschs Schriften, nicht zuletzt in den paränetisch-didaktischen Texten zur Volksbelehrung, immer wieder patristische Zitate und Referenzen. Ausdrücklich notiert der Chorherr:

„Die Schriften der Kirchenväter sind für uns ein großer Schatz. Sie bieten uns das Erbgut der kirchlichen Überlieferung und des Lehramtes, sie geben uns einen Einblick in den Vollgehalt unseres Glau-

---

63 Vgl. ders., Volksliturgie, 267.
64 Ebd., 147.
65 Ebd., 260; vgl. auch P. Parsch, Predigt, Bd. 6, 430–432.
66 Vgl. ebd., 34–37.158.
67 P. Parsch, Renaissance, 43.
68 Vgl. exemplarisch die Skizze zur Gnadentheologie verschiedener ntl. Bücher, ebd.

bens. […] Wir können wohl sagen, die Kirchenväter sind Meister des Schriftverständnisses und der Schriftauslegung."[69]

Aber nicht nur diese in der gesamten Geschichte der Patristikrezeption immer wieder formulierte Wertschätzung der Väter als Zeugen und Vermittler einer authentischen Bibelauslegung im Geist Christi benennt Parsch als Grund für seine Väterorientierung. Eine andere Begründung, die in seinen Texten greifbar wird und die er – nebenbei bemerkt – mit dem stark durch eine Rezeption patristischer Theologie geprägten französischen Jesuiten Henri de Lubac teilt, ist der Aspekt der Wiedergewinnung einer communionalen Ekklesiologie durch die Väterorientierung. Freilich grenzt Parsch sich von einer romantisierenden Schwärmerei für die Urkirche ab, die diese lediglich „in ihren äußeren Formen zu kopieren suchte"[70] und dabei den eigentlichen Kern dessen verfehlte, was die Väter und ihre Zeit an ekklesiologischen Schätzen für die gegenwärtige Rezeption bereithalten. Der Kern, worum es dabei eigentlich geht, ist für Parsch dieser: Wir „schauen […] in die alte Kirche und suchen das Bruder- und Schwesterverhältnis der ersten Christen aufleben zu lassen"[71]. Hier wird deutlich, dass in Parschs Denken neben anderen Einflussfaktoren auch die Väterrezeption dazu beiträgt, die noch näher zu betrachtende communionale Dimension des Gnadengeschehens und damit einen in der neuscholastischen Charitologie eher vernachlässigten Aspekt zu stärken.

3.2 Inhaltliche Aspekte

Es dürfte bereits deutlich geworden sein, dass die Frage danach, was Pius Parsch unter der Gnade verstand, in den innersten Kern seines Denkens, ja, nach seiner Auffassung in die Herzmitte des Christentums selbst[72] hineinführt. Der Chorherr formuliert dies in aller Prägnanz, so etwa 1952 in seinem Referat auf dem Eucharistischen Kongress in Barcelona:

---

69 P. Parsch, Breviererklärung. Im Geiste der liturgischen Erneuerung, Klosterneuburg 1940, 109.
70 Ders., Wesen und Zweck der volksliturgischen Erneuerung, in: BiLi 1 (1926/27) 303–311, hier: 309.
71 Ebd.
72 „Christentum ist Gnadenreligion", P. Parsch, Die liturgische Predigt, Bd. 1: Grundlegung der liturgischen Predigt, Klosterneuburg 1948 [Nachdruck neu eingeleitet von M. Benini (PPSt 19), Freiburg/Br. 2021], 112.

„Ich frage, welches ist das Wesen des Christentums? Es ist nicht so sehr der Glaube, auch nicht die Moral, sondern das göttliche Leben der Gnade [...]. Das ist die Wesensmitte des Christentums."[73]

Woran denkt Parsch nun aber näherhin, wenn er vom ‚göttlichen Leben der Gnade' spricht?

Die vielleicht prägnanteste Begriffsbestimmung, die in seinen Schriften zu finden ist, fasst Gnade als „eine freie ungeschuldete Huld und Liebe Gottes zu einzelnen Geschöpfen, welche dadurch über ihre Natur emporgehoben werden und sozusagen auf die Stufe Gottes gestellt werden"[74]. Inhaltliche Konsonanzen zur vorher skizzierten neuscholastischen Definition der habituellen Gnade[75] stechen auf den ersten Blick ins Auge; auch bei Parsch ist die Erhebung über die Ebene der Natur hinaus eines der zentralen Definitionsmomente, auch seinem Dafürhalten nach geht es bei der Gnade primär um eine Gegebenheit im Innern des einzelnen Menschen. Neben den genannten Ähnlichkeiten liegen jedoch auch gewisse Differenzen in der Akzentsetzung vor. Insbesondere ist dabei an die starke Betonung personaler Begriffskategorien bereits in der Gnadendefinition zu denken; immerhin identifiziert Parsch als Anstoßfaktor und innere Mitte des ganzen Gnadengeschehens die bedingungslose, unendliche, nur der Mutterliebe vergleichbare Liebe Gottes zu den Menschen.[76] So ist es wenig überraschend, dass an den Stellen, wo er charitologische Kurzformeln bietet,

---

[73] Ders., „Schenke allen, denen du den Glauben gabst, auch den Frieden", in: BiLi 57 (1984) 46–50, hier: 47.

[74] Ders., Volksliturgie, 253, vgl. auch ders., Predigt, Bd. 6, 13. Man bedenke auch die Deutung von Gnade als „göttliches, ewiges Leben", das „auf eine höhere Seinsstufe [hebt]", die Parsch in seinem Vortrag auf der Hermsdorfer Konferenz der protokollarischen Mitschrift zufolge gab, J. Ernesti, Ökumene im Dritten Reich (KKTS 77), Paderborn 2007, 73, die folgende Formulierung: Die Gnade „ist ein freies, unverdienbares Geschenk Gottes", das „den Menschen zur übernatürlichen Ebene [erhebt]", P. Parsch, Predigt, Bd. 1, 115, oder die Überlegungen zur Begriffsbestimmung von Gnade in ders., Predigt, Bd. 6, 143f.

[75] Für die aktuelle Gnade – Parsch spricht eher von „Beistandsgnade" – interessiert sich der Chorherr wenig und nur in Kontexten, wo es um die paränetische Mahnung zum Mitwirken mit der Gnade geht, vgl. etwa ebd., 169.180 und v. a. die Predigt zur Beistandsgnade, ebd., 398–403.

[76] „Gnade ist uneingeschränkte Liebe und Güte Gottes. [...] Wie die Sonne ihrem Wesen nach Wärme und Licht ausstrahlt, wenn sie nicht durch Wolken gehemmt wird, so kann Gott nur Liebe geben, wenn der Mensch das Einstrahlen nicht verhindert", ebd., 171.

oftmals wiederum personale Formulierungen gewählt werden – etwa diese: „Gnade ist ein wirkliches Kommen Christi in die Seele des Menschen"[77], oder: „Christsein heißt Gotteskind sein"[78] –, und dass gnadentheologisch häufig von der Gotteskindschaft, der Geschwisterbeziehung zu Christus und der Beziehung des in der Gnade stehenden Menschen zu der ihm einwohnenden Dreifaltigkeit die Rede ist.[79] Eher mit Scheeben als mit der späteren Manualistik verbindet Parsch die immer wieder anzutreffende Rede von der „Schönheit" der verwandelten Seele[80] sowie das häufige Aufgreifen biblischer Bilder wie Licht,[81] Leben,[82] Liebe (zu bzw. von Gott wie auch zu den Menschen),[83] Wiedergeburt und Neuschöpfung.[84] Auch die Begriffe von Vorsehung und Gnade kann Parsch bemerkenswerterweise synonym verwenden.[85] Und so drängt sich insbesondere nach der Lektüre von Parschs Predigtreihe *Das Kirchenjahr im Lichte der Gnade* schließlich der Eindruck auf, dass – bei allen Konkretisierungen und Differenzierungen – die Gnade für Parsch letztlich nichts anderes ist als ein Ausdruck für die Gesamtheit der heilsgeschichtlichen Gott-Mensch-Beziehung.

Wie bereits die zitierte grundlegende Gnadendefinition erweist, ist damit jedoch keinesfalls die Auffassung impliziert, dass zugunsten personaler auf ontologische Begriffskategorien zu verzichten wäre. Beides fügt sich in Parschs Gnadendenken wie auch bei Scheeben nahtlos und in reziproker Bereicherung ineinander,[86] ja, man könnte sogar formulieren, dass nach Parsch die ontologischen Kategorien die personalen allererst ins rechte Licht rücken, denn „[d]en First des Daches zum Gnadentempel [...] darf der Apostelfürst Petrus aufsetzen in dem

---

77 Ebd., 26.
78 P. Parsch, Renaissance, 42. Die wie in der (neu-)scholastischen Charitologie auch anhand des Bildes einer Adoptivkindschaft reflektierte Gotteskindschaft ist für Parsch tatsächlich der Inbegriff des durch die Gnade erneuerten Gottesverhältnisses des Menschen, vgl. P. Parsch, Volksliturgie, 252.254f.; ders., Predigt, Bd. 6, 93–99.
79 Vgl. etwa ders., Volksliturgie, 254f.
80 Vgl. ebd., 253 – man bedenke die Nähe zur vorher skizzierten charitologischen Ästhetik Scheebens.
81 Vgl. ebd., 253f.; ders., Predigt, Bd. 6, 48.50.59.81f.
82 Vgl. ders., Volksliturgie, 251.254; ders., Predigt, Bd. 6, 48.50.61f.134f.
83 Vgl. ebd., 60f.
84 Vgl. ders., Volksliturgie, 254; ders., Predigt, Bd. 6, 14.
85 Vgl. ebd., 91.
86 Vgl. etwa die Formulierung, dass Gnade „die Kindschaft Gottes, die Teilnahme an der göttlichen Natur, [...] die Wiedergeburt" meint, P. Parsch, Glauben, 47, oder den Argumentationszusammenhang in ders., Predigt, Bd. 6, 96.

Worte: Gnade ist Teilnahme an der göttlichen Natur"[87]. Genau wie bei Scheeben ist auch bei Parsch im Theologumenon einer Teilhabe des Gerechtfertigten an der göttlichen Natur – illustriert im Bild des Durchglühtseins der Seele von der Gnade wie das des Eisens vom Feuer[88] – die charitologische Kernachse auszumachen; genau wie Scheeben legt auch Parsch den Rezeptionsfokus dabei stark auf das Staunen über dieses Wunder einer übernatürlichen Erhebung, ja, Vergöttlichung des Menschen und auf den Aspekt der Geschenkhaftigkeit derselben.[89] Und genau wie bei Scheeben verbindet sich auch bei Parsch diese Betonung des Teilhabegedankens mit einer Akzentsetzung auf die *gratia increata*, also auf Gott in seiner Zuwendung zum Menschen, die sich in dem Gedanken, dass im Gerechtfertigten – wie Parsch hervorhebt, in aller Verborgenheit[90] – „eine Nachbildung der ewigen Vorgänge der Hl. Dreifaltigkeit"[91] gewirkt werde, ebenso ausdrücken kann wie etwa in der organischen Metapher einer Kräftigung des Gnadenlebens aus der Christusbeziehung gleich einer Pflanze aus ihrer Wurzel.[92] Die Christozentrik von Parschs Gnadendenken zeigt sich etwa in seiner Betonung, dass Christus „in seinem Heilswerk der Inbegriff aller Gnade ist"[93], ja, selbst „in der Seele des begnadigten Menschen [wohnt]"[94], und darin, dass Parsch auch diese Aussage zu einem charitologischen Kernthema erklärt.[95] Und auch die stark pneumatologische Ausrichtung von Scheebens Gnadentheologie hinterlässt ihre Spuren bei Parsch, wenn etwa das Pfingstereignis als Erstausspendungsmoment der Gnade gedeutet,[96] die Einwohnung des Geistes im Gerechtfertigten hervorgehoben[97] oder Gnade und Geist einander gar gleichgesetzt werden;[98] man bedenke auch, dass Parsch die Christin-

---

87 Ders., Renaissance, 43; vgl. auch ders., Volksliturgie, 254. Zu den Konsequenzen der Vergöttlichung – Teilhabe an der göttlichen Erkenntnis, der Heiligkeit Gottes und die Eingliederung in Christus vgl. ders., Predigt, Bd. 6, 125–127.
88 Vgl. ebd., 144.
89 Vgl. ders., Volksliturgie, 254.
90 Vgl. ders., Predigt, Bd. 6, 27.159–161.
91 Ebd., 303, vgl. zum Hintergrund ebd., 300–303.
92 Vgl. ders., Volksliturgie, 133.
93 Ders., Predigt, Bd. 6, 77.
94 Ebd., 52. Zu Parschs Rede von der „Christuseinwohnung" vgl. auch ebd., 53.88, zu weiteren christologischen Facetten der Gnadenrealität ebd., 253–258.
95 Vgl. ebd., 255.
96 Vgl. ebd., 291–297.
97 Vgl. besonders ders., Volksliturgie, 133.255; ders., Predigt, Bd. 6, 147–152.291–293.
98 „Wir wissen, Hl. Geist und Gnade ist dasselbe", ebd., 68, vgl. auch ebd., 295.

nen und Christen, mit denen er in St. Gertrud aufs Engste verbunden war, als „pneumatische Menschen" bezeichnete – „diesen Ausdruck liebte er sehr"[99].

Wie bereits angedeutet, geht Parsch über Scheebens *Herrlichkeiten der göttlichen Gnade* und die darin gesetzten Akzente dort hinaus, wo er – hier selbstverständlich geprägt durch seinen liturgieorientierten Zugang – ein communionales bzw. ekklesiales Verständnis von Gnade hervorhebt. Nur zu oft beklagt der Klosterneuburger Chorherr „Subjektivismus und Individualismus im religiösen Leben der Christen"[100]; „[d]ie Mystik des Mittelalters […] riß den einzelnen los von der Gemeinschaft des mystischen Leibes und knüpfte die innigsten Bande zwischen der Einzelseele und Jesus"[101], ein individualistischer Grundzug, der nach Parschs Dafürhalten aus der Sündenfokussierung resultiert, die er im Mittelalter[102] bzw. durch die gegenreformatorische Abgrenzung von Luthers Rechtfertigungslehre[103] eine freudvollere, gnadenorientierte Grundhaltung der älteren Kirche verdrängen sieht.

Dieser problematisierten Individualismustendenz setzt Parsch die pointierte Betonung entgegen: „[D]ie Gnade ist eingebaut in den Organismus der Kirche".[104] Die Kirche ist Parschs Auffassung zufolge der „Gnadenleib Christi"[105], eine Betrachtungsweise, die impliziert, dass die individuelle Gottes- bzw. Gnadenbeziehung des Menschen nur als eine von Gemeinschaft getragene und in Gemeinschaft sich vollziehen-

---

Irgendein Interesse an den scholastischen Diskussionen rund um die Sonderlehre des Lombarden zur Gleichsetzung von Geist und Gnade entwickelt Parsch im Kontext allerdings nicht.
99   N. Höslinger, Pius Parsch und die Erneuerung der christlichen Frömmigkeit, in: ders./T. Maas-Ewerd (Hg.), Mit sanfter Zähigkeit. Pius Parsch und die biblisch-liturgische Erneuerung (SPPI 4), Klosterneuburg 1979, 155–174, hier: 165.
100 P. Parsch, Volksliturgie, 25.
101 Ders., Die objektive und die subjektive Frömmigkeit, in BiLi 7 (1932/33) 233–236.257–261.283–289, hier: 260.
102 Vgl. etwa ders., Volksliturgie, 127f.; ders., Glauben, 47f.
103 Vgl. ders., Die objektive und die subjektive Frömmigkeit, 235f.; man bedenke in dem Kontext auch die angedeutete Kritik am Molinismus als der „Doktrin des nachtridentinischen Christentums", ebd., 236.
104 J. Ernesti, Ökumene, 73.
105 P. Parsch, Volksliturgie, 28.265 u. ö.; eingehender: ders., Predigt, Bd. 6, 37–44.72–75.452–518 – zu einer Einordnung dieses Begriffs bei Parsch: R. Stafin, Eucharistie, 24, Anm. 44. Es ist bemerkenswert, dass Parsch die Konzeption der Gnade als Gnadenleib als „Kern der Gnadenauffassung des hl. Paulus" qualifiziert, P. Parsch, Predigt, Bd. 6, 72.

de adäquat verstanden werden kann[106] – und dass umgekehrt auch die Kirche gewissermaßen *creatura gratiae* ist: Die Begnadung eines Menschen strahlt auf seine Gemeinschaft aus, kann stellvertretenden Charakter haben.[107] „Nur die Gnade erzeugt die Kirche. Gäbe es auf der ganzen Erde keine Bischöfe, Priester, keine Christen, wohl aber auf einer fernen Insel zwei begnadigte Menschen, so wären diese die Kirche."[108] Diese ekklesial-communionale Deutung von Gnade, die als grundlegend für Parschs gesamtes theologisches Denken qualifiziert werden kann, ist als deutliche Distanzierung gegenüber einem nicht nur von Pius Parsch kritisch wahrgenommenen Grundzug neuscholastischen Gnadendenkens[109] zu bewerten.

In seiner Absicht, Kirche und Gnade in möglichst inniger Verbindung zu denken, geht Parsch mitunter gar so weit, dass sich der Eindruck einer theologisch problematischen Engführung der Spielräume des Gnadenwirkens auf den Raum der (liturgisch aktiven) Kirche[110] und sogar einer magisch-veräußerlichten Deutung der sakramentalen Gnadenwirksamkeit[111] nahelegt. Solche Eindrücke sind sehr ernst zu nehmen, und faktisch geben Sätze wie die folgenden durchaus zu denken:

> „Christus hat die Gnade an zwei Bedingungen geknüpft: wir müssen die Todsünde meiden, das ist die erste Bedingung; die zweite ist: wir müssen sein Fleisch und Blut genießen. […] [Z]wischen Gnade und Eucharistie ist ein so inniger Zusammenhang, daß die Gnade ohne Eucharistie nicht bestehen kann"[112]; die Liturgie ist „das von Christus gewollte Organ der Gnadenspendung"[113]; und: „Das Leben (sc. die Gnade) gibt es nur in der Kirche und durch die Kirche"[114].

---

106 Vgl. ders., Volksliturgie, 267; ders., Predigt, Bd. 6, 40.74f.116–120.
107 Vgl. ebd., 202.
108 P. Parsch, Volksliturgie, 256; vgl. auch ders., Predigt, Bd. 6, 17.109.
109 Vgl. U. Lievenbrück, Selbstmitteilung, 508–510.
110 Vgl. L. Lerch, Kirchenreform bei Pius Parsch. Zur Verortung der österreichischen ‚volksliturgischen Bewegung' in der Reformtheologie der Zwischenkriegszeit, in: LJ 69 (2019) 227–243, hier: 238–242.
111 „Man hat den Eindruck, daß Parsch den Einfluß der gefeierten Eucharistie auf das menschliche Leben als einen fast automatisch sich vollziehenden Prozeß sieht", R. Stafin, Eucharistie, 258.
112 P. Parsch, Predigt, Bd. 1, 116. Vgl. ders., Predigt, Bd. 6, 19f., 329.
113 Ders., Volksliturgie, 257.
114 J. Ernesti, Ökumene, 73 – im Blick auf dieses Zitat ist freilich zweierlei zu be-

„Erkennet das höchste Gut des Christentums, das göttliche Leben."

Wie sind derartige Formulierungen zu bewerten? Impliziert Parschs Betonung der Bedeutung von Sakramenten und Liturgie für das Gnadenleben deren *Unverzichtbarkeit* für die Konstitution der Gnadenrealität? Ein vergegenständliches Gnadendenken scheint allerdings auf der Hermsdorfer Konferenz ein Hauptkritikpunkt an Parschs Referat gewesen zu sein,[115] und eine naiv-verharmlosende Umgangsweise mit den zitierten Auffassungen verbietet sich selbstredend. Auf der anderen Seite könnte jedoch auch angefragt werden, ob bei einer Bewertung der skizzierten theologischen Position nicht der spezifische Impetus, der Geist in Rechnung zu stellen ist, aus dem heraus Parsch sie formuliert. Und dies ist für Parsch – in deutlichem formalem Unterschied etwa zu Erkenntnisinteresse und Gedankenduktus dogmatischer Gnadentraktate – dezidiert nicht eine systematische Darlegungsabsicht, sondern ein ganz und gar aus liturgischer Praxis und pastoraler Erfahrung, konkret der Erfahrung von Gemeindeerneuerung in St. Gertrud, her formierter Zugang. Inwieweit ist also den Formulierungen, in denen er Kirche als Gnadenleib denkt und das Gnadengeschehen an Spendung und Empfang von Sakramenten bindet, eine derartige systematische Tragweite zuzuschreiben, dass sie neben der positiven Aussageebene die negativ-exkludierende Aussageintention, die die Unmöglichkeit von Gnadenleben außerhalb katholisch-liturgischer Vollzüge formulieren würde, tatsächlich einschlösse? Parsch war immerhin weder ein systematischer Denker noch besonders intensiv mit der heilsgeschichtlichen Situation nichtchristlicher Menschen befasst, und so dürfte es ihm letztlich eher um eine praktische und erfahrungsgrundierte Aussage über Quellen christlichen Lebens als um einen prinzipiellen Ausschluss anderer, nicht liturgievermittelter Wege der Gnade gehen. Für diese Deutung spricht jedenfalls ein ganz kurzer Abschnitt in Parschs Predigtreihe *Das Kirchenjahr im Lichte der Gnade*, wo der Chorherr hinsichtlich der Möglichkeiten einer Begnadung von „Heiden" – Menschen also, die ohne eigenes Verschulden nicht mit der christlichen Botschaft in Kontakt gekommen sind – und ungetauft

---

achten: Erstens handelt es sich bei dem zitierten Satz nicht um eine wörtliche Formulierung Parschs, sondern um die deutlich verkürzende Mitschrift seines Vortrags bei der Hermsdorfer Konferenz, dessen Manuskript leider nicht erhalten ist, vgl. ebd., 73, Anm. 4; und zweitens erweist der Kontext, dass es Parsch bei seinem Kirchenbegriff um die Verbindung mit Christus geht – was wenigstens theoretisch Spielräume für die Annahme eines Gnadenwirkens außerhalb der institutionell verfassten Kirche eröffnen würde.
115   Vgl. ebd., 75–77, bes. 75.

verstorbenen Kindern konstatiert, dass sich hier auf biblischem Fundament keine Klarheit gewinnen lässt, und dann vermerkt: „Das aber wissen wir: Gott ist gerecht und barmherzig. Er wird keinen Menschen verurteilen ohne persönliche schwere Schuld. Wegen der Erbsünde allein kommt kein Mensch in die Hölle; denn Erbsünde ist keine persönliche Sünde"[116]; es schließt sich noch die Vermutung an, dass Gott für diese Personengruppen „außerordentliche Mittel zu ihrer Begnadigung"[117], etwa nach Art der Begierdetaufe, haben mag. Diese Positionierung hat im neuscholastischen Diskurs durchaus ihre Parallelen,[118] wenn sie auch durch die emphatische Hervorhebung der göttlichen Barmherzigkeit[119] andere Akzente setzt als die Mehrheit der Traktate; sie dürfte jedenfalls aber als Beleg dafür zu werten sein, dass es Parsch mit seiner Betonung der Verbindung zwischen Gnade und Sakramenten nicht auf den Ausschluss von Möglichkeiten des Gnadenwirkens jenseits eines christlichen, sakramental-liturgisch geprägten Lebens ankam.[120]

Sucht man nach dem, was sich am ehesten als Spezifikum und innere Mitte von Parschs Gnadendenken identifizieren lässt, so wird man aber – neben der bereits thematisierten Fokussierung auf das Konzept der Teilhabe an der göttlichen Natur und der Gemeinschaftsdimension der Gnadenrealität – vor allem an die Unterscheidung zwischen „Gnaden-" und „Gebotsfrömmigkeit" zu denken haben,[121] die sich mit gewissen konzeptionellen und terminologischen[122] Varianzen durch das gesamte Schrifttum des Klosterneuburger Chorherrn hindurchzieht. Im Frühwerk spricht Parsch diesbezüglich noch von der Differenz zwischen „subjektiver" und „objektiver" Frömmigkeit,[123] eine Begriffsverwendung, die er später selbst problematisiert[124] und die insofern tat-

---

116 P. Parsch, Predigt, Bd. 6, 155.
117 Ebd.
118 Vgl. U. Lievenbrück, Selbstmitteilung, 118–138.
119 Vgl. dazu auch P. Parsch, Predigt, Bd. 6, 157.
120 Freilich: Nicht praktizierenden *Christinnen und Christen* gegenüber urteilt er streng, vgl. etwa ebd., 313f.
121 Parsch selbst schreibt, dass dieser Unterschied ihm „[a]m meisten [...] am Herzen [liegt]", ebd., 12.
122 So ist auch die Rede von „liturgischer Frömmigkeit" oder „Gemeinschafts-Frömmigkeit" im Gegensatz zur „Ich-Frömmigkeit" anzutreffen, vgl. etwa P. Parsch, Wesen, 307.
123 Vgl. bes. den Aufsatz „Die objektive und die subjektive Frömmigkeit".
124 Vgl. exemplarisch P. Parsch, Volksliturgie, 67.

sächlich missverständlich ist, als *prima facie* ‚objektiv' eher eine ‚extrinsezistische' und ‚subjektiv' eine ‚verinnerlichte' Frömmigkeitsform zu konnotieren scheint. Bei näherem Hinsehen wird jedoch rasch deutlich, dass diese Assoziation völlig fehlgeht: Der von Parsch dem frühen Christentum zugeschriebenen objektiven bzw. Gnadenfrömmigkeit wird vielmehr eine Fokussierung auf die „Gnadenwirksamkeit"[125] attribuiert, sie ist „objektive, also theo- oder christozentrische Frömmigkeit, welche das Erlösungsverdienst Christi allein im Auge hat, die also die Religion von Gott aus schaut"[126]. Die seit dem Mittelalter[127] vorherrschende Gebotsfrömmigkeit hingegen ist „subjektive oder anthropozentrische Frömmigkeit, welche vom Menschen ausgeht und die Werkheiligkeit stark betont"[128]; und leider wird sie von Parsch auch mit dem – seinerzeit mangels exegetischer Alternativdeutungen, wie sie im Zuge der *New Perspective on Paul* vorgelegt wurden, sehr verbreiteten – antijudaistischen Stereotyp einer Gesetzesfrömmigkeit Israels in Verbindung gebracht: „Der Alte Bund war unter das Gesetz gestellt, das einzig Entscheidende und Verbindende war das Gesetz, die Haltung der Gebote"[129]; „[i]m Alten Bunde hören wir von der Gnade überhaupt nichts; dieser war für so etwas Feines und Hohes noch nicht fähig"[130].

Diese Kritik an der „Gebotsfrömmigkeit" ist nun freilich eine Position, die Parsch den Vorwurf einer Missachtung der Gebote eingetragen hat.[131] Seine verteidigende Reaktion darauf macht geltend, dass die Werke durch die Betonung der Gnadenfrömmigkeit keineswegs relativiert werden – „sie erhalten eine tiefere Fundierung"[132]. Damit verbleibt letztlich eine Verhältnisbestimmung zwischen „Gebots-" und „Gnadenfrömmigkeit", die nicht nach einer Seite hin aufgelöst werden darf: „Auch die objektive Frömmigkeit muß mit dem Willen arbeiten, muß Werkheiligkeit üben, bedarf des Sündenbewußtseins, der Furchtmotive.

---

125 Ebd., 129.
126 P. Parsch, Die objektive und die subjektive Frömmigkeit, 236. Vgl. auch ders., Volksliturgie, 252.261.
127 Vgl. etwa ebd., 125–128; vgl. dazu auch R. Stafin, Eucharistie, 58–66.
128 P. Parsch, Die objektive und die subjektive Frömmigkeit, 236. Vgl. auch ders., Volksliturgie, 252.261.
129 Ders., Die objektive und die subjektive Frömmigkeit, 234; vgl. auch ders., Predigt, Bd. 6, 12.
130 Ebd., 33.
131 Vgl. N. Höslinger, Erneuerung, 167.169; vgl. auch P. Parsch, Predigt, Bd. 6, 174.412.
132 Ders., Die objektive und die subjektive Frömmigkeit, 235.

Das Ideal ist sicher der harmonische Ausgleich von objektiver Gnadenwirksamkeit und subjektiver Werkheiligkeit"[133]. In diesem Zusammenhang ist auch aufschlussreich, dass im Zuge der genannten Begriffsentwicklung bzw. sogar -oszillation in Parschs theologischem Denken die beiden Frömmigkeitsformen an anderer Stelle durchaus auch als zwei verschiedene, einander in der Liturgie jedoch ergänzende Akzentsetzungen kirchlichen Lebens, zwei komplementäre „Formgesetze"[134] dargestellt werden können: „Beide sind gut und haben Blüten der Heiligkeit in der Kirche hervorgebracht"[135] – eine nun eher positive Bewertung selbst der „subjektiven" oder „Gebotsfrömmigkeit", die der zitierten abwertenden Rede von „Werkheiligkeit" auf den ersten Blick deutlich entgegensteht. Zu einer Einordnung und Erklärung dieser Bewertungsdivergenz vermag vielleicht der Hinweis darauf beizutragen, dass für Parsch Gebotsbefolgung, Sündenfokussierung und Gerichtsangst offensichtlich eine niedere oder rudimentäre Stufe christlicher Frömmigkeit darstellen, welche dem Leben der Gnade vor-, unter- und eingeordnet ist und von bzw. in ihr – man möchte fast sagen: im Hegelschen Sinne – aufgehoben wird.[136] Diesen Zusammenhang illustriert treffend der folgende Passus aus der *Volksliturgie*:

„Man meint, wenn sich der Prediger auf den Gnadenstandpunkt stellt, nimmt er es mit den Geboten nicht so genau. Ist das wirklich der Fall? Hat der hl. Paulus, der doch ganz auf der Ebene der Übernatur stand, die Gebote leicht und gering genommen? Welche Motivierung dringt mehr ins Herz, die natürlich-sittliche oder die übernatürliche? Die erstere: Du mußt Gott dienen, darfst die Sünde nicht tun, sonst verfällst du der Strafe; die zweite: Du bist Gotteskind, so hoch erhoben, die Sünde ist deiner unwürdig."[137]

In diesen Worten tritt nun auch die eigentliche Aussageabsicht recht klar zutage, die Parsch mit der Unterscheidung dieser beiden Frömmigkeitsstile anzielt: Die Gnadenfrömmigkeit lebt im Gegensatz zur Ge-

---

133 Ebd., 236. Man bedenke auch, dass Scheeben – darin fest in einem Gnadendenken scholastischer Tradition beheimatet – der Gnadentheologie eine breite Auseinandersetzung mit Aspekten der Tugendlehre anschließen kann.
134 P. Parsch, Breviererklärung, 219, vgl. auch den Kontext, ebd., 212–219.
135 Ebd., 212.
136 Vgl. dazu P. Parsch, Volksliturgie, 325.
137 Ebd., 336.

botsfrömmigkeit aus einer Haltung der Freude über die Gnade, lebt „im frohen Kindesverhältnis zum Vatergott" statt „in steter Sündenfrucht"[138], betrachtet also „das Christentum mehr positiv"[139], denn „Gnade und Freude gehen immer Hand in Hand"[140] – die Parallelen zur erklärten Grundabsicht von M. J. Scheebens *Herrlichkeiten der göttlichen Gnade* liegen auf der Hand.[141] Als Grundüberzeugung von Pius Parsch lässt sich also festhalten: Eine Haltung, die sich mit einer Gottesbeziehung beschenkt weiß und aus der Freude an diesem Beschenktsein heraus handelt, ist wahrhaft christlich – ein in der Fokussierung auf das eigene Tun, den eigenen Leistungswillen letztlich doch immer nur auf die eigene Unzulänglichkeit zurückfallendes und damit hinsichtlich der Gottesbeziehung von Angst beherrschtes Um-Sich-Selbst-Kreisen des Menschen – oder in umgekehrter Betrachtung: ein von der Angst des Nichtgenügens, vom Gefühl der Sünde angetriebenes Leistenwollen hingegen widerstreitet dem, was die Grundorientierung christlichen Daseins und Lebens sein sollte. Die Wahrnehmung, dass die zuerst genannte Haltung im Christentum seiner Zeit wieder stärker zum Vorschein und zur Geltung kommt, lässt Parsch in Jubel ausbrechen: „Es ist eine Freude, ein wahres Hochgefühl, jetzt zu leben."[142] Und hinsichtlich der damit einhergehenden gnadentheologischen Akzentsetzung – dem bei Parsch offenbar zutiefst erfahrungssatt reflektierten Fokus auf die beglückende und befreiende Gott-Mensch-Beziehung – kann durchaus notiert werden, dass darin einer in der Gnadentheologie erst ab der Jahrhundertmitte in breiterem Maß vertretenen Ansicht vorausgegriffen wird.

3.3 Praktisch-theologische Bedeutung der Gnadentheologie

Angesichts der Zentralität, die Parsch der Gnadengegebenheit zuschreibt, überrascht es kaum, wenn er die Gnade auch als den eigentlichen Zielpunkt seelsorglichen Handelns qualifiziert: „Seelsorge ist die

---

138 Ebd., 128.
139 Ebd., 128.
140 P. Parsch, Predigt, Bd. 6, 55; vgl. zur Freude an der Gnade ebd., 54–57.214.
141 Aufschlussreich ist in diesem Kontext auch der Gedanke an den für Parschs ekklesiologisches Denken kennzeichnenden Gegensatz zwischen „Organisation" und „Organismus", vgl. dazu L. Lerch, Kirchenreform, 238: Es legt sich zur Charakterisierung der Gedanke an Kategorienpaare wie ‚äußerlich' und ‚innerlich' oder ‚juridisch' und ‚personal' bzw. ‚relational' nahe.
142 P. Parsch, Volksliturgie, 131.

Sorge, dass sie [die Christen] Leben der Gnade haben und es in Fülle haben. Das große Ziel der Seelsorge ist Gründung, Erhaltung und Entfaltung der Gnade."[143] Ganz im Dienst dieser Zielsetzung steht nun auch die Liturgie. Schon das Grundverständnis von Liturgie ist für Parsch in aller Deutlichkeit gnadentheologisch aufgeladen: „Die Liturgie ist uns das große Sakrament, das Heilszeichen der Gnade"[144], „das von Christus eingesetzte Mittel der wesenhaften Heiligung"[145], „göttliches Wirken, das Einströmen der Gnade"[146]; ja, mitunter scheint es geradezu, als seien die Begriffe ‚Liturgie' und ‚Gnade' für Parsch konvertibel.[147] Im Hintergrund steht wiederum eine Charitologie, die Gnade als Begegnungsgeschehen zwischen Gott und Mensch deutet und der Liturgie in diesem Geschehen einen zentralen Ort zuweist, was auch mit dem Bild des Hofzeremoniells als regulärer Form der Annäherung an einen Regenten erklärt wird.[148]

Vor diesem Hintergrund ist die Feststellung sehr berechtigt, dass Parsch wesentlich auf die „Erneuerung eines gnadentheologischen Verständnisses der Liturgie"[149] abzielt. Parsch selbst buchstabiert die charitologische Dimension seiner liturgischen Anliegen erneut im Rückgriff auf die bereits skizzierte Unterscheidung zwischen Gnaden- und Gebotsfrömmigkeit aus: Jene hat, wie gesehen, einen freudvollen Grundzug, diese fokussiert auf das Tun (und näherhin das Versagen) des Menschen, ist folglich individualistisch geprägt und kreist um die Frage, mit welchen Mitteln die Sünde zurückzudrängen ist – was nach Parschs Dafürhalten in den liturgischen Vollzug und dessen Bewertung insofern ein extrinsezistisches Moment einträgt, als die die Gottesbeziehung feiernden liturgischen Elemente in den Hintergrund treten und eine kasuistische und rubrizistische Fokussierung auf Details gottesdienstlicher

---

143   Ebd., 256.
144   Ebd., 27; vgl. auch P. Parsch, Liturgische Frömmigkeit, in: ders.: Liturgische Erneuerung. Gesammelte Aufsätze (Liturgische Praxis 1), Klosterneuburg 1931, 126–137, hier: 128.
145   Ders., Volksliturgie, 193.
146   Ebd., 95; vgl. zudem auch ebd., 94f.257; P. Parsch, Gnadenwirklichkeit der Liturgie, in: Lebe mit der Kirche 13 (1946/47) 74–76, hier: 75f.
147   Im folgenden Satz beispielsweise wäre ‚Liturgie' ohne die geringsten inhaltlichen Spannungen durch ‚Gnade' zu ersetzen: „Durch die Liturgie werden wir vergöttlicht, mit dem Leben Christi erfüllt [...]. Das ist wohl das Tiefste der Liturgie: Teilnahme an dem göttlichen Leben Christi", ders., Wesen, 305.
148   Vgl. ders., Volksliturgie, 95.
149   L. Lerch, Kirchenreform, 228 [Hervorhebung getilgt; U.S.].

Praxis einsetzt, welche noch dazu „unter das Joch der Sünde gestellt"[150] wird. Noch einmal anders formuliert: Die Gnadenfrömmigkeit prägt als Stil des Urchristentums auch die aus der alten Kirche überkommene Liturgie – in dem Maß jedoch, in dem sie durch die Gebotsfrömmigkeit verdrängt wurde und der Fokus mehr und mehr auf dem menschlichen Handeln zu liegen kam, musste auch das auf einer anderen Frömmigkeitsgestalt basierende Verständnis für die Liturgie verloren gehen,[151] „verkümmerte immer mehr der liturgische Kult"[152]. Der charitologische Individualismus führte zudem zur Verdunkelung einer Wahrnehmung der Liturgie als gemeinsamer Sache der Kirche und somit zum Verlust der *participatio actuosa*.[153] All diesen liturgischen Fehlentwicklungen setzt Parsch nun aber das Postulat einer Wiederentdeckung und Stärkung der Gnadenfrömmigkeit entgegen,[154] das Ziel einer aktiv, freudig und als Ausdrucks- und Lebensform der Gottesbeziehung vollzogenen Liturgie. Hier erweist sich in aller Deutlichkeit, wie die „dogmatische Unterbauung" einen Beitrag zur liturgischen Erneuerung zu leisten vermag[155] – denn: „Liturgie ist gebetetes Dogma."[156]

4. Genetische Verortung

Die vorangehend skizzierte Charitologie Pius Parschs und insbesondere die dafür charakteristische Unterscheidung von „Gnaden-" und „Gebotsfrömmigkeit" unterscheidet sich, wie wenigstens andeutungsweise ersichtlich geworden sein dürfte, spürbar von den zeitgleich im schultheologisch geprägten dogmatischen Lehrbetrieb vertretenen gnadentheologischen Ansätzen. Dieser Befund wirft – zusammen mit der Tat-

---

150 P. Parsch, Volksliturgie, 128.
151 Vgl. ders., Die objektive und die subjektive Frömmigkeit, 233.
152 Ders., Volksliturgie, 25. Folgerichtig kann auch die starke Gebotsorientierung vieler Priester als Hemmnis für die liturgische Erneuerung qualifiziert werden, vgl. ebd., 259; P. Parsch, Predigt, Bd. 1, 112f.
153 Vgl. ders., Volksliturgie, 104.
154 Vgl. ebd., 128.
155 Als dogmatische Themen werden hier näherhin genannt: „die Kirche als Corpus Christi mysticum, das göttliche Leben der Gnade, das allgemeine Priestertum als Voraussetzung der aktiven Teilnahme an dem Kult; ganz besonders aber steht wieder Christus im Mittelpunkt", P. Parsch, Volksliturgie, 48.
156 Ebd.

sache, dass Parsch mit expliziten Literaturvermerken, wie erwähnt, recht sparsam umgeht – die Frage nach einer genetischen Verortung seines Gnadendenkens auf. Im Sinne einer abschließenden Bewertung sollen dazu im Folgenden noch einige kursorische Überlegungen angestellt werden; insbesondere sind dabei Rezeptionsbezüge zu Martin Luther, Paulus, Augustinus, Matthias Joseph Scheeben und der neuscholastischen Charitologie zu diskutieren.[157]

4.1 „Gnadenfrömmigkeit" gegen „Werkgerechtigkeit": Pius Parsch und Martin Luther

Mehrfach wurden gewisse Parallelen zwischen den theologischen Anliegen Pius Parschs und Martin Luthers konstatiert – eine Beobachtung, die neben der Bibelorientierung beider Theologen prioritär auf Fragen aus dem Bereich von Rechtfertigung und Gnade rekurriert.[158] Vergegen-

---

157 Zu Konvergenzen und Parallelen zwischen dem Gnadenverständnis Pius Parschs und Josef Andreas Jungmanns vgl. den Beitrag von R. Pacik in diesem Band. Es könnte lohnenswert sein, einer möglichen Rezeption von Gedanken Georg Feuerers (1900–1940) durch Pius Parsch noch genauer nachzugehen, vgl. die knappe und keine Schriften zitierende Erwähnung bei P. Parsch, Predigt, Bd. 6, 32.
158 Kursorisch wird diese Parallelität in D. Haspelmath-Finatti, Liturgie, Bibel und Gnade bei Martin Luther und Pius Parsch, in: A. Redtenbacher (Hg.), Liturgie als Gnade und Rechtfertigung. Pius Parsch und die Liturgische Bewegung in ökumenischer Perspektive (PPSt 14), Freiburg/Br. 2018, 51–62, skizziert, wobei in charitologischer Hinsicht die Betonung der Gnade als Resultat einer Fokussierung auf Bibel und Liturgie (51.56), die ganz und gar empfangende Haltung des auf die Gnade verwiesenen Menschen (55) und die kirchenkonstitutive Bedeutung der Gegebenheit von Gnade (55f.) Erwähnung finden. Schmiedl buchstabiert Parschs Version der drei lutherischen Exklusivpartikel aus, vgl. J. Schmiedl, Pius Parsch und die Anfänge der Ökumenischen Bewegung, in: A. Redtenbacher (Hg.), Liturgie als Gnade und Rechtfertigung. Pius Parsch und die Liturgische Bewegung in ökumenischer Perspektive (PPSt 14), Freiburg/Br. 2018, 9–22, hier: 19–21. Zu gewissen Denkparallelen im Hinblick auf das Verständnis des allgemeinen Priestertums vgl. S. Maurer, Pius Parsch und die evangelische Theologin Olga Lau-Tugemann. Konkrete Ökumene in den 1930er Jahren, in: A. Redtenbacher (Hg.), Liturgie lernen und leben – zwischen Tradition und Innovation. Pius Parsch Symposion 2014 (PPSt 12), Freiburg/Br./Basel/Wien 2015, 256–273, hier: 266f. Ernesti stellt Parschs Engagement für die Bibelbewegung ins Zentrum der Frage nach Parschs ökumenischer Offenheit, denn „[m]it der Bibelbewegung […] kam die katholische Seite der evangelischen in spiritueller Hinsicht ein entscheidendes Stück entgegen", J. Ernesti, Ökumene, 54. Auf die hohe ökumenische Bedeutung der Verbindung von Bibel und Liturgie verweist auch G.

wärtigt man sich, wie Parsch (in offensichtlicher Orientierung am Galaterbrief) „Werkheiligkeit" kritisiert und als eine gegen die Juden und die „Judaisten" seiner Zeit gerichtete Überzeugung des Paulus hervorhebt, dass der Zuspruch vor dem Anspruch, die Gnade vor den Geboten und Werken steht,[159] so wird die Feststellung theologischer Konvergenzen tatsächlich unmittelbar nachvollziehbar. Außer Frage steht auch, dass Parsch einer Gruppe von Theologen zugeordnet werden kann, „die zugleich für die Förderung von ökumenischen und liturgischen Anliegen eintraten"[160], wobei andererseits die Intensität des ökumenischen Engagements des Klosterneuburger Chorherren auch nicht überschätzt werden sollte. Der immer wieder angeführte Hauptbeleg für eine ökumenische Positionierung Parschs ist faktisch seine Teilnahme an der Hermsdorfer Konferenz, einem 1934 in Berlin unter erzbischöflicher Protektion abgehaltenen ökumenischen Verständigungstreffen im allerengsten Kreis, das in die Frühgeschichte der katholischen Beteiligung an ökumenischen Gesprächen und Konvergenzbemühungen gehört.[161] Diese Mitwirkung an der Hermsdorfer Konferenz, bei deren Vorbereitung und Durchführung Parsch sich für eine irenische Gesprächsatmosphäre einsetzt und die Notwendigkeit betont, im Dialog auf biblischem Fundament statt über Inhalte und mit

---

Brüske, allerdings mit der sachlich überzeugenden Differenzierung zwischen faktischer inhaltlicher Übereinstimmung und genetischen Zusammenhängen, oder anders: zwischen ökumenischer Relevanz und ökumenischer Motivation. Und bezüglich Letzterer wird m. E. zutreffend konstatiert: „Die von Parsch inaugurierte intensive Verbindung von Bibel und Liturgie war […] nicht ökumenisch motiviert", G. Brüske, Liturgische Bewegung und Ökumene. Ein Beitrag zur Vorgeschichte des Ökumenischen Arbeitskreises evangelischer und katholischer Theologen, in: C. Böttigheimer/H. Filser (Hg.), Kircheneinheit und Weltverantwortung. FS P. Neuner, Regensburg 2006, 555–575, hier: 567.
159 Vgl. P. Parsch, Die objektive und die subjektive Frömmigkeit, 234f.; ders., Volksliturgie, 253.
160 B. Dahlke/S. Kopp, Interkonfessionelle Begegnung und Liturgische Bewegung. Zu einigen Aufbrüchen in der Zwischenkriegszeit, in: A. Redtenbacher (Hg.), Liturgie als Gnade und Rechtfertigung. Pius Parsch und die Liturgische Bewegung in ökumenischer Perspektive (PPSt 14), Freiburg/Br. 2018, 23–50, hier: 49. Auch Schmiedl konstatiert, „dass das volksliturgische Anliegen von Pius Parsch auch eine ökumenische Dimension hatte", J. Schmiedl, Parsch, 15. Vgl. zudem F. Weigend-Abendroth, Pius Parsch und die Erneuerung der Kirche im 20. Jahrhundert, in: BiLi 57 (1984) 139–147, hier: 146, der v. a. auf die Begegnungen im Rahmen der Biblischen Erneuerung verweist, und S. Maurer, Parsch, 262f.
161 Zur Hermsdorfer Konferenz vgl. J. Ernesti, Ökumene, 42–123.

Begriffskategorien (neu-)scholastischer Theologie anzusetzen,[162] führt später auch dazu, dass Parsch als ein für Ökumenefragen aufgeschlossener Theologe wenigstens peripher im Blick der Protagonisten der ökumenischen Bewegung bleibt.[163] Freilich ist nicht ganz klar, vor welchem Hintergrund es überhaupt zu Parschs Beteiligung an der Hermsdorfer Konferenz kam, denn im Gegensatz zu anderen Teilnehmern[164] gilt für Parsch: „Seine frühen Schriften weisen keine größeren Affinitäten zum ökumenischen Gedanken auf, so daß man annehmen darf, daß tatsächlich seine Bemühungen um die Erneuerung von Liturgie und Glaubensleben ihn für das ökumenische Gespräch prädestinierten."[165] Diese Vermutung hat viel für sich; immerhin ist es auffällig, wie stark auf der von Romano Guardini mitinitiierten Hermsdorfer Konferenz Vertreter der katholischen und evangelischen liturgischen Bewegung vertreten waren.[166] Damit ist jedoch bereits die Aussage impliziert, dass für Parsch die ökumenische Annäherung eher Frucht seines volksliturgischen Erneuerungsanliegens war – was er selbst auch so sieht und benennt[167] – als ein primär und prioritär verfolgtes Hauptanliegen. Für diese Gewichtung spricht auch, dass 1934 in dem Berliner Gespräch keine besonders intensive Diskussionsbeteiligung Parschs greifbar ist[168] und dass später auch keine weitere Mitwirkung an offiziellen ökumenischen Gesprächen mehr stattgefunden zu haben scheint.

Diese Skizze der ökumenischen Positionierung Parschs ist für die hier verfolgte Frage nach einer genetischen Einordnung seines Denkens insofern von Relevanz, als deutlich geworden sein dürfte, dass die bestehende ökumenische Offenheit eher eine Begleiterscheinung des volksliturgischen Erneuerungsanliegens als eine um ihrer selbst willen besonders intensiv verfolgte Zielsetzung des Klosterneuburger Chorherren war. Dies lässt bei einer Bewertung der benannten gnadentheologischen Schnittmengen zu Luthers Rechtfertigungslehre Zweifel gegenüber der Vermutung einer direkten und stark prägenden Rezeption protestantischer Quellen (welcher Art auch immer) aufkommen. Und auch inhalt-

---

162 Vgl. ebd., 62.
163 Vgl. etwa ebd., 187.196.
164 Vgl. ebd., 61.
165 Ebd., 53.
166 Vgl. G. Brüske, Bewegung, 568.
167 Vgl. P. Parsch, Volksliturgie, 49.
168 Die protokollarische Mitschrift hält nach seinem Vortrag im weiteren Verlauf der Diskussionen keine Beteiligung Parschs mehr fest, vgl. J. Ernesti, Ökumene, 75–100.

lich stößt eine unmittelbare Rezeptionsannahme auf enorme Schwierigkeiten, wie sich anhand mehrerer Themenkreise in Zusammenhang mit Parschs Charitologie verdeutlichen lässt. Dies betrifft bereits die Zentralfrage einer Verhältnisbestimmung von Gnade und Werken. In dem Beitrag, der Parschs Kritik an der „subjektiven Frömmigkeit" und ihrer Ausrichtung auf „Werkheiligkeit" zum ersten Mal in systematischer Weise entfaltet, grenzt Parsch sich selbst sogar ganz ausdrücklich von einer reformatorischen Rechtfertigungslehre ab: „Durch die Reformation, welche das Übel heilen wollte, wurde einerseits das Kind mit dem Bade ausgegossen (der Zuversichtsglaube schaltete die Werke ganz aus), andererseits wurde der religiöse Individualismus auf die Spitze getrieben"[169] – und damit auch die Grundlage der von Parsch kritisierten „subjektiven" Frömmigkeit. Die Reformation wird hier also nicht als theologisch verbündete Position betrachtet, sondern vielmehr als Exponentin einer Verhältnisbestimmung von Gnade und Werken qualifiziert, die nicht weniger einseitig erscheint als die gegenteilige, von Parsch prioritär problematisierte Haltung der Gebotsfrömmigkeit und die sich zudem den Individualismusvorwurf gefallen lassen muss. Das Zitat belegt damit nicht nur die bereits benannte Abgrenzung von Luthers Rechtfertigungslehre, sondern auch eine weitreichende Unkenntnis derselben – man führe sich nur vor Augen, welche Konvergenzen eigentlich die Deutung von Werken als Ausdruck und notwendige Folge des Glaubens in Luthers Vorrede zum Römerbriefkommentar mit Parschs eigener Verhältnisbestimmung von Gnade und Werken aufweist, derzufolge die Werke nicht die Gnade begründen, sondern vielmehr als ihre Frucht aus ihr hervorgehen.[170] Parschs Lutherrezeption scheint somit insgesamt eher durch die zuallermeist nicht eben irenische oder am Aufweis ökumenischer Konvergenzen interessierte Perspektive der schultheologischen Tradition auf Luthers Theologie[171] geprägt zu sein. Und dass Parschs Betonung der „Gnadenfrömmigkeit" und Zurückweisung einer „Werkheiligkeit" faktisch auch nicht die Em-

---

169   P. Parsch, Die objektive und die subjektive Frömmigkeit, 235.
170   „Auf die Gnade folgt erst das Verhalten, die Moral; sie fließt aus dem Christsein heraus", ebd.
171   Vgl. dazu etwa U. Schumacher, Die „Gemeinsame Erklärung zur Rechtfertigungslehre" im Licht neuscholastischer Gnadentheologie. Theologiegeschichtliche Überlegungen in ökumenischer Absicht, in: B. Oberdorfer/Th. Söding (Hg.), Wachsende Zustimmung und offene Fragen. Die Gemeinsame Erklärung zur Rechtfertigungslehre im Licht ihrer Wirkung (QD 302), Freiburg/Br. u. a. 2019, 320–342, hier: 324–328.

phase eines lutherischen *sola gratia* erreicht, belegen Positionierungen wie etwa diese, die sich in Parschs Texten ebenfalls finden: „[D]en Gnadenantrieb (wir nennen dies die aktuelle oder Beistandsgnade) können wir uns sichern. Wir können sie freilich nicht verdienen, sie ist ein freies Gnadengeschenk Gottes, aber es gibt Mittel genug, die aktuelle Gnade in immer reicherem Maße zu empfangen"[172] – dies eine für lutherische Ohren höchst anstößige Formulierung, die andererseits in einer deutlichen Nähe zu neuscholastischen Reflexionen über das Mitwirken des Menschen mit der Gnade steht.

Und auch bei charitologisch relevanten Themen jenseits der Kernfrage einer Verhältnisbestimmung von Gnade und Werken lassen sich durchaus Differenzen zwischen der Theologie Martin Luthers und dem Denken Pius Parschs identifizieren. So kann Parsch beispielsweise die Freiheit des Menschen angesichts einer angebotenen Gnade hervorheben: „Wenn der Mensch nicht will, wenn er dem Antrieb der Gnade nicht entspricht, kann die Gnade nicht wirken. Denn Gott achtet die Freiheit des Menschen [...]. Es gibt keinen wie immer gearteten Akt des christlichen Lebens, in dem nicht Gnade und Wille zusammenstehen müssten"[173] – eine Annahme, der Luther mit seinen Ausführungen *De servo arbitrio* vehement widersprochen hat. Auch hat Parsch als Konsequenz aus seiner Unterscheidung zwischen Gnaden- und Gebotsfrömmigkeit eine Spannung zwischen Gnaden- und Sündenbewusstsein wahrgenommen, wie exemplarisch das in seiner gesamten Akzentsetzung wenig lutherisch anmutende Postulat dokumentiert, dass „die ichbetonte, sündenbewußte und sentimentale Seelenhaltung zurückgedrängt und einer anderen theozentrischen und gnadenbewußten Frömmigkeit Raum gegeben werden"[174] muss. Faktisch scheint Parsch, was seine Hamartiologie angeht, recht fest auf dem Boden der katholischen Lehre gestanden zu haben, welche den Menschen stets entweder unter der Herrschaft der Sünde oder unter derjenigen der Gnade sieht und gerade in dieser kontradiktorischen Verhältnisbestimmung von Sünden- und Gnadenstand einen konfessionellen Identifikationspunkt

---

172 P. Parsch, Predigt, Bd. 6, 169. Vgl. auch die folgende Formulierung: „[D]ie subjektive [Frömmigkeit] gibt dem Menschen die Initiative, der sich zu Gott emporringt, um würdig zu werden, sein Wort zu vernehmen", ders., Breviererklärung, 213, die vor dem Hintergrund einer positiven Wertung der objektiven wie auch der subjektiven Frömmigkeit zu deuten ist: „Beide sind gut und haben Blüten der Heiligkeit in der Kirche hervorgebracht", ebd., 212.
173 P. Parsch, Predigt, Bd. 6, 168, vgl. auch ebd., 180f.
174 P. Parsch, Volksliturgie, 146.

gegenüber dem lutherischen *simul iustus et peccator* findet. Parsch kann jedenfalls formulieren: „Die Sünde ist die einzige Feindin der heiligmachenden Gnade"[175]; zur Wirkung des Bußsakraments notiert der Chorherr, „daß das Sakrament der Buße hauptsächlich dazu da ist, um das durch die schwere Sünde gestörte oder unterbundene Gnadenleben wieder herzustellen"[176]. Weiterhin ist bei Parsch ein gewisser Widerhall der kontroverstheologischen Ablehnung des reformatorischen Konzepts einer *iustitia aliena* zu erkennen, wenn er unter Berufung auf den *Catechismus Romanus* die Auffassung zurückweist, derzufolge Gnade „bloß eine äußere Gunst Gottes gegen uns" wäre: „das wäre bloß von Seite [sic] Gottes"[177]. Und auch die für Parsch charakteristische, starke, ja, sich einem sakramentalen Objektivismus annähernde Bindung der Gnadenwirksamkeit an die Sakramente widerstreitet einem reformatorischen Kernanliegen.

Bedenkt man diese Bruchstellen, so wird die These einer direkten Lutherrezeption oder starken ökumenischen Beeinflussung als Wirkfaktor bei der Genese von Parschs Gnadentheologie doch als recht unwahrscheinlich einzuschätzen sein. Davon unberührt bleibt selbstverständlich die Feststellung, dass die von Parsch geübte Kritik an „Gebotsfrömmigkeit" und „Werkgerechtigkeit" eine signifikante Annäherung an Positionen der lutherischen Rechtfertigungslehre darstellte, insofern höchste Bedeutung für den ökumenischen Dialog besaß und zudem wohl auch nur auf der Basis einer vorangehenden ökumenischen Entwicklung überhaupt denkbar war, übernimmt sie doch Aussagen und Anliegen, die jedenfalls in großer Nähe zu protestantischen kontroverstheologischen Positionierungen standen und insofern aus einer klassisch katholischen Perspektive als kaum vertretbar zu betrachten waren.

4.2 Alternative Erklärungsansätze

Angesichts der Schwierigkeiten, mit denen sich die Annahme einer direkten Prägung von Parschs Gnadentheologie durch reformatorische Positionen konfrontiert sieht, sind im Rahmen der genetischen Betrachtung noch andere Einflussfaktoren in Betracht zu ziehen. Es lassen sich

---

175 Ders., Predigt, Bd. 6, 153, vgl. auch ebd., 310.435.
176 P. Parsch, Laien-Rituale. Das Buch des Lebens, Klosterneuburg ²1939 [Nachdruck neu eingeleitet von M. Probst (PPSt 13), Freiburg/Br. 2016], 63.
177 Ders., Volksliturgie, 253.

dafür verschiedene plausiblere und einander wiederum ergänzende Optionen benennen.

Ein erster Bezugspunkt für Parschs Charitologie, der bereits anklang und dessen Einfluss gerade für die Unterscheidung von „Gnaden-" und „Gebotsfrömmigkeit" als gegeben angenommen werden kann, ist die paulinische Rechtfertigungstheologie. Parschs 1912 abgeschlossene neutestamentliche Dissertation war zwar der paulinischen Kreuzestheologie gewidmet,[178] sie wurde nicht publiziert und findet in seinem eigenen Lebensrückblick auch kaum Beachtung. Dennoch benennt Parsch die Einflüsse seines Paulusstudiums in dem Aufsatz *Die objektive und die subjektive Frömmigkeit* ganz explizit, wenn er die Freude über Begnadung und Befreiung als Zentralthema paulinischer Theologie ausmacht, und auch in Parschs Predigtzyklus zur Gnade wird in breitester Weise immer wieder auf die Paulusbriefe Bezug genommen. Die Verbindungslinien zwischen Parschs Konzept von „Gebots-" und „Gnadenfrömmigkeit" einerseits und seiner Darstellung der paulinischen Ablehnung einer jüdischen Gesetzesorientierung zugunsten der Fokussierung auf Glaube und Gnade als befreiende und gottgeschenkte Mächte andererseits sind evident:

„Hören wir nur aus den Briefen den Befreiungsruf des hl. Paulus: Wir sind nicht mehr Sklaven, wir stehen nicht mehr unter der Furcht; wir dürfen zu Gott Abba, Vater sprechen. Wir stehen aber auch nicht mehr unter der Peitsche des Gesetzes; das ist die Freiheit der Kinder Gottes [...]. Über diesen Punkt, nämlich die Stellung des Gesetzes zum Christentum, hat sich der hl. Paulus viel auseinandersetzen müssen. Dieser Kampf, der oft in seinen Briefen aufscheint, ist auch für uns nicht ohne Wert. Der Judaismus war die erste Häresie, er behauptet: das Gesetz ist zum Heile notwendig.

---

178 Vgl. N. Höslinger, Der Lebenslauf von Pius Johann Parsch, in: ders./T. Maas-Ewerd (Hg.), Mit sanfter Zähigkeit. Pius Parsch und die biblisch-liturgische Erneuerung (SPPI 4), Klosterneuburg 1979, 13–78, hier: 20.22. Nun betrachtet Parsch das Kreuz Christi aber als die Voraussetzung für die Gnade, denn „der Kreuzestod Christi will den Menschen das hohe Gut der Gnade bringen", P. Parsch, Volksliturgie, 252. So legt sich die Vermutung nahe, dass in Parschs Dissertation bereits die wesentlichen Grundlagen für seine Unterscheidung von „Gebots-" und „Gnadenfrömmigkeit" bereitliegen. Aufgrund der während der Abfassung des Beitrags herrschenden coronabedingten Beschränkungen war jedoch eine Einsichtnahme in die unveröffentlichte Manuskriptfassung von Parschs Promotionsschrift nicht möglich.

Paulus aber sagt: das ist eine Verdunkelung des Erlösungsverdienstes Christi. Der Glaube an Christus allein ist heilskräftig."[179]

Aus werk- bzw. denkgenetischer Perspektive würde es sich fraglos lohnen, der Motivation, Intensität und Relevanz von Parschs Paulusstudien noch weiter nachzugehen.

Das gleiche gilt für die Theologie Augustins, die als eine zweite probate Quelle für Parschs Gnadentheologie benannt werden kann. Eine Augustinusrezeption darf bei einem Augustiner Chorherrn schon prinzipiell als „besonders naheliegend"[180] gelten und ist hier noch umso wahrscheinlicher, als Parsch, wie gesehen, in seiner Theologie generell spürbar patristisch orientiert und Augustinus, der *doctor gratiae*, auch für die schultheologische Tradition schon die unangefochtene Hauptautorität in Sachen Gnadentheologie war. Und dass Augustinus als Gewährsmann für Parschs charitologische Konzeption einer „objektiven Frömmigkeit" mit ihrer starken Betonung des Gnadenwirkens wenigstens gut infrage kommt, bedarf wohl keiner weiteren Begründung.

Weiterhin ist als Quelle von Parschs Unterscheidung zwischen „Gebots-" und „Gnadenfrömmigkeit" schließlich auch an die katholische schultheologische Tradition zu denken – in Gestalt der neuscholastischen Dogmatik, die Parsch zwar ablehnte, doch freilich studierte, vor allem aber auch in Gestalt von Scheebens ‚Laiencharitologie', den *Herrlichkeiten der göttlichen Gnade*. Der Gedanke einer starken Wirksamkeit der Gnade ist ja der katholischen Tradition keineswegs fremd, wie bereits ein sehr oberflächlicher Blick vor allem in die thomistische Tradition erweist – man bedenke in diesem Kontext die von Parsch einmal wenigstens angedeutete Kritik am Molinismus als der „Doktrin des nachtridentinischen Christentums"[181], also jener Zeit, in der sich der im Mittelalter begründete Hang zur „Gebotsfrömmigkeit" vertiefte. Gerade in Scheebens ‚Laiencharitologie' finden sich jedoch eine Reihe von Anknüpfungspunkten auch für dieses Kernanliegen von Parschs Gnadentheologie. Da ist zunächst der die „Gnadenfrömmigkeit" geradezu charakterisierende Gedanke der Freude an der Gnade als Geschenk der Gotteskindschaft, der sich direkt auf Scheebens *Herrlichkeiten der göttlichen Gnade* zurückführen lässt, auf eine Schrift, die – wie gesehen – deutlich vom doxologischen Jubel und dem paränetischen Anliegen

---
179 Ders., Die objektive und die subjektive Frömmigkeit, 234.
180 L. Lerch, Kirchenreform, 243.
181 P. Parsch, Die objektive und die subjektive Frömmigkeit, 236.

geprägt ist, Freude über die Wunder der Gnade zu wecken. Aber auch die Verbindung einer Ablehnung von Sündenfokussierung und handlungsbezogenem Verständnis des Gnadenwirkens findet sich in Scheebens Buch:

> „Bei der Gnade Gottes denkt man häufig bloß an die Wiederherstellung einer durch die Sünde verloren gegangenen Gunst Gottes, oder an solche Gaben der göttlichen Liebe, durch welche diese unserer schwachen Natur zu Hülfe kommt, um uns ... zur Übung des Guten zu stärken"[182].

Scheeben empfiehlt stattdessen einen Fokus auf die gnadenhafte Erhebung des Menschen über seine Natur hinaus bzw., personal formuliert, auf die Liebe der in die Würde der Gotteskinder eingesetzten Begnadeten.[183] Auffällig ist schließlich auch ein Unterschied in der Akzentsetzung, der sich beim Vergleich zwischen Scheebens *Herrlichkeiten der göttlichen Gnade* und der später etablierten charitologischen Traktatgestalt der Gnadentheologie ausmachen lässt und der die Verhältnisbestimmung und Gewichtung von *gratia actualis* und *gratia habitualis* betrifft: Während die neuscholastischen Handbücher auf Erstere den Fokus setzen, sie in großer Breite und Ausführlichkeit gleich zu Beginn der Ausführungen reflektieren und damit demjenigen Aspekt im charitologischen Themenfeld den zentralen Erkenntniswert einräumen, der um das Tun des Menschen kreist und am ehesten die Fragen von Mitwirkung und auch von menschlichem Versagen konnotiert, ist Scheebens *Herrlichkeiten der göttlichen Gnade* ganz um die heiligmachende Gnade als Inbegriff des neuen Lebens der Gerechtfertigten zentriert.

Jenseits dieser vermutlich einflussgebenden theologischen Quellen ist jedoch noch ein weiterer, auf einer anderen Ebene angesiedelter Aspekt zu benennen, der Parschs Konzeption und Bewertung von „Gebots-" und „Gnadenfrömmigkeit" ganz wesentlich geprägt haben dürfte: Gemeint ist eine Erfahrung, und zwar näherhin diejenige einer in der katholischen Seelsorge nach Parschs eigener Aussage geradezu als pasto-

---

182 M. J. Scheeben, Herrlichkeiten, 5.
183 Vgl. auch Scheebens Ausdeutung der Rede von der „heiligmachenden Gnade": „Es bedeutet nicht bloß, daß wir durch die Gnade Verzeihung unserer Sünden erlangen und fortan die Gebote Gottes halten und nicht mehr sündigen wollen, sondern vielmehr, daß unsere Seele durch sie ein höchst herrliches Bild der göttlichen Güte und Heiligkeit wird", ebd., 37.

raler Regelfall anzutreffenden Haltung, die seine nachdrückliche und unermüdlich geäußerte Kritik weckt:

> „Leider müssen wir es beklagen, daß viele Seelsorger auf dieser natürlichen Ebene stehen. Den Inhalt ihrer Pastoration kann man in die Sätze kleiden: Begeht keine Sünde und haltet die Gebote! Das ist auch der Inhalt ihrer Predigten; es ist meist nur ein Moralisieren, wenn es hochgeht, die Vermittlung einiger Glaubenswahrheiten. Aber man mag jahrelang Sonntag für Sonntag Predigten hören, und man wird kaum das Wort Gnade hören. Der Seelsorger ist nur Sittenrichter, aber selten das, was er sein soll, Sorger für das Leben der Gnade."[184]

Parsch ist in seinem gnadentheologischen *Ceterum censeo* also grundlegend von der Zurückweisung einer seelsorglichen Haltung angetrieben, die sich ganz wesentlich in der verbreiteten Praxis von „Höllenpredigten"[185] manifestierte. Und so fällt an dieser Stelle wohl noch einmal ein anderes Licht auf die durchaus markante Schnittmenge zwischen Parschs Gnadentheologie und Luthers Rechtfertigungsdenken: Die deutlichen Verbindungslinien resultieren, wenn schon nicht aus einer direkten Werk- oder Gedankenrezeption, offensichtlich aus einer analogen Erfahrung, die beide Theologen teilen (und die sie auch im Licht ähnlicher theologischer Quellen bewerten). Zwar scheint bei Parsch eher die seelsorgliche Begleitung anderer als die eigene Erlösungsangst im Mittelpunkt gestanden zu haben. Die Pius Parsch und Martin Luther – den Augustiner Chorherrn des 20. und den Augustinermönch des 16. Jahrhunderts – verbindende Ablehnung einer christlichen Drohkulisse stellt jedoch eine nicht zu unterschätzende Gemeinsamkeit dar, die für einige denkerische Parallelen zwischen beiden Theologen aufzukommen imstande sein dürfte. Damit sind immerhin einige kursorische Vermutungen zur Quellenfrage von Parschs Gnadentheologie angestellt – eine detailliertere und substantiellere Entfaltung muss jedoch, ebenso wie eine Überprüfung der angestellten Hypothesen aus den inedierten Quellen, weiteren Erhellungsbemühungen überlassen bleiben.

---

184 P. Parsch, Volksliturgie, 255f., vgl. auch ebd., 259f.325.495.
185 Ebd., 336.

4.3 Vertiefung und Fazit: Pius Parsch und die Neuscholastik

Im Sinne einer bündelnden Charakterisierung und Bewertung von Parschs Gnadentheologie soll diese noch einmal abschließend in die neuscholastische Charitologie ihrer Zeit eingeordnet werden. Wie gesehen, weisen einige Aspekte von Parschs Gnadendenken (wie etwa die Stärkung der communionalen Dimension der Gnadenrealität oder die Unterscheidung zwischen „Gebots-" und „Gnadenfrömmigkeit") keine eindeutigen Vorläufer in der schultheologischen Charitologie auf. Diese Feststellung ist andererseits insofern zu differenzieren, als Parschs Gnadentheologie sich inhaltlich auch nicht eindeutig und gänzlich aus dem neuscholastischen Kosmos herausbewegt: Dies ergibt sich bereits durch seine Orientierung an Scheeben, dessen Zugehörigkeit zur Neuscholastik sich zwar diskutieren lässt, dessen Gnadentheologie aber wenigstens eine Nähe zu derjenigen der Schule jedenfalls auch nicht völlig verleugnen kann. Auch Parschs Gnadenbegriff bewegt sich, wie gesehen, in einer signifikanten inhaltlich-begrifflichen Konsonanz mit dem der Neuscholastik: Die Bilder und Ansätze, die der Chorherr im Rückgriff auf Scheeben zur Ausfaltung des Gnadenverständnisses heranzieht, sind dem neuscholastischen Gnadentraktat ebenso bekannt wie die geradezu definitorisch relevante Betonung der Ungeschuldetheit der Gnade oder die starke Verbindung von Sakramententheologie und Gnadendenken. Selbst ein Nachhall der neuscholastischen Gnadendifferenzierungen,[186] der Unterscheidung verschiedener heilsgeschichtlicher *status* des Menschen[187] und der Rede von einer Vermehrung der Gnade[188] ist bei Parsch noch spürbar.

Auch den Weg einer Abgrenzung von der Neuscholastik durch die Rezeption von Neuaufbrüchen aus dem Kontext des dogmatisch bereits einsetzenden Strebens nach einer Überwindung des neuscholastischen

---

186 Neben dem bereits thematisierten Begriffspaar der habituellen und aktuellen Gnade differenziert Parsch beispielsweise zwischen Gnadenimpulsen „im Innern des Menschen durch eine Einsprechung" und „von außen durch einen Anlaß, eine Predigt, ein Buch, einen Menschen", P. Parsch, Predigt, Bd. 6, 180, und greift damit die Unterscheidung zwischen *gratia interna* und *gratia externa* auf. Und an anderer Stelle klingt die scholastische Differenzierung zwischen *gratia praeveniens* und *gratia subsequens* an, vgl. ebd., 399f.402.
187 So sieht Parsch den Menschen nach dem Verlust der Urstandsgnade durch den Sündenfall auf die rein natürliche Ordnung zurückfallen, vgl. ebd., 207f.
188 Vgl. ebd., 435f.

„Erkennet das höchste Gut des Christentums, das göttliche Leben."

Paradigmas beschreitet Parsch nicht: In seinen Schriften ist nichts davon zu erkennen, dass 1947, als er mit dem Aufsatz *Gnadenfrömmigkeit und Gnadenseelsorge* den älteren Text *Die objektive und subjektive Frömmigkeit* modifiziert, Rahner beispielsweise bereits erste Ansätze zur Konzeption seines übernatürlichen Existentials entwickelt,[189] Anselm Stolz in Abgrenzung vom Gnadenextrinsezismus eine Charitologie als *Anthropologia theologica* publiziert[190] und Michael Schmaus den gnadentheologischen Teilband seiner stark aus der positiven Theologie schöpfenden *Katholischen Dogmatik* vorgelegt hat;[191] hier manifestiert sich erneut die deutliche Distanz, die Parsch vom systematisch-theologischen Diskurs trennt. Es ist ganz klar festzuhalten: Parsch war „mehr Praktiker als Theoretiker, mehr Seelsorger als Theologe"[192].

Und dennoch ist der Gedanke einer Eigenständigkeit von Parschs Charitologie weder gänzlich preiszugeben noch auf das Gegensatzpaar von „Gebots-" und „Gnadenfrömmigkeit" oder die Betonung der communionalen Dimension der Gnadenrealität zu limitieren. Die Spezifika seines Gnadendenkens liegen aber, so lässt sich nach dieser Skizze seines Ansatzes deutlich festhalten, eher im Bereich von Methodik, Akzentsetzung und theologischer Auswertung als im Bereich der Begrifflichkeit und der theologischen Konzepte selbst: Als charakteristisches und prägendes Zentrum der Gnadentheologie Pius Parschs lässt sich eine existentielle Erfahrung identifizieren, die spezifisch den Kontexten Liturgie und Seelsorge entspringt und die für Parsch ganz ausdrücklich die Voraussetzung dafür darstellt, überhaupt angemessen von der Gna-

---

189 Vgl. dazu P. Rulands, Menschsein unter dem An-Spruch der Gnade. Das übernatürliche Existential und der Begriff der natura pura bei Karl Rahner (IThS 55), Innsbruch/Wien 2000; N. Schwerdtfeger, Gnade und Welt. Zum Grundgefüge von Karl Rahners Theorie der „anonymen Christen" (FThSt 123), Freiburg/Br. u. a. 1982, 164–169; U. Lievenbrück, Selbstmitteilung, 349–358.
190 A. Stolz, Manuale theologiae dogmaticae, Bd. 4: Anthropologia theologica, seu de hominis creatione, elevatione, lapsu, de gratia, Freiburg/Br. 1940.
191 M. Schmaus, Katholische Dogmatik, Bd. 3/1: Kirche und göttliches Leben im Menschen, München 1940.
192 T. Maas-Ewerd, Pius Parsch und die Liturgische Bewegung im deutschen Sprachgebiet, in: N. Höslinger/T. Maas-Ewerd (Hg.), Mit sanfter Zähigkeit. Pius Parsch und die biblisch-liturgische Erneuerung (SPPI 4), Klosterneuburg 1979, 79–119, hier: 80, vgl. die Selbsteinschätzung P. Parsch, Volksliturgie, 12; vgl. dazu auch M. Pfliegler, Bedeutung der Lebensarbeit des Chorherren Pius Parsch für die Seelsorge der Gegenwart, in: BiLi 21 (1953/54) 225–229, hier: 226, der bei Parsch kaum „spekulative Begabung", aber freilich auch keine Notwendigkeit derselben für sein Werk gegeben sieht.

de sprechen zu können.[193] Auf der Basis dieser Feststellung eines nach Parschs Dafürhalten charitologisch konstitutiven Erfahrungsbezugs kann seine Gnadentheologie als eine zur Gänze in den Bereich des Lebenswertes hineingeführte und erfahrungsgesättigte Auswertung des neuscholastisch bereitliegenden Materials gedeutet werden, die eben durch diesen Schritt gerade zentrale Anliegen der Neuscholastikkritik aufgreift. Und es ist durchaus bemerkenswert, was aus einer inhaltlich weitgehend im neuscholastischen Spektrum angesiedelten Gnadentheologie wird, wenn sie ganz entschieden auf ihren Lebenswert hin befragt wird – eine durchaus herausfordernde Übersetzungsaufgabe, die die schultheologische Dogmatik völlig der pastoralen Praxis zu überlassen pflegte. Insofern ist die Feststellung absolut zutreffend, dass Parsch die Schuldogmatik gerade darin hinter sich lässt, „indem er die pastorale Praxis zum primären Ort theologischer Erkenntnis erklärt"[194].

Dies geschieht freilich, ohne dass eine über das Postulat der Lebenswerte irgendwie hinausgehende systematische Reflexion dieses Erfahrungsbezugs erfolgen würde. Themen wie die Diskussion um ein übernatürliches Formalobjekt des unter dem Einfluss der *gratia actualis* gesetzten Heilsaktes, die in der sukzessiven dogmatischen Abgrenzung von der neuscholastischen Gnadenlehre den Brennpunkt der Erfahrungsfrage darstellte, sind bei Weitem zu technisch, um im Denken Pius Parschs einen Ort zu finden. Wiederum erweist Parsch sich hier als Praktiker, nicht als Theoretiker; er notiert ja selbst: „In theologische Fragen, die wenig Lebenswert besitzen, lasse ich mich nicht ein"[195]. Erfahrung ist in seiner Theologie hermeneutisches Prinzip, nicht reflexer Deutungsgegenstand.

So lässt sich abschließend festhalten: Pius Parschs Gnadentheologie mag nicht besonders originell sein und ihr inhaltliches Material stark aus Scheebens *Herrlichkeiten der göttlichen Gnade* sowie aus biblisch-patristischen Quellen her schöpfen; sie mag aufgrund der Zeitbedingtheit ihrer Kategorien und ihrer Bildwelt für eine heutige Rezeption sperrig bis unzugänglich bleiben.[196] Aber wenn das berühmte Wort stimmt,

---

193 Man bedenke exemplarisch das Postulat, dass der Seelsorger selbst ganz vom Leben der Gnade erfüllt sein muss, um von ihr predigen und zeugen zu können, vgl. P. Parsch, Volksliturgie, 260f.
194 L. Lerch, Kirchenreform, 230.
195 P. Parsch, Predigt, Bd. 6, 10.
196 Dies merkt N. Höslinger, Erneuerung, 169, mit Verweis auf Bilder wie das von den Gefäßen an, in die das „Gnadenöl" eingegossen wird. Freilich: Bei Parsch überwiegen dennoch biblisch-patristische Metaphern eines organischen und personal-re-

das Karl Rahner 1966 schrieb: „[D]er Fromme von morgen wird ein ‚Mystiker' sein, einer, der etwas ‚erfahren' hat, oder er wird nicht mehr sein"[197], dann ist als das bleibende Verdienst und der zeitlos relevante Kern von Parschs Zugang zur Gnadenfrage festzuhalten, dass hier die „Gnade" als eine den Erfahrungsbereich des Menschen berührende Beziehungsrealität zwischen Gott und Mensch nicht nur (in liturgischer Konkretion) empfunden, sondern auch konzipiert und theologisch ausbuchstabiert wurde.

---

lationalen Denkens, was zur Abfassungszeit der entsprechenden Schriften immerhin keineswegs selbstverständlich war.
197   K. Rahner, Frömmigkeit früher und heute, in: ders., Schriften zur Theologie, Bd. 7, Einsiedeln ²1971, 11–31, hier: 22.

Die Schau des Christentums „von der Mitte und dem Wesen aus" / „Das ganze Christentum konzentrieren".
Die pastoraltheologischen Anliegen von Pius Parsch und Josef Andreas Jungmann

Rudolf Pacik

1. Schlüsselerfahrungen; Gemeinsamkeiten und Unterschiede

Pius Parsch und Josef Andreas Jungmann haben biographisch einiges gemeinsam: Sie sind fast gleich alt, sind Altösterreicher (Parsch stammt aus Mähren, Jungmann aus Südtirol), gehörten Seelsorge-Orden an. Beide haben Pastoraltheologie unterrichtet: Parsch 1913–1914 und 1918–1938 (später lehrte er Neues Testament), Jungmann seit 1930 – als außerordentlicher, 1934–1956 als ordentlicher Professor. – Ähnlich sind auch die Anfänge: Erfahrungen durch Studium und Lektüre, später in der Kriegszeit.

Pius Parsch entdeckte im Noviziat Liturgie und Bibel. Bald holte er aus der Bibliothek eine Erklärung der Psalmen, „weil es mir unerträglich war, die Psalmen zu beten, ohne sie zu verstehen. So erfaßte mich sofort eine besondere Neigung zum Brevier. [...] Auch die Bibel begann ich zu lesen und gewann sie überaus lieb."[1] Seit 1905 bezog Parsch den Psalteriums-Kommentar *Psallite sapienter* des Beuroners Maurus Wolter; als junger Priester studierte er Guérangers 15-bändiges Werk *Das Kirchenjahr* (das er vom Primizgeschenk seines Onkels gekauft hatte). Im Stift setzt er sich für die öftere Kommunion im Sinne der Dekrete Pius' X. ein.[2]

Jungmann fand bald zur Christozentrik. Im Studium der (neuscholastischen) Dogmatik vermisste er vor allem die Synthese.

---
1 P. Parsch, Volksliturgie. Ihr Sinn und Umfang (PPSt 1), Würzburg 2004 [unveränd. Nachdruck d. zweiten, erw. Aufl., Klosterneuburg/Wien 1952], 15.16.
2 Vgl. ebd., 16.

„[…] das entscheidende Erlebnis war eine lächerliche Kleinigkeit: ich sah eines Tages, dass in unserem kleinen Handbuch von Franz Egger[3] der Traktat über die Gnade überschrieben war: De gratia Christi. Und nun erkannte ich mit einemmal, dass die unzusammenhängenden ‚dogmatischen Lehrsätze' in der Person Christi zu einer grossen Einheit zusammenwuchsen. Die Lesung der Paulusbriefe und einiger Väterschriften (Justinus) bestätigten und bereicherten das Bild. Damit war eine fundamentale Wendung eingeleitet, die sich von Jahr zu Jahr festigte und klärte – und die sich in den Jahren der Seelsorge an den Tatsachen wundrieb."[4]

Jungmann beschäftigte sich auch mit schöngeistiger Literatur und war Abonnent der katholisch-konservativen Kulturzeitschrift „Der Gral"[5].

Jungmann und Parsch lernten einander übrigens im Sommer 1912 kennen: Pius Parsch verbrachte nach seiner Promotion die Ferien in Jungmanns Heimat Sand in Taufers. Jungmann, der vor dem letzten Jahr des Theologiestudiums stand, unternahm mit ihm Wanderungen. „Auf gemeinsamen Spaziergängen begannen verwandte Saiten mächtig zu erklingen: Aufgaben der religiösen Vertiefung und der Überwindung drückender Starre standen vor uns und weckten die gemeinsame Begeisterung."[6]

Weitere prägende Erfahrungen brachte die Zeit um den Ersten Weltkrieg. Pius Parsch meldete sich im Mai 1915 als Feldkurat an die Ostfront. Hier erlebte er, dass die Soldaten mit der traditionellen Frömmigkeit nichts anfangen konnten, vor allem aber ihr Unverständnis gegenüber der Messe. Als Parsch die Evangelien zu studieren begann, wurde ihm bewusst: Weder wir Priester (nicht einmal er selbst, der ja eine neutestamentliche Dissertation verfasst hatte) noch das Volk kennen die Bibel.[7] Später nennt er diese Erfahrungen die „Siegesbeute des verlore-

---

3 F. Egger, Enchiridion Theologiae Dogmaticae specialis, Brixen [6]1902 [[1]1887], 501.
4 J. A. Jungmann, Woher kamen die Ideen der „Frohbotschaft"? (Typoskript, 2 S., datiert 30.7.1959), 2. – Den mangelnden „conspectus" kritisierte Jungmann auch am theologischen Studienbetrieb in Innsbruck; vgl. R. Pacik, Josef Andreas Jungmann und die Innsbrucker Verkündigungstheologie, in: ZKTh 142 (2020) 169–194, hier: 174–177.
5 Der Gral. Katholische Monatsschrift für Dichtung und Leben [wechselnde Untertitel], Münster 1 (1906/07) – 31 (1936/37).
6 J. A. Jungmann, Pius Parsch †, in: GrEnt 9 (1954) 220.
7 Vgl. P. Parsch, Volksliturgie, 17f.

nen Kriegs", weil ihm so seine Lebensaufgabe klar wurde: „Die Bibel muss wieder Volks- und Priesterbuch werden und das Volk muss seinen Kult verstehen und aktiv vollziehen."[8]

Jungmanns erste Jahre als Kooperator (1913–1917) fallen großteils in die Kriegszeit. Bald merkte er: Von dem theologischen Ideal, wie er es in Bibel und Kirchenvätern fand, war die Wirklichkeit auf dem Dorf weit entfernt: ein Traditionschristentum aus Glaubenssätzen, Geboten und Andachtsübungen, das die Menschen nicht mehr berührte. Im Tagebuch schildert er dies ausführlich. Außerdem verfasste er eine kleine Abhandlung, die im Herbst 1915 fertiggestellt war: *Der Weg zur christlichen Glaubensfreudigkeit.*[9] Die Grundthese: Lebendiges, frohmachendes Christentum kommt aus dem Wissen darum, was Christus für uns bedeutet. Er soll als Mittler zwischen Gott und den Menschen vor Augen geführt werden. Verkündigung, Gebet, Gottesdienst müssen sich auf Christus ausrichten. Von ihm erhalten alle Ausdrucksformen des Glaubens den ihnen gemäßen Rang, sodass die Lehre einsichtig und anziehend wird.

Diese Schrift enthält Jungmanns Lebensprogramm: fast alle Ideen, die Jungmann später wissenschaftlich vertiefte. Schon die Dissertation *Die Gnadenlehre in der Katechese der ersten drei Jahrhunderte* (1923)[10] und die Habilitationsschrift *Die Stellung Christi im liturgischen Gebet* (1925)[11] ist von ihnen geprägt. Aus dem Essay *Der Weg zur christlichen Glaubensfreudigkeit*, der anfangs vor allem der eigenen Klärung dienen sollte,[12] entstand 1936 das Buch *Die Frohbotschaft und unsere Glaubensverkündigung*; in ihm, schreibt Jungmann, sei „das Beste enthalten [...], was ich an apostolischer Arbeit leisten kann mit meinem ganzen Leben [...]"[13].

---

8 P. Parsch, Wo stehen wir? in: BiLi 17 (1949/50) 1–4, hier: 1.
9 J. A. Jungmann, Der Weg zur christlichen Glaubensfreudigkeit (Gedanken über einen besonderen Punkt der Methodik). Manuskript, 54 S.; Exzerpt des handschriftlichen Originals durch Alois Tüll SJ; dieses ist verloren. Vgl. R. Pacik, „Das ganze Christentum konzentrieren". Die Anfänge von Jungmanns theologischen Ideen 1913–1917, in: ZKTh 111 (1989) 305–359, hier: 320f. Inhaltsübersicht: ebd., 323–325.
10 J. A. Jungmann, Die Gnadenlehre in der Katechese der ersten drei Jahrhunderte. Theol. Diss. [handschriftl.], Innsbruck 1923, 1 u. 89 Bl.
11 J. A. Jungmann, Die Stellung Christi im liturgischen Gebet (LF 7/8), Münster 1925.
12 Vgl. J. A. Jungmann, Die Frohbotschaft und unsere Glaubensverkündigung, Regensburg 1936, VI.
13 J. A. Jungmann, Tagebuch 2, 190, 15.8.1936. – Von Jungmann sind zwei in Gabelsberger-Stenographie geschriebene Tagebücher erhalten, außerdem ein separates Konzils-Tagebuch; s. dazu R. Pacik, „Das ganze Christentum konzentrieren", 305f.; ders., I diari privati di Josef Andreas Jungmann (1913–1937; 1965–1970), in: CrSt

Unterschiede zwischen Parsch und Jungmann bestehen vor allem in zwei Punkten:

1. Parsch erkennt gegen Ende des Kriegs seine grundsätzliche Aufgabe. Was die Verwirklichung betrifft, ist er lange auf der Suche. In vielen Schritten tastet er sich weiter, ändert Methoden und Pläne; dies zeigen etwa die Leitartikel am Beginn jedes Jahrgangs von *Bibel und Liturgie*. In den letzten Lebensjahren rundet sich sein Konzept, und dieses vertritt er selbstbewusst. Wichtig sind die zwei großen Referate beim Liturgischen Kongress in Frankfurt/M. 1950 und beim Eucharistischen Weltkongress in Barcelona 1952.[14]

Anders ist es bei Jungmann: Sein Gesamtkonzept stand früh fest. Was er 1915 niedergeschrieben hatte, brauchte er nur noch auszubauen. In den Jesuitenorden trat er ein, weil er hoffte, da seinen Lebensentwurf besser verwirklichen zu können.

Entsprechend lassen sich Jungmanns und Parschs Schriften von entgegengesetzten Richtungen her lesen. Wenn man Pius Parsch kennenlernen will, beginnt man am besten mit der Lektüre später Texte. Den für Josef Andreas Jungmann typischen Ideen begegnet man schon in dessen frühen Aufzeichnungen. Die Zitate im Titel dieses Beitrags, das erste von Parsch, das zweite von Jungmann, stammen darum aus verschiedenen Zeiten.[15]

2. Ein weiterer Unterschied besteht im Zugang zu Theorie und Praxis. Wenn Parsch im Vorwort von „Volksliturgie" sagt, er sei „stets Praktiker und niemals Theoretiker und Systematiker"[16] gewesen, dann meint er nicht nur dieses Buch, das Aufsätze, aber keine geschlossene Abhandlung enthält, sondern ebenso die eigenen Ziele und Methoden. Diese beruhen auf einem theologischen Leitbild: Zum Wesen der Liturgie gehört, dass die Gemeinde tätig teilnimmt (siehe dazu unten Abschnitt 6).[17] –

---

25 (2004) 181–194; ders., Aus dem Konzilstagebuch von Josef Andreas Jungmann SJ, in: Protokolle zur Liturgie 9 (2020/21) 110–127.
14 P. Parsch, Christliche Renaissance. Vortrag, gehalten am 1. deutschen liturgischen Kongreß in Frankfurt a. M., am 22.6.1950, in: BiLi 17 (1949/50) 329–340; ders., „Schenke allen, denen du den Glauben gabst, auch den Frieden" (Or.[ation] Pfingstmontag). Meine Festrede am Eucharistischen Kongreß in Barcelona am 31. Mai 1952, in: BiLi 19 (1951/52) 310–317. (Diese Texte sind in die zweite Auflage von *Volksliturgie* nicht aufgenommen.)
15 P. Parsch, Christliche Renaissance, 339; J. A. Jungmann, Tagebuch 1, 12, 28.2.1914.
16 P. Parsch, Volksliturgie, 12.
17 Vgl. dazu A. Grillo, Der Liturgiebegriff bei Pius Parsch und seine Stellung im

Jungmann hatte schon unter seinen Studienkollegen als „Dogmatiker" gegolten.[18] Seine Stärke lag in der Theorie, freilich verbunden mit der Gabe, die Zeichen der Zeit wahrzunehmen; geschichtliche Forschung betrieb er im Licht aktueller Fragen. Praktisch (selbst als Zelebrant und Prediger!) war er unbeholfen. Man könnte Jungmann so charakterisieren: Ein Theoretiker arbeitet für die Erneuerung der Praxis.[19]

2. Die Mitte des Christentums wiedergewinnen

Die Mitte sei verlorengegangen[20], so urteilt Parsch über die gängige Glaubenspraxis; als Imperativ formuliert: „Bevorzuge nicht so sehr periphrische Übungen und Gegenstände der Religion, sondern dringe immer mehr in die Mitte."[21] Die Volksliturgische Bewegung habe hier klärend gewirkt; sie suche „Aufbau und Harmonie des Christentums von der Mitte und dem Wesen aus, wir wollen nicht Einseitigkeit, sondern Fülle und Ausgewogenheit"[22]. „Wesentliches haben wir wieder in die Mitte gestellt, Peripherisches an den Rand und so ist die rechte Ordnung in unserem religiösen Leben angebahnt worden."[23]

Jungmanns Grundanliegen lässt sich mit mehreren Begriffen umschreiben: Konzentration, Ganzheit, Einheit, (Glaubens-)Ästhetik, Christozentrik.[24] In *Frohbotschaft* vergleicht Jungmann die Religiosität seiner Zeit mit der Einrichtung von Dorfkirchen:

> „in denen jeder Altar einen zwei- und dreifachen Titulus zu haben scheint, in denen jeder Pfeiler, jeder Winkel, jede Wandfläche ein

---

Rahmen der Liturgischen Bewegung des 20. Jahrhunderts. Die „unaktuelle" Aktualität einer pastoralen und „volkstümlichen" Perspektive, in: W. Bachler/R. Pacik/A. Redtenbacher (Hg.), Pius Parsch in der liturgiewissenschaftlichen Rezeption. Klosterneuburger Symposion 2004 (PPSt 3), Würzburg 2005, 191–209.
18   Vgl. J. A. Jungmann, Tagebuch 1, 9, 28.2.1914.
19   In seinen Aufzeichnungen beschrieb er sich so: „Freude für Praxis, aber Talent nur für das Theoretische". J. A. Jungmann, Tagebuch 1, 127, 9.4.1916. Vgl. dazu R. Pacik, „Das ganze Christentum konzentrieren", 311–313.
20   Vgl. P. Parsch, Christliche Renaissance, 335.
21   P. Parsch, Volksliturgie, 132.
22   P. Parsch, Christliche Renaissance, 339.
23   P. Parsch, Volksliturgie, 492 (Vortrag „Liturgie und Arbeiter", Jänner 1949).
24   Vgl. dazu R. Pacik, „Das ganze Christentum konzentrieren", 347–359.

eigenes kleines Heiligtum aufweist, Bild, Statue, Erinnerungszeichen, oft mit dem gleichen Thema zweimal dicht nebeneinander, jedes ohne Rücksicht auf seine Umgebung, das eine durch künstliche Blumen, das andere durch Lämpchen und Kerzen ausgezeichnet, das dritte durch schreiende Farben hervorgehoben, wie es eben jedesmal die Andacht des Spenders für gut befunden hat. [...] Es ist kein Zweifel, daß ein solcher Innenraum auch für die Gemeinde, die sich an ihn gewöhnt hat und die ihn vielleicht ‚schön' findet, nur verbildend und religiös verwirrend wirken kann. Jeder weiß, was in einer solchen Kirche geschehen müßte. Es braucht da kein Puritanertum Platz zu greifen. [...] Aber das Viele müßte zurücktreten vor dem einen Notwendigen oder müßte doch allmählich nach Thema und Form eine Zusammenordnung, eine Einordnung in den Gesamtplan des Gotteshauses erfahren."[25]

Mit schuld an dem Zustand des religiösen Lebens sind nach Jungmann Predigt und Katechese. Diese hätten „den heiligen Thomas in Abschnitte zerlegt", d. h., die alles in Einzeltraktate auflösende Methode der neuscholastischen Dogmatik übernommen, und darüber „die großen Kerngedanken aus den Augen verloren"[26]. Statt das neuscholastische System zu kopieren, soll die Verkündigung eine stimmige Gesamtschau vermitteln.[27]

3. Bibel

„Wir wollen dem *Volke* dienen; wir wollen dem einfachen Volk die zwei Güter: *Bibel und Liturgie* zurückgeben, die ihm im Verlauf der Jahrhunderte abhanden gekommen waren."[28] So beschreibt Parsch sein Programm – das auch den Titel der 1926 gegründeten Zeitschrift abgibt. Bibel und Liturgie sind „nicht periphere Aufgaben unserer Kirche [...], sondern zwei wichtige Quellen der Frömmigkeit, die bisher ganz verschüttet waren"[29]. Als Kontrast zum „lauteren Gotteswort" und dem

---

25 J. A. Jungmann, Frohbotschaft, 195f.
26 J. A. Jungmann, Tagebuch 1, 11, 28.2.1914.
27 Vgl. J. A. Jungmann, Frohbotschaft, 13.
28 P. Parsch: Zum neuen Jahrgang!, in: BiLi 19 (1951/52) 1f., hier: 1.
29 P. Parsch, Christliche Renaissance, 329.

„Gottesdienst im Geist und in der Wahrheit" gebraucht Parsch gerne das Bild vom „Zisternenwasser"[30].

Die Bibelbewegung ist „Schwester und Kind" der Liturgischen Bewegung[31], die Bibel bezeichnet Parsch als „Sakramentale"[32], als „Mund der stummen Eucharistie"[33]. Parsch verwendet das Wort des Thomas a Kempis von den zwei Tischen (das auch in *Dei Verbum* Art. 21 des II. Vaticanums eingegangen ist)[34] und spricht von der „zweifachen Kommunion": der „Kommunion des Hörens und des Mundes"[35]. Eine praktische Maßnahme war, die Heilige Schrift im Volk zu verbreiten. 1934 brachte Parschs Verlag eine billige dreibändige Vollbibel heraus. 1950 wurde das Klosterneuburger Bibelapostolat gegründet (und 1966 unter dem Namen „Österreichisches Katholisches Bibelwerk" in eine Institution der Österreichischen Bischofskonferenz umgewandelt).[36]

Jungmann lobt in *Frohbotschaft* die Bibelbewegung.[37] Seine Theologie und seine Reformideen sind von der Heiligen Schrift geprägt. Programmatische Forderungen, wie „Bibel für alle", erhebt er nicht. Die Predigt soll das neutestamentliche Christus-Bild vermitteln,[38] und dies gerade angesichts der aktuellen Lage: „Die Zeit zwingt uns zur großen *Konzentration*, zwingt uns, zurückzugehen auf die Quellen unserer Kraft [...]. Wir leben in bewußterer Christusnähe als die letzten Jahrhunderte."[39] – Die im Studium entdeckte Christozentrik vertiefte Jungmann v. a. durch die Lektüre der Paulusbriefe.[40] In „Frohbotschaft" widmet er Paulus, dem „Meister der christlichen Verkündigung"[41], einen eigenen Abschnitt:[42]

---

30 P. Parsch, 10 Jahre volksliturgisches Apostolat, in: BiLi 11 (1936/37) 1–3, hier: 1; ders., Christliche Renaissance, 335.
31 P. Parsch, Volksliturgie, 49 (aus dem Jahr 1938).
32 Ebd., 51.
33 P. Parsch, „Schenke allen, denen du den Glauben gabst, auch den Frieden", 316.
34 Vgl. P. Parsch, Volksliturgie, 233.397. Das VI. Kapitel dieses Buches (389–429) ist überschrieben: „Volksliturgie und Gotteswort".
35 P. Parsch, Christliche Renaissance, 337; ähnlich: ders., „Schenke allen, denen du den Glauben gabst, auch den Frieden", 316.
36 Vgl. A. Stöger, Pius Parsch und die Bibelbewegung, in: N. Höslinger/T. Maas-Ewerd (Hg.), Mit sanfter Zähigkeit. Pius Parsch und die biblisch-liturgische Erneuerung (SPPI 4), Klosterneuburg 1979, 120–154.
37 Vgl. J. A. Jungmann, Frohbotschaft, 119.
38 Vgl. J. A. Jungmann, Der Weg, 35f.; ders., Frohbotschaft, 127–141.
39 J. A. Jungmann, Frohbotschaft, 216.
40 Vgl. J. A. Jungmann, Woher kamen die Ideen, 2.
41 J. A. Jungmann, Frohbotschaft, 226.
42 Ebd., 30–34.

Christus, der Erlöser, der in der Auferstehung den Tod überwindet, bildet die Mitte der Paulinischen Verkündigung; alle Lehrstücke – Kirche, Sakramente, das neue Leben in Christus, Moral, Eschatologie – gewinnen von da Zusammenhang und Einheit.

Seinen eigenen Weg beschrieb Jungmann im Jahr 1925 so: „Ich selber aber kann nicht anders: die Traditionsaszeten helfen mir nicht; ich muß zurück: N. T. und die Väter bis Augustin: hier sind die Prinzipien lebendig, die wieder Leben zeugen können."[43]

4. Gnade

Pius Parsch stellt 1949 fest, dass in den letzten zehn Jahren zu den bisherigen Themen der Bewegung, Bibel und Liturgie, die Gnadenfrömmigkeit hinzugekommen sei,[44] und hebt diese in den großen Referaten von 1950 und 1952 hervor.[45] In seinem letzten Vortrag von 1952 lautet dies so: „Ich frage, welches ist das Wesen des Christentum? Es ist nicht so sehr der Glaube, auch nicht die Moral, sondern das göttliche Leben der Gnade."[46] Jahrhundertelang seien aber Sündenbewusstsein, Kasuistik, Gebotsfrömmigkeit betont worden; noch heute stünden viele Christen unter diesem Druck, fern von der „Gnadenfrömmigkeit", dem Bewusstsein der Gotteskindschaft und des königlichen Priestertums. Wer in Gebotsfrömmigkeit lebe, bleibe im Stadium der Katechumenen. Christus habe eine neue Ordnung gebracht, „ein neues Verhältnis zwischen Gott und den Menschen"[47].

Parsch beschreibt zwei kontrastierende Frömmigkeits-Typen, die er objektive und subjektive Frömmigkeit nennt, die erste altkirchlich (und durch die Liturgische Bewegung wieder entdeckt), die andere mittel-

---

43 J. A. Jungmann, Tagebuch 2, 100, 25.7.1925.
44 Vgl. P. Parsch, Wo stehen wir?, 1f.
45 P. Parsch, Christliche Renaissance, 329–333; ders., „Schenke allen, denen du den Glauben gabst, auch den Frieden", 312–314. Parsch propagiert die regelmäßige Kommunion als Nahrung für den „Gnadenleib der Kirche", als „Gnadenspeise" (Christliche Renaissance, 332f.; „Schenke allen, denen du den Glauben gabst, auch den Frieden", 313).
46 P. Parsch, „Schenke allen, denen du den Glauben gabst, auch den Frieden", 312; fast wörtlich auch: ders., Christliche Renaissance, 331.
47 P. Parsch, Christliche Renaissance, 330.

alterlich und neuzeitlich.⁴⁸ Der Hauptunterschied liegt in der Bewertung des menschlichen Tuns. Anhand der neutestamentlichen Briefe stellt Parsch die Haltung der „Judaisten", für die Gesetz und Glaube gleich viel wert seien und Heil wirkten, und diejenige des Paulus einander gegenüber.

Josef Andreas Jungmann beklagt schon 1914: „Die Leute sind sich in keiner Weise der Übernatürlichkeit unserer Religion bewußt."⁴⁹ Das Wesen des Christentums formuliert er – in Anschluss an seinen Lieblingsschriftsteller Johannes Jörgensen – so: „die Sündentilgung durch Christus und ein neues Leben in Gott"⁵⁰. Daraus lasse sich die ganze christliche Lehre, ja die ganze Theologie entfalten.⁵¹ Für seine Dissertation wählte er bewusst ein Thema aus der Gnadenlehre. – Manche Aussagen in *Frohbotschaft* decken sich inhaltlich mit solchen von Pius Parsch. (Beide sind hier übrigens von Matthias Joseph Scheeben beeinflusst.⁵²) Die Gnadenlehre sei unter das Motto der sittlichen Leistung gestellt worden,⁵³ die Gnade damit „*in die Ebene der Natur verlegt*", sodass „gerade das Wesentlichste, die Erhebung in die Übernatur, sich im Bewußtsein am wenigsten durchsetzt"⁵⁴. Die rechte Anschauung von der Gnade, das heißt: dass wir Christen schon von der Gnade getragen sind, könnte dem religiösen Leben „Einfachheit und Klarheit" verleihen – „ein gewaltiger Gewinn gegenüber der ermüdenden Kompliziertheit, die für gewissenhafte Menschen die Beobachtung einer Unzahl von guten und besten Einzelregeln so leicht mit sich bringt"⁵⁵.

---

48 Vgl. P. Parsch, Die objektive und subjektive Frömmigkeit, in: BiLi 7 (1932/33) 233–236.257–261.283–289; ders., Volksliturgie, 124–131. Vgl. dazu N. Höslinger, Pius Parsch und die Erneuerung der christlichen Frömmigkeit, in: N. Höslinger/T. Maas-Ewerd (Hg.), Mit sanfter Zähigkeit, 155–174; R. Pacik, Parsch (Jean), in: DSp Bd. 12,1 (1984), 267–271.
49 J. A. Jungmann, Tagebuch 1, 9, 28.2.1914.
50 Ebd.
51 Vgl. J. A. Jungmann, Der Weg, 5.
52 Vgl. R. Pacik, „Das ganze Christentum konzentrieren", 314f.; N. Höslinger, Pius Parsch und die Erneuerung der christlichen Frömmigkeit, 166; R. Stafin, Eucharistie als Quelle der Gnade bei Pius Parsch. Ein neues Verhältnis zwischen Gott und dem Menschen (PPSt 2), Würzburg 2004, 215–224. Vgl. den Beitrag von U. Schumacher in diesem Band.
53 Vgl. J. A. Jungmann, Frohbotschaft, 81–92 (Wandlungen in der Botschaft von der Gnade).
54 Ebd., 89.
55 Ebd., 226f.

Als das Gnaden-Mittel schlechthin propagieren Parsch wie Jungmann die regelmäßige Kommunion (natürlich in der Messe). Beide führen den seltenen Kommunionempfang darauf zurück, dass die Leute von der Gnade nichts wissen. Manche Vorstellungen über die Wirksamkeit der Sakramente wirken freilich etwas naiv.[56]

5. Messe und andere Gottesdienstformen

Seit Jahrzehnten besteht das pfarrliche Gottesdienst-Programm fast nur aus Messen (was sich erst unter dem Druck des Priestermangels zu ändern beginnt). Hat diesen Mess-Boom die Liturgische Bewegung mitverursacht? Nur zum Teil. Die volksliturgische Bewegung befasste sich sehr wohl auch mit dem Andachtswesen und wollte es erneuern; unter anderem sollten die Andachten durch das Einfügen von Schriftlesungen biblischer werden. Darin stimmten Pius Parsch und Josef Andreas Jungmann überein.[57] Die Klosterneuburger Serie *Volksliturgische Andachten und Texte*[58] enthält zu etwa einem Drittel Behelfe für Andachten.

Dass die Liturgische Bewegung sich der Messe und einer neuen Eucharistie-Frömmigkeit besonders intensiv widmete, hängt, soweit ich sehe, u. a. mit dem Streben nach Konzentration zusammen. Parschs Grundgedanke, auf eine Formel gebracht, lautet: Mitte und Quelle des

---

56 Vgl. z. B. P. Parsch, Christliche Renaissance, 332f.; ders. „Schenke allen, denen du den Glauben gabst, auch den Frieden", 313f.; J. A. Jungmann, Der Weg, 31.41; ders., Tagebuch 1, 12, 28.2.1914; Tagebuch 1, 77, 1.12.1914 (über einen Soldaten-Sterbegottesdienst mit hoher Kommunionfrequenz: „das muß ein heiliges Volk abgeben!").
57 Jungmann schwebt eine Reform der Andachten gemäß seinem – erstmals 1939 dargestellten – liturgischen Grundschema Lesung/Gesang/Gebet vor; vgl. J. A. Jungmann, Die liturgische Feier. Grundsätzliches und Geschichtliches über Formgesetze der Liturgie, Regensburg 1939; ders., Die Sonntagsandacht – ihr Ursprung und ihre Elemente, in: LS 4 (1953) 54–60. „Unsere Andachten sollten in einem gewissen Sinn wieder Bibelstunden werden." (Ebd., 58.) – Pius Parsch widmet der Volksandacht in „Volksliturgie" (315–322) ein Kapitel. Mit Jungmanns Buch „Die liturgische Feier" befasst er sich eingehend, ohne dessen Thesen 1:1 zu kopieren. Die Andachten will Parsch vor allem durch biblische Lesungen samt Kurzhomilien bereichern, aber auch durch eine Art Eröffnung sowie durch Kirchenlied und litaneiartiges Gemeindegebet.
58 Vgl. P. Parsch, Volksliturgie, 506f.

christlichen Lebens ist die Liturgie, die Mitte der Liturgie ist die Messe. Auch die Devise der Seelsorge vom Altar aus[59] gehört hierher.

Jungmann bezeichnet die Messe als „Zusammenfassung der ganzen Religion. Hier ist der höchste Akt der Gottesverehrung, hier ist das Erlösungswerk, hier ist die Kirche."[60] Jungmanns Sicht lässt sich so charakterisieren: Der Position, die Christus im Kontext des Glaubens hat, entspricht in Gebet und Gottesdienst die Messe. Christi Mittlerschaft kommt in der Messe am deutlichsten zum Ausdruck.[61] Jungmann bestreitet aber keineswegs, dass andere Gottesdienstformen „vollwertige liturgische Größen" seien, und verweist auf das Altertum: Damals habe man nur sonntags Eucharistie gefeiert, der tägliche Gemeindegottesdienst aber sei das Morgen- und Abend-Offizium gewesen.[62] Dass er 1931 Volksandachten liturgischen Charakter zusprach, trug ihm harsche Kritik u. a. von seinen Kollegen Johannes Pinsk und Odo Casel ein.[63] Im Vorfeld des II. Vatikanischen Konzils kämpfte Jungmann gemeinsam mit Johannes Wagner für die Aufwertung der Volksandachten; den beiden gelang immerhin ein Kompromiss: *Sacrosanctum Concilium* (SC) Art. 13 unterscheidet *sacra Ecclesiarum particularium exercitia* („gottesdienstliche Feiern der Teilkirchen") von den *pia exercitia*.[64]

---

59 Vgl. ebd., 270.282 (Vortrag von 1933: Die lebendige Pfarrgemeinde); P. Parsch, Christliche Renaissance, 333.336.
60 J. A. Jungmann, Frohbotschaft, 173.
61 Vgl. J. A. Jungmann, Tagebuch-Fragment, Okt. 1913; ders., Tagebuch 1, 28, 29.5.1914; ders., Der Weg, 24.43; ders., Frohbotschaft, 173; R. Pacik, „Das ganze Christentum konzentrieren", 335f.
62 J. A. Jungmann, Frohbotschaft, 173.
63 Vgl. J. A. Jungmann, Was ist Liturgie?, in: ZKTh 55 (1931) 83–102. Ergänzter Nachdruck: ders., Gewordene Liturgie. Studien und Durchblicke, Innsbruck 1941, 1–27. Siehe dazu: R. Pacik, „Last des Tages" oder „geistliche Nahrung"? Das Stundengebet im Werk Josef Andreas Jungmanns und in den offiziellen Reformen von Pius XII. bis zum II. Vaticanum (StPaLi 12), Regensburg 1997, 24–42.
64 Vgl. dazu R. Pacik, „Last des Tages", 233–246.

6. Tätige Teilnahme

Das von Parsch gerne verwendete (aber nicht erfundene) Wort „Volksliturgie"[65] drückt sein Ziel aus: den Gläubigen den Sinn des Gottesdienstes zu erschließen und sie zur tätigen Teilnahme anzuleiten. Diese ist bereits im Begriff λειτουργία enthalten; Gestalt und Texte der Messfeier setzen sie voraus.[66] Letztlich geht es um eine theologische Wahrheit: „Hat die aktive Teilnahme eine dogmatische Grundlage? *Ja, in der Lehre vom allgemeinen Priestertum in der Kirche.*"[67] Alle Getauften sind „liturgiefähig im vollen Sinn des Wortes"[68], zur Teilnahme „verpflichtet und berechtigt"[69] (man beachte die Parallele zu SC Art. 14). Für die Messe bedeutet dies zuerst: das Wort Gottes zu hören und die Kommunion zu empfangen. (Beides war ja früher nicht selbstverständlich: Das Wort Gottes wurde wegen des Lateins nicht verstanden; die Kommunionfrequenz war sehr gering.) Erst wenn diese „Urfunktionen" gewährleistet sind, kann man zu gemeinschaftlichem Gebet und Gesang übergehen.[70] Dafür schuf Parsch – unterstützt vom Musiker Vinzenz Goller – praktikable Modelle: die Chormesse mit deutschem und lateinischem Choral, die Betsingmesse mit Kirchenliedern.[71]

Ähnlich fordert Jungmann, das bekannte Wort aus der Apostolischen Konstitution *Divini cultus sanctitatem* Pius' XI. (1928) „nicht wie Fremde oder stumme Zuschauer…"[72] aufgreifend, die Gläubigen

---

65 Auch Jungmann verwendet das Wort, allerdings für die volkstümliche Ausgestaltung von Feiern im Umfeld der Liturgie (vgl. J. A. Jungmann, Tagebuch 1, 90, 13.4.1915; ebd., 100, 3.6.1915).
66 Vgl. P. Parsch, Wesen und Zweck der volksliturgischen Erneuerung [Referat beim 1. Volksliturgischen Einführungskurs, 12.–15.8.1927], in: BiLi 1 (1926/27) 303–310, hier: 304; ders., Die aktive Teilnahme des Volkes an der Liturgie – Grundlegung [Referat auf der 2. Volksliturgischen Tagung in Klosterneuburg, 11.–15.8.1928], in: BiLi 2 (1927/28) 433–450, hier: 446; ders., Volksliturgie, 118f. In *Volksliturgie* hat Parsch den Aufsatz von 1928 ausgebaut und weitergeführt (Kapitel „Aktive Teilnahme des Volkes", 99–124).
67 P. Parsch, Die aktive Teilnahme des Volkes an der Liturgie – Grundlegung, 443.
68 P. Parsch, Wesen und Zweck der volksliturgischen Erneuerung, 304.
69 P. Parsch, Christliche Renaissance, 336f.
70 Vgl. ebd., 337.
71 Vgl. dazu R. Pacik, Pius Parschs Modelle für die tätige Teilnahme des Volkes an der Messe, in: A. Redtenbacher (Hg.), Neue Beiträge zur Pius-Parsch-Forschung (PPSt 8), Würzburg 2014, 29–45.
72 Pius XI., Apostolische Konstitution *Divini cultus sanctitatem*, 20.12.1928, in: AAS 21 (1929) 33–41, hier: 40.

sollten nicht beiwohnen, sondern mitfeiern und mitopfern. Die „innigste Weise der Teilnahme am Opfer" ist die Kommunion.[73] Was weitere Aktivitäten betrifft, so warnt Jungmann davor, dass die Gläubigen alle Priester-Texte Wort für Wort laut mitsprechen (dies geschah ja in den Anfängen der Liturgischen Bewegung tatsächlich); ideal ist das Miteinander von Priester, Lektor, Gemeinde, Schola nach dem Vorbild der Alten Kirche.[74] Stille Messe und Hochamt (beide ohne wahrnehmbaren Anteil der Gemeinde, oft sogar ohne Kommunion) schließt Jungmann nicht ganz aus;[75] doch seine Liebe gilt der Betsingmesse – für die er ausdrücklich die Klosterneuburger Behelfe empfiehlt.[76] – Damit die „Grundidee" der Messe klar hervortritt, wird „mancherlei störendes Beiwerk beiseite zu schieben sein": Aussetzung des Allerheiligsten, Gebete und Andachten ohne Beziehung zum Gang der Feier, Kommunion außerhalb der Messe etc.[77]

Ein Artikel Jungmanns aus dem Jahr 1942, „Christus – Gemeinde – Priester", zog das Missfallen nicht nur des konservativen Freiburger Erzbischofs Conrad Gröber, sondern sogar des Heiligen Offiziums auf sich.[78] Jungmann schreibt hier Ketzerisches wie: die Liturgie werde getragen „von der Gemeinde der Gläubigen unter der Führung der be-

---

73 Vgl. J. A. Jungmann, Frohbotschaft, 176–178, Zitat 178. – Schon früh nannte Jungmann als „Grundgedanken" der Messe das Opfer Christi und unser Mitopfern, zu dem konsequenterweise die Kommunion in jeder Feier gehöre. Vgl. R. Pacik, „Das ganze Christentum konzentrieren", 336f.
74 Vgl. J. A. Jungmann, Frohbotschaft, 178f.
75 Vgl. ebd., 179–183.
76 Vgl. ebd., 185–187. Ähnlich J. A. Jungmann, Zu liturgischen Fragen im Freiburger Memorandum [Februar 1944]; abgedruckt in: T. Maas-Ewerd, Die Krise der Liturgischen Bewegung in Deutschland und Österreich. Zu den Auseinandersetzungen um die „liturgische Frage" in den Jahren 1939 bis 1944 (StPaLi 3), Regensburg 1980, 609–616. Jungmann lobt Parschs Modell, weil hier „in der Überfülle der Formen und Weisen doch auch bleibend Wertvolles gefunden worden ist" (Ebd., 615).
77 Vgl. J. A. Jungmann, Frohbotschaft, 177.
78 J. A. Jungmann, Christus – Gemeinde – Priester, in: K. Borgmann (Hg.), Volksliturgie und Seelsorge. Ein Werkbuch zur Gestaltung des Gottesdienstes in der Pfarrgemeinde, Kolmar 1942, 25–30. – Dazu: T. Maas-Ewerd, Die Krise, 259–262.498–502. Das Heilige Offizium verbot 1944 die zweite Auflage des Werkbuchs „sowohl wegen einiger die kirchliche Lehre betreffenden Behauptungen als auch wegen des Geistes, von dem es durchweht" sei (zit. ebd., 499). Seine Gedanken zu diesem Verbot sowie zur Situation der liturgischen und kerygmatischen Erneuerung hat Jungmann am 25.4.1944 niedergeschrieben; das Stenogramm trägt den Titel „…wegen des ganzen Geistes, das es durchweht".

stellten Amtsträger". Der eigentliche Priester sei Christus. „Alles weitere Priestertum [...] ist nur von dem seinen abgeleitet."[79]
Aktive Teilnahme reicht aber über den Gottesdienst hinaus. Schon 1928 erwähnt Parsch neben diesem das Laienapostolat und die Katholische Aktion.[80] Es sei, sagt er 1946, „ein neuer Christentyp" entstanden, der Mitverantwortung in der Kirche übernimmt.[81] „Wir Volksliturgiker wollen eure Anwälte sein, daß ihr das königliche Priestertum in der Kirche Gottes wieder frei ausüben könnt."[82] – Ähnlich äußert sich Jungmann in „Frohbotschaft" (Kapitel „Christliche Lebensgestaltung"[83]). Alle Gläubigen sind Priester (1 Petr 2,9), zum Apostolat berufen, zum Mitwirken in der Katholischen Aktion. „Gerade dadurch, daß die Gläubigen im Gottesdienst nicht mehr auf die stumme Rolle des Zuschauers beschränkt bleiben, sondern sich als Mitträger der Liturgie fühlen dürfen, werden sie sich bewußt, daß sie selber Kirche sind [...]."[84] – Parsch wie Jungmann sprechen zwar von der Eigenständigkeit der Laien in bestimmten Bereichen, betonen jedoch die Letztverantwortung der ordinierten Amtsträger.[85]

7. Reformen?

Wie dachten Parsch und Jungmann über Reformen liturgischer Ordnungen? Zunächst erstrebten sie die wesensgemäße Feier des bestehenden Gottesdienstes. (Dies war ungewöhnlich genug – und veranlaßte Parsch zu dem Ausspruch: „Die Volksliturgiker stehen beständig mit ei-

---

79 J. A. Jungmann, Christus – Gemeinde – Priester, 27.26f. Diese Aussagen sind nicht neu. Ähnliches findet sich z. B. schon bei J. Kramp, Opfergedanke und Meßliturgie. Erklärung der kirchlichen Opfergebete, Regensburg ³⁻⁴1923, 67; auf Kramp berief sich Pius Parsch 1928: Die aktive Teilnahme des Volkes an der Liturgie – Grundlegung, 443f.
80 Vgl. P. Parsch, Die aktive Teilnahme des Volkes an der Liturgie – Grundlegung, 444.
81 P. Parsch, Liturgie und Seelensorge, in: Lebe mit der Kirche 12 (1945/46) 143–146, hier: 144. Vgl. ders., Wo stehen wir?, 2f.; ders., Zum neuen Jahrgang!, in: BiLi 19 (1951/52) 1f., hier: 1; ders., Volksliturgie, 469–477 („Der neue Laientyp"); ders., Christliche Renaissance, 338.
82 P. Parsch, Christliche Renaissance, 338.
83 J. A. Jungmann, Frohbotschaft, 215–233, besonders 231–233.
84 Ebd., 232.
85 Vgl. z. B. P. Parsch, Volksliturgie, 473–477; J. A. Jungmann, Frohbotschaft, 233.

nem Fuß im rubrizistischen Gefängnis."[86]) Verkümmerte Elemente sollen wieder mit Leben erfüllt werden (z. B. *Introitus* als wirklicher Einzug mit begleitendem Gesang, Friedenskuss, Gabenprozession; vieles wurde in St. Gertrud verwirklicht).[87] Als einer der ersten rief Parsch nach der Erneuerung der Osternacht[88] – und praktizierte sie auch; dies trug ihm Anzeigen beim Erzbischöflichen Ordinariat Wien und in Rom ein.[89]

Das Latein bezeichnete Parsch schon früh als Haupthindernis der tätigen Teilnahme, ohne dieses allerdings abschaffen zu wollen.[90] Später äußerte Parsch den Wunsch nach der Landessprache im Wortgottesdienst der Messe (1938 unter Berufung auf inzwischen erschienene zweisprachige Ritualien)[91] und zeigte sich erfreut darüber, „daß die lateinische Kirchensprache immer mehr zurückweicht"[92] – u. a. weil 1943 das Deutsche Hochamt erlaubt worden war. In der dritten, umgearbeiteten Auflage seiner *Messerklärung* (1950) – für die er Jungmanns *Missarum Sollemnia* (1948) verwerten konnte – spricht er noch offener, vor allen in den neu eingefügten Abschnitten „Menschliches in der Eucharistiefeier" (Kap. V) und „Die Stile der heutigen Messe" (Kap. XXIX).[93] Der Titel „Menschliches" beruht auf der Enzyklika *Mediator Dei* (1947), die (unveränderbare) göttliche und (änderbare) menschliche Elemente der Liturgie unterscheidet.[94] Im Kapitel „Stile" vergleicht Parsch den Messritus mit einem alten Kirchenbau, in dem Elemente verschiedener Perioden nebeneinander bestehen. Pius V. habe zwar Schäden ausgebessert, aber sonst das Gebäude der Messe mit allen Zubauten und Stilwidrigkeiten belassen, wie es seit dem Mittelalter geworden sei (Auflösung

---

86 P. Parsch, Christliche Renaissance, 336.
87 Vgl. P. Parsch, Volksliturgie, 58f.
88 Vgl. P. Parsch, Ostern und unser Volk!, in: BiLi 1 (1926/27) 193–196; ders., Volksliturgie, 50.58.
89 Vgl. N. Höslinger, Der Lebenslauf von Pius Johann Parsch, in: N. Höslinger/T. Maas-Ewerd (Hg.), Mit sanfter Zähigkeit, 13–78, hier: 65.68f.; T. Maas-Ewerd, Pius Parsch und die Erneuerung der Osterfeier, in: ebd., 215–239.
90 Vgl. P. Parsch, Wesen und Zweck der volksliturgischen Erneuerung, 309.
91 Vgl. P. Parsch, Volksliturgie, 50f.; vgl. ders., Christliche Renaissance, 338.
92 P. Parsch, Der Deutsche Choral, in: BiLi 17 (1949/50) 33–36, hier: 33.
93 Vgl. P. Parsch, Messerklärung im Geiste der liturgischen Erneuerung. Neu eingeleitet von A. Heinz (PPSt 4), Würzburg 2006 [dritte, erw. Aufl., Klosterneuburg 1950], 95–106.375–379; auch in: BiLi 17 (1949/50) 245–248.272–275.
94 Pius XII., Enzyklika *Mediator Dei*, 20.11.1947, in: AAS 39 (1947) 521–595, hier: 541f. – Vgl. R. Pacik, Die Enzyklika „Mediator Dei" als Anstoß für Pius Parsch, in: A. Redtenbacher (Hg.), Liturgie lernen und leben – zwischen Tradition und Innovation. Pius Parsch Symposion 2014 (PPSt 12), Freiburg/Br. 2015, 98–120.

der liturgischen Gemeinschaft, Privatmesse) und jeden Umbau untersagt (durch strengen Rubrizismus). Nun sei eine Restaurierung fällig. Parsch legt auch das Ideal einer erneuerten Messe vor.[95] – Vermutlich wusste er, dass Rom geheim eine Liturgiereform vorbereitete.[96]

Den Vergleich mit dem Gebäude könnte Parsch von Jungmann übernommen haben. Denn ein ähnliches Bild (hier: eines tausendjährigen Schlosses) verwendet dieser in *Missarum Sollemnia* und erklärt so seine ritengenetische Methode: Den ursprünglichen Gesamtplan erkenne man allein durch historisches Studium.[97] Die Geschichte der Messe nachzuzeichnen ermöglicht volleres Verständnis, doch oft „wird die objektive Betrachtung auch weniger gelungene Bildungen oder nachträgliche Verderbnisse anerkennen müssen"[98]. Ohne konkrete Änderungen zu fordern, deutet Jungmann an, dass solche möglich wären, doch nicht eigenmächtig durch Einzelne (er verweist hier auf Jean Mabillons Vorwort zu dessen Edition der *Ordines Romani*).[99] Im Vorwort zur fünften Auflage (1962) bezeichnet er als „bedeutendste[n] Schritt", dass durch die Reform der Osterfeier (1951/1956) sich „die beinahe tausendjährige Starre der Liturgie an entscheidender Stelle [...] zu lösen begonnen hat"[100].

Die nüchtern-beschreibende Darstellung der Geschichte in *Missarum Sollemnia* sprach für sich: Sie zeigte, dass die Messe Pius' V. keineswegs vollkommen sei. Zudem liegt dem Werk eine wichtige theologische Prämisse zugrunde: In der Einleitung von *Missarum Sollemnia* (wie schon in älteren Aufsätzen) erweitert Jungmann ausdrücklich die Begriffe von Kirche und Liturgie – damit den Gegenstand seiner Untersuchung: Liturgie ist nicht nur das Tun des Klerus, sondern des ganzen Volkes.[101] Der zweite

---

95 Vgl. R. Pacik, Die Enzyklika „Mediator Dei", 115–120.
96 Zu den römischen Plänen nach 1945 vgl. H.-E. Jung, Die Vorarbeiten zu einer Liturgiereform unter Pius XII., in: LJ 26 (1976) 165–182.224–240; R. Pacik, „Last des Tages", 75–108.
97 Vgl. J. A. Jungmann, Missarum Sollemnia. Eine genetische Erklärung der römischen Messe. Bd. 1, Freiburg/Br. ⁵1962, 2f.
98 Ebd., 6.
99 „Selbstverständlich bedeutet das nicht, dass nun jeder einzelne auf eigene Faust reformieren könne. Schon der große Mabillon († 1707) hat seine Ausgabe der römischen Ordines mit einer entsprechenden Warnung begleitet, hat aber auch den Wunsch ausgesprochen, dass diejenigen, denen die Obsorge für die gottesdienstlichen Dinge zusteht, die alten Vorbilder vor Augen behalten möchten." (Ebd., 6.)
100 Ebd, X.
101 Vgl. ebd., 3f.

Teil von Bd. 1 („Wesen und Gestaltungen der Messe in der kirchlichen Gemeinschaft") enthält einen eigenen Abschnitt „Sinn der Meßfeier. Messe und Kirche"[102].

Als Helfer einer Reform hatte Jungmann sich schon früh betrachtet. Liturgiegeschichte, so schreibt er 1927, wolle er betreiben „freilich auch mit dem Ausblick, daß man wenigstens manches daraus schließlich einmal für eine Reform verwerten müßte"[103]. Als sein Buch „Frohbotschaft" verboten wurde, meinte er im ersten Ärger, er müsse sich nun „auf die Feststellung von Prämissen verlegen und auf die Herausstellung der Konklusionen verzichten, also: liturgiegeschichtliche Tatsachenforschung"[104].

Jungmanns Haltung lässt sich mit zwei Schlagworten beschreiben: Kritik und Pietät. Je nach den Adressaten setzte er Akzente verschieden, wobei er sich bemühte, die positiven Anliegen auch von Fehlentwicklungen zu benennen.[105] Privat, z. B. im Tagebuch, zeigt sich Jungmann durchaus aufmüpfig. Kritik an bestehenden Ordnungen äußerte er vor allem in den Fachgremien (z. B. in der 1940 gegründeten deutschen Liturgischen Kommission, der er wie Pius Parsch angehörte) oder trug sie den Zuständigen vor, so etwa in einem – von der Ritenkongregation erbetenen – Gutachten zur Mess-Reform (Februar 1950).[106] Anders als Pius Parsch hätte Jungmann in einem populären Buch wohl nie einen solchen Entwurf veröffentlicht. – Über die Vorlesungen berichtet Balthasar Fischer[107]: Jungmann vermied es, das Reformbedürftige an der Liturgie hervorzuheben, vielmehr warb er um Verständnis für das Ge-

---

102 Ebd., 233–256.
103 J. A. Jungmann, Tagebuch 2, 110, 3.4.1927.
104 Ebd., 190, 15.8.1936.
105 Das Buch *Die Frohbotschaft und unsere Glaubensverkündigung* ist ein gutes Beispiel dafür, wie Jungmann zur Erneuerung hinführt, ohne Bestehendes einfach zu verurteilen.
106 J. A. Jungmann, Per una riforma dell' Ordo Missae. Typoskript, Durchschlag, 3 Bl.; datiert: 12.2.1950. Mit der Einladung zu diesem Gutachten reagierte der Präfekt der Ritenkongregation Clemente Kard. Micara auf *Missarum Sollemnia*; vgl. C. Kard. Micara, Brief an J. A. Jungmann (23.1.1950), Typoskript, 2 S.
107 Vgl. B. Fischer, Josef Andreas Jungmann als akademischer Lehrer der Liturgiewissenschaft, in: ZKTh 111 (1989) 295–304, hier: 299f. – Vgl. dazu J. A. Jungmann, Tagebuch 2, 110, 3.4.1927: Wenn er seine Lehrveranstaltungen betrachte, komme ihm vor, „als ob durch diese liturgiegeschichtl. Auseinandersetzungen mehr zerstört wird als aufgebaut: man sieht das Zufällige, dreimal Durchkreuzte, Mißverstandene, Verdorbene, wo man früher nur etwas Rätselhaftes, Geheimnisvolles gesehen hat; man könnte mit Recht sagen: entweder soll man die Einrichtungen und Gebräuche

wordene. So hielt er es noch nach dem Konzil, jedenfalls in populären Publikationen: Er versuchte selbst solche Regelungen positiv zu deuten, die ihm weniger gefielen und über die er während der Kommissions-Arbeit andere Ansichten vertreten hatte; allerdings äußerte er auch Sorge darüber, dass vor lauter Reformbegeisterung auch Bewährtes verloren gehe.[108] – Das Revolutionäre liegt bei Jungmann vor allem in – auf Bibel und geschichtlicher Forschung beruhenden – theologischen Statements. Insider, gleich welcher Couleur, merkten natürlich, welches Potential sie enthielten.

Seinen Kollegen Pius Parsch beurteilte Jungmann differenziert. Im Gespräch mit dem Jesuiten-General Wladimir Ledóchowski (1933), dem Parschs Artikel „Die objektive und subjektive Frömmigkeit" missfiel, gestand Jungmann zu, Parsch sei „wenig originell, eklektisch, darum auch widerspruchsvoll manchmal"[109]. Dieser zeichne die historische Entwicklung zu derb, resümiert Jungmann später, bedauert aber

---

dementsprechend reformieren, oder man soll überhaupt schweigen davon, wenigstens in der Vorlesung [...]."

108 „Man muß befürchten, daß diese Reform auch kein Endpunkt ist; sie gibt allzu viel Anlaß zur Kritik; diese hat auch schon eingesetzt [...]; ich werde mich an der Kritik nicht beteiligen, sondern (wenn ich schreiben muß) das[,] was vorliegt[,] zu verteidigen suchen [...]." (J. A. Jungmann, Konzilstagebuch, 108, 26.5.1969.) „Ich hüte mich zwar, in der Öffentlichkeit negativ zu urteilen über die Liturgiereform, und dadurch die ohnehin unsichere Stimmung noch zu verschlechtern. Mit den Beiträgen im Innsbrucker ‚Kirchenblatt' [...] habe ich mich bemüht[,] das Positive herauszuheben und darauf die Aufmerksamkeit zu richten. Aber in meinem Artikel in der ‚Furche' vom 13.12.69 habe ich auch einige Posten in der Verlustrechnung genannt: Wir gleichen den Baumeistern der Renaissance, die bedenkenlos die ehrwürdigsten Bauten aus dem Altertum niedergerissen haben, um ihre neuen Bauten aufzuführen; aber ich habe dabei das Wichtigste noch nicht genannt: den Verlust der Pietät gegen das Überlieferte, das Bewußtsein[,] in einer festen Ordnung zu stehen, und den Verlust an Ehrfurcht vor dem Heiligen[.]" (Ebd., 109, 18.1.1970.)

109 J. A. Jungmann, Tagebuch 2, 161, 10.4.1933. Joseph de Guibert, an der Gregoriana Professor für Fundamentaltheologie und Spiritualität, hatte ein negatives Gutachten zu Parschs Artikel verfasst. Über diesen Aufsatz diskutierte man auch unter den Innsbrucker Theologiestudenten; vgl. J. A. Jungmann, Tagebuch 2, 166, 10.7.1933. – Im Auftrag Ledóchowskis schrieb Jungmann den Artikel: Alte Kirche und Gegenwartskirche in der liturgischen Bewegung, in: ThPQ 86 (1933) 716–735; hier korrigiert er das bisweilen naive Idealbild des christlichen Altertums und mahnt zu realistischer Sicht der Gegenwart. Die liturgische Erneuerung sei dort am erfolgreichsten und werde „zum Ferment der Pfarrseelsorge [...], wo sie am maßvollsten auftritt, wo sie sich ebenso von archäologischen Spielereien wie von harter Kritik am Bestehenden fernhält" (735).

auch, dass die Jesuitenkurie in Rom von der Liturgischen Bewegung wenig halte.[110] – Parschs Prognose, „daß in 50 Jahren polyphone Hochämter nur mehr in den Konzerthaussälen aufgeführt werden"[111], erschien Jungmann übertrieben. „Bedeutet das, daß die Kirchenchöre und die polyphonen Hochämter in der Versenkung verschwinden müssen? Es sind im Eifer des Gefechtes nicht weit von hier Äußerungen dieser Art gefallen. […] Pius Parsch hat auch in manchen anderen Punkten […] der These des Vorhandenen die Antithese seiner Ideale einigermaßen schroff entgegengesetzt. Aber wie in vielen anderen Fällen, so muß auch hier auf These und Antithese die Synthese folgen […] – nicht in einem bloßen Kompromiß, sondern in einer höheren Einheit, wie sie sich aus einer grundsätzlichen Würdigung der beiderseitigen Standpunkte ergibt."[112]

Im Nachruf auf Pius Parsch bringt Jungmann neben Lob („Meister der Popularisierung") leisen Tadel an: „Es ist verständlich, daß der Eifer, der einen Bahnbrecher beseelen muß, unseren Verstorbenen nicht immer die genauen Grenzen dessen im Auge behalten ließ, was im Rahmen der bestehenden Vorschriften angängig schien oder was theologisch ohne Mißverständnis gesagt werden konnte. Aber Pius Parsch war elastisch und demütig genug, sich nicht in einer einmal gewählten Lösung oder Formulierung zu versteifen."[113]

---

110 Vgl. J. A. Jungmann, Tagebuch 2, 165f., 7.5.1933. In seiner Rezension von Parschs zweiter Auflage der Messerklärung (1935), in: ZKTh 60 (1936) 297, bemängelt Jungmann, dass Parsch bezüglich der Geschichte auch in überholten Punkten meist Ludwig Eisenhofer folge, außerdem die direkte Art, wie Parsch über „weniger vorteilhafte Entwicklungen" urteile.
111 P. Parsch, Volksliturgie und Kirchenmusik, in: ders., Volksliturgie, 302–310, hier: 307. Der Text geht auf den gleichnamigen Artikel in BiLi 9 (1934/35) 369–374 zurück.
112 J. A. Jungmann, Liturgie und Volksgesang, in: Zweiter Internationaler Kongreß für katholische Kirchenmusik. Wien, 4.–10. Oktober 1954. Zu Ehren des heiligen Papstes Pius X. Bericht, vorgelegt vom Exekutivkomitee, Wien 1955, 194–202, hier: 198f. Jungmann zitiert Parsch nicht wörtlich, in der Endnote nennt er aber die betreffende Stelle aus *Volksliturgie*.
113 J. A. Jungmann, Pius Parsch †.

Ekklesiologie

Inbegriff der Offenbarung oder gefährlicher Augustinismus? Die Konzeption der Kirche als mystischer Leib Christi in der theologischen Debatte der Zwischenkriegszeit

Klaus Unterburger

In der Zwischenkriegszeit glaubte man konfessionsübergreifend, dass ein „Jahrhundert der Kirche" angebrochen sei, so der programmatische Titel des Werks von Otto Dibelius (1880–1967) aus dem Jahr 1926, an dem er schon 1918 zu schreiben begonnen hatte.[1] Schon 1921 waren Romano Guardinis (1885–1968) Bonner Vorträge unter dem Titel *Vom Sinn der Kirche* erschienen, die mit dem programmatischen Satz begannen: „Ein religiöser Vorgang von unabsehbarer Tragweite hat eingesetzt: Die Kirche erwacht in den Seelen"[2]. Seit dem ausgehenden Mittelalter habe vorher der Individualismus verhindert, dass die Kirche als Inhalt „des eigentlichen religiösen Lebens empfunden"[3] wurde.

Diese Neubesinnung auf die Kirche fügt sich ein in die Situation nach 1918 und die darauffolgenden Neuaufbrüche in der Theologie mit ihrer Wendung zum Objektiven und zur Metaphysik, zur Gemeinschaft und zur Autorität. Der Verlust der staatskirchlichen Positionen hat die Selbstbesinnung auf das eigene Wesen und die eigene Verfassung befördert. Die weltanschauliche Pluralisierung warf beinahe zwangsweise die Frage nach dem Nutzen von Religion und Kirche auf, danach, was denn der moderne Mensch verliere, wenn er beide abstreife.[4] Tatsäch-

---

1 O. Dibelius, Das Jahrhundert der Kirche. Geschichte, Betrachtung, Umschau und Ziele, Berlin 1927.
2 R. Guardini, Vom Sinn der Kirche. Fünf Vorträge, in: ders., Vom Sinn der Kirche/ Die Kirche des Herrn. Werke (Sachbereich Christentum und Kirche), Mainz/Paderborn [5]1990 [Nachdruck der Auflage: Mainz [4]1955], 19.
3 Ebd.
4 Vgl. T. Ruster, Die verlorene Nützlichkeit der Religion. Katholizismus und Moderne in der Weimarer Republik, Paderborn/München/Wien/Zürich 1994; O. Weiß, Rechtskatholizismus in der Ersten Republik. Zur Ideenwelt der österreichischen Kulturkatholiken 1918–1934, Frankfurt/M. 2007.

lich kam es nach 1918 zu einer grundlegenden und umfassenden Debatte über die Kirche, die im katholischen Bereich durch die Enzyklika *Mystici corporis*[5] vom 29. Juni 1943 zu einem gewissen ersten Abschluss gekommen ist. Das theologische Ringen um die Kirche in der Zwischenkriegszeit war mehr als eine späte Reflexion auf einen bislang noch wenig bearbeiteten Traktat der Dogmatik.[6] In ihr kulminierten apologetische und pastorale Strategien der Gegenwart und unterschiedliche Geschichtsbilder, sowohl in Bezug auf die Geschichte von Theologie und Kirche wie auch in Bezug auf die zeitgeschichtliche Situation am Ende der Neuzeit. Die zentrale Metapher aber für die Kirche, die im Zentrum ihrer kontroversen Selbstbesinnung stand, war aber diejenige vom *Corpus Christi mysticum*.

Im Folgenden sollen zunächst drei einflussreiche Entwürfe, die die Kirche als Leib Christi neu und tiefer verstehen wollten, analysiert werden, nämlich diejenigen von Guardini, von Arnold Rademacher (1873–1939) und von Karl Adam (1876–1966). Zweitens soll ein Überblick über das damalige Deutungspanorama gegeben werden, dabei aber besonders Zuspitzungen des Konzepts vorgestellt werden, die lehramtlich verurteilt wurden. Schließlich soll die Kritik an den Leib-Christi-Ekklesiologien analysiert und die Positionierung der Enzyklika *Mystici corporis* darin verortet werden.

1. Leib Christi: Kirche als organische Lebensgemeinschaft mit Christus

Romano Guardini befand sich zur Habilitation in Bonn, als er 1921 für Theologiestudenten jene ekklesiologischen Vorträge hielt, die er ein Jahr später unter dem Titel *Vom Sinn der Kirche* auch im Druck erscheinen ließ. Seiner Meinung nach brachen in seinem Zeitalter aus der Tiefe neue Impulse auf, die die Plausibilitäten der liberal-bürgerlichen Weltanschauung der Vorkriegszeit zum Einsturz gebracht hätten. In der Gegenwart wisse das kritische, individuelle Subjekt sich immer schon eingebettet in der erkannten Wirklichkeit und eingebettet in eine Ge-

---

5 Pius XII., Enzyklika *Mystici Corporis*, 29. Juni 1943, in: AAS 35 (1943) 193–248.
6 Vgl. R. M. Schmitz, Aufbruch zum Geheimnis der Kirche Jesu Christi. Aspekte der katholischen Ekklesiologie des deutschen Sprachraumes von 1918 bis 1942 (MThS.S 46), St. Ottilien 1991.

meinschaft, die Neuzeit mit ihrem Individualismus, Rationalismus und Kritizismus war an ein Ende gekommen. Das neuzeitliche Denken übte, so Guardini, „seinen Einfluß auch auf die Kirche. Sie erschien als religiöse Zweck- und Rechtanstalt. Das Mystische in ihr, alles, was hinter den greifbaren Zwecken und Einrichtungen steht, was sich im Begriff des Reiches Gottes, des Mystischen Leibes Christi ausdrückt, wurde nicht unmittelbar empfunden."[7] Die Kirche ist „religiöse Gemeinschaft", „keine Ansammlung in sich beschlossener Einzelwesen". Sie zieht die Menschheit in sich hinein. „So erhält die Kirche wieder jene kosmische Weite der ersten Jahrhunderte und des Mittelalters. Das Bild von der Kirche, des ‚Corpus Christi mysticum', wie es sich in den Briefen des hl. Paulus an die Epheser und Kolosser entfaltet, gewinnt ganz neue Kraft."[8] In der Kirche beginnt die Wiedergeburt der Menschheit, der Welt, sie „ist das Reich Gottes"[9]. Die Kirche als übernatürliche Lebensgemeinschaft ist dabei geformt durch Dogma, Kult und Recht.[10] Sie repräsentiert Gottes Ordnung als Autorität vor dem Einzelnen; sie harmoniert mit der Ausbildung einer christlichen, in Freiheit gebundenen Persönlichkeit.[11]

Mindestens ebenso einflussreich wie Guardinis Betrachtungen über die Kirche wurde das Werk *Das Wesen des Katholizismus* des Tübinger Dogmatikprofessors Karl Adam aus dem Jahr 1924, das in zehn Sprachen übersetzt wurde. Er setzte sich mit Friedrich Heilers (1892–1967) 1919 erschienener Schrift *Das Wesen des Katholizismus* auseinander, die Heilers Vorträge in Schweden dokumentierten.[12] Heiler sah den Katholizismus als Synkretismus; bewundernswert sei seine Kraft, religionsgeschichtlich ganz unterschiedliche Phänomene in sich zu integrieren, Heidentum, Judentum, Mysterienkulte, rationale Philosophie, Askese und Mystik und eben auch das Evangelium, das so aber nur einer unter vielen Konstitutionsfaktoren war. Adam bestritt hiergegen nicht die religionsgeschichtlich integrative Kraft des Katholizismus; doch diese komme von seiner Grundgestalt her, die Heiler nicht erfasst habe, nämlich „Leib Christi", „Reich Gottes auf Erden" zu sein. Durch die Inkar-

---

7   R. Guardini, Vom Sinn, 22f.
8   Ebd., 27f.
9   Ebd., 97.
10 Vgl. ebd., 28.
11 Vgl. ebd., 42f.
12 Vgl. F. Heiler, Das Wesen des Katholizismus. Sechs Vorträge, gehalten im Herbst 1919 in Schweden, München 1920.

nation Christi ist Gottes Reich auf die Erde gekommen.[13] In der Kirche breitet sich dieses göttliche Leben aus, werden die Menschen vom Göttlichen durchdrungen und zu einer Gemeinschaft verbunden. Sie ist so Leib Christi, die in Raum und Zeit entfaltete Menschheit Christi.[14] Adam schöpfte diese Theologie aus dem Studium der Väter, v. a. des Augustinus (354–430), das in seiner Zeit an der Münchener Theologischen Fakultät grundgelegt war[15] und das später zu seiner Identifikation mit den katholischen Tübinger Theologen des 19. Jahrhunderts führte.[16] Durch die Sammlung der Vätertradition zum mystischen Leib Christi durch den Jesuiten Émile Mersch (1890–1940)[17] fühlte er sich bestätigt.[18] Christus das Haupt schenkt übernatürliches Leben und wirkt gemeinschaftsbildend auf den Leib. Die *complexio oppositorum* des Katholizismus habe so ein übernatürliches Einheitszentrum, indem – eine Deutung des Augustinus aufgreifend[19] – Christus als Haupt und seine Glieder erst zusammen den *Christus totus* bilden.

Adams Ekklesiologie war antineuzeitlich konzipiert. Wie Guardini sah er eine Epoche des Individualismus an ihr Ende gekommen. Die Kirche und das Amt in der Kirche repräsentierten echte Autorität gegen falsches Autonomiestreben, echte Gemeinschaft gegen falschen Individualismus und echte organische Verbundenheit gegen rein instrumentellen Zusammenschluss.[20] So forderte Adam auch, die Eigenart des Volkes als ebenso echte Gemeinschaft des Blutes, der Geschichte, der Sprache und der Kultur zu respektieren und in den Katholizismus zu integrieren. In der Zeit des Nationalsozialismus sah er die Möglichkeit eine dem Volk entsprechendere Form des Katholizismus zu verwirklichen.[21] Für ihn selbst ebenso wichtig war aber die Stoßrichtung gegen

---

13 Vgl. K. Adam, Das Wesen des Katholizismus, Düsseldorf ²1925, 27.
14 Vgl. ebd., 39.
15 H. Kreidler, Eine Theologie des Lebens. Grundzüge im theologischen Denken Karl Adams (TTS 29), Mainz 1988, 24.
16 S. Warthmann, Die Katholische Tübinger Schule. Zur Geschichte ihrer Wahrnehmung (Contubernium 75), Stuttgart 2011, 195–207.
17 É. Mersch, Le Corps mystique du Christ: Études de théologie historique, 2 Bde., Löwen 1933.
18 K. Adam, Rezension zu: É. Mersch, Le Corps mystique du Christ, in: ThQ 119 (1938) 237–241.
19 Vgl. E. Franz, Totus Christus. Studien über Christus und die Kirche bei Augustin [unveröff. Diss. Bonn], 1956.
20 Vgl. K. Adam, Wesen, 43f.
21 Vgl. L. Scherzberg, Kirchenreform mit Hilfe des Nationalsozialismus. Karl Adam als kontextueller Theologe, Darmstadt 2001.

die neuzeitliche Scholastik und die Jesuiten, für die Gnade etwas Unerfahrbares gewesen sei, hin zur Vätertradition; damit verbunden das Bekenntnis zur historisch forschenden deutschen Universitätstheologie gegen einen römischen Papalismus.[22]

Ähnlich einflussreich wie Adam, wenn auch von sehr unterschiedlichem Naturell, war der irenische, kulturbejahende Bonner Fundamentaltheologe Arnold Rademacher.[23] Sein Versuch, die geschaffene Natur als begnadet zu verstehen und damit einen falschen Gegensatz zwischen Natur und Gnade zu überwinden, wurde 1924 vom Hl. Offizium verurteilt und auf den Index der verbotenen Bücher gesetzt.[24] Sein ekklesiologischer Entwurf 1931 griff schon im Titel, *Kirche als Gemeinschaft und Gesellschaft* die damals vieldiskutierte[25] Unterscheidung von Ferdinand Tönnies (1855–1936)[26] auf:[27] Gemeinschaften sind organisch gewachsen, sie entstammen einer instinktiven, traditionalen Ordnung,

---

22 „Es ist für den Ernst und den Tiefgang der französischen Theologie und Frömmigkeit bezeichnend, daß in ihrem Bereich ein großes zweibändiges Werk über den mystischen Leib Christi nicht bloß geschrieben, sondern in der kurzen Spanne von drei Jahren neu aufgelegt werden konnte. Daß der Verfasser der Gesellschaft Jesu angehört, die ihrer theologischen Grundeinstellung nach einem seinsmäßigen, erst recht erfahrungsmäßigen Wirken der Gnaden ablehnend oder wenigstens zurückhaltend gegenübersteht und die darum der pulcherrima mysterii Jesu Christi corporis doctrina (Enc. De sacerdotio Christi, Pius XI.), welche nach ihren klassischen Vertretern Augustinus und Cyrill von Alexandrien gerade in der seins- und erfahrungsmäßigen Erfülltheit aller Gläubigen von dem einen Geist Christi gipfelt, kein ursprüngliches und unmittelbares Interesse entgegen bringen konnte, – gibt eine hinlängliche Gewähr dafür, daß die einschlägigen Zeugnisse der Väter und Theologen nicht im täuschenden Licht der eigenen Schul- und Lieblingsmeinungen, sondern sachlich überprüft und dargeboten werden." K. Adam, Rezension, 237f.
23 Vgl. A. Kolping, In Memoriam Arnold Rademacher: eine Theologie der Einheit, Bonn 1969; T. Ruster, Verlorene Nützlichkeit, 236–246.
24 Vgl. K. Unterburger, Vom Lehramt der Theologen zum Lehramt der Päpste? Pius XI., die Apostolische Konstitution „Deus scientiarum Dominus" und die Reform der Universitätstheologie, Freiburg/Br. 2010, 308–317.
25 Vgl. A. Baumgartner, Sehnsucht nach Gemeinschaft. Ideen und Strömungen im Sozialkatholizismus der Weimarer Republik (Beiträge zur Katholizismusforschung. B: Abhandlungen), München u. a. 1977.
26 Vgl. F. Tönnies, Gemeinschaft und Gesellschaft. Grundbegriffe der reinen Soziologie, Berlin ²1912. Die Erstauflage (Leipzig 1887) trug den Untertitel: „Abhandlung des Communismus und des Socialismus als empirischer Culturformen."
27 Vgl. A. Rademacher, Die Kirche als Gemeinschaft und Gesellschaft. Eine Studie zur Soziologie der Kirche (Kirche und Gesellschaft. Soziologische Veröffentlichungen des Katholischen Akademikerverbandes 5), Augsburg 1931.

Zweck und Mittel bilden eine Einheit, so dass Gemeinschaften niemals nur Mittel zum Zweck sind. Anders Gesellschaften, die freie Zusammenschlüsse zur Erlangung eines bestimmten Gutes und als solche zweckrational geplant sind. Rademacher übertrug dies auf die Kirche, die beides sei: Organismus und Organisation, Gemeinschaft und Gesellschaft. Organisch sei die unsichtbare, gnadenhafte Seite der Kirche, das Reich Gottes bzw. die Kirche als Leib Christi, die Verbindung mit Christus dem Haupt. Hier gehe die Ganzheit, die Kirche als der fortlebende Christus, dem Einzelnen voran, sei also mehr als die Summe seiner Teile. Die Kirche müsse aber auch sichtbar sein, brauche eine Organisation[28], den Zusammenschluss von Menschen, die Sichtbarkeit, durch die erst Arbeitsteilung und Autorität, konkrete Heilsgewissheit und verbindlicher Zusammenhang möglich werden. Auch hier die Einheit, der Parallelismus von Innen und Außen bei Rademacher, eine Gegensatzeinheit, die als ihr Lebensgesetz die Kirche notwendigerweise bestimmt.[29] Sie ist sichtbar und unsichtbar, unfehlbar und fehlbar, das Reich Gottes, das doch nie schon vollendet und immer erst im Kommen ist.[30] Dass in der Gegenwart die Frage nach der Kirche erwache, war für Rademacher ein Grund zur Hoffnung. Es gab kritikloses Folgen unter den Laien wie Leiden an der Kirche und Kirchenkritik. „Die Besten aber betrachten sich als Glieder an dem lebendigen, mystischen Leibe Jesu Christi, auch als Laien mit der Würde und Bürde des Laienpriestertums beglückt und belastet, an dem Wohl und Wehe des Reiches Gottes auf Erden innerlichst beteiligt."[31] Sie leiden an ihren Schwächen und denen der Kirche und arbeiten an der Reform von sich und am Ganzen.[32]

Guardini, Adam und Rademacher – so unterschiedlich diese Theologen und ihre theologischen Entwürfe waren, alle drei sahen im Bild vom Leib Christi die tiefere, innere, grundlegende Seite der Kirche, das zugleich einen Gegenentwurf zur Zersplitterung und instrumentellen, zweckrationalen Vernunft der modernen Zeit zum Ausdruck brachte. Damit war ein Geschichtsbild gegeben: Die Neuzeit mit ihrer Subjektivierung, Individualisierung und Rationalisierung war an ein Ende geraten. Das Organische, Ganzheitliche, Objektive war ein Kontrastmodell, das an

---

28 „In der Organisation wird der Organismus der Kirche sichtbar." Ebd., 155f.
29 Vgl. ebd., 162–175.
30 Vgl. ebd., 177–182.
31 Rademacher, Die Kirche als Gemeinschaft, 183f.
32 Vgl. ebd.

die alte Kirche anknüpfen wollte, und dem im postliberalen Zeitalter die Zukunft gehören werde, anders als der müde gewordenen, individualistischen Moderne. Ein Gegensatz zur Kirche als hierarchisch strukturierter, autoritativer Rechtsgemeinschaft war damit gerade nicht intendiert, auch wenn sich Rademacher doch auch eine Reform der Kirche erhoffte, geleitet von der Idealgestalt des Evangeliums und getragen vom Bewusstwerden der Würde aller Christen, Glieder am Leib Christi zu sein.

2. Überzeichnungen? Von Rom verurteilte ekklesiologische Entwürfe

Karl Adam hatte 1929 programmatisch festgestellt:

„Das Grundgeheimnis des Christentums, […] die Tatsache, daß Christus und seine Kirche ein einziger Leib sind, das Corpus Christi mysticum, als die vollendetste Verwirklichung der Heilsoffenbarung Gottes und der Inbegriff zugleich alles dessen, was die Erlösung an Heil und Gnade gebracht hat, dürfte für unsere Zeitverhältnisse sowohl der Einzelseele wie der Gesamtheit *die Heilsquelle* sein."[33]

So nimmt es kein Wunder, dass die Leib-Christi-Ekklesiologie Gegenstand zahlreicher Abhandlungen war, die den Begriff entweder exegetisch klären oder für die Pastoral fruchtbar machen wollten.

Die katholische Exegese hatte sich dabei vor allem mit Ernst Käsemanns (1906–1998) bei Rudolf Bultmann (1884–1976) verfasster Promotionsschrift über Leib und Leib Christi auseinanderzusetzen, die nicht nur Untersuchungen zu *sarx, soma* und *pneuma* als grundlegenden Begriffen einer paulinischen Anthropologie anstellte, sondern auch die ekklesiologische Metapher *soma Christou* bei Paulus historisch rekonstruieren wollte.[34] Auch 1 Kor 12 lasse sich – so wie der Epheser- und der Kolosserbrief, für die dies schon Heinrich Schlier (1900–1978) nachgewiesen habe[35] – nur aus der Bildwelt der Gnosis verstehen. Die

---
33 K. Adam, Die sakramentale Weihe der Ehe, Freiburg/Br. 1929, 9.
34 Vgl. E. Käsemann, Leib und Leib Christi. Eine Untersuchung zur paulinischen Begrifflichkeit (Beiträge zur historischen Theologie 9), Tübingen 1933
35 Vgl. H. Schlier, Christus und die Kirche im Epheserbrief (Beiträge zur historischen Theologie 6), Tübingen 1930.

Seelen werden der Versklavung in die materielle Welt entrissen und in einem pneumatischen Leib, der als Mittler die Seelen zum Himmel emportrage, in den Urmensch-Aion (nach Richard Reitzenstein [1861–1931]), vereinigt.[36] Ein griechisches Organismus-Denken lehnte er zu dessen Deutung ab, vielmehr meine Kirchesein so etwas wie Neue Schöpfung-in-Christus-Sein.[37] Mit der Ablehnung der Pseudepigraphiethese für den Kolosser- und Epheserbrief ging für die katholische Seite der Kampf gegen die Gnosis-These der Bultmann-Schule einher, so etwa beim Freiburger Neutestamentler Alfred Wikenhauser (1883–1960).[38] Auch der Münsteraner, in Duisburg und später in Drensteinfurt wirkende Priester Dr. Ludwig Deimel (1900–1970) wandte sich in seinem Werk *Leib Christi* gegen Schlier und Käsemann: Die Leib-Christi-Vorstellung sei nur ein Bild, ein Bild unter anderen Bildern.[39] Er sah in der Überbetonung dieser Vorstellung die Gefahr einer „Tilgung jeder Distanz und [...] Verwischung aller Unterschiede."[40]

Andere, wie der Freisinger Neutestamentler Donatus Haugg (1900–1943)[41], wollten Bedeutung und Wesensfülle der neutestamentlichen Lehre für die Menschen der Gegenwart erschließen, so der Untertitel seines Werks *Wir sind Dein Leib* aus dem Jahr 1937.[42] Zwar komme der Begriff *Corpus Christi mysticum* erst im 12. Jahrhundert auf, dennoch sei die Lehre des Paulus treffend durch ihn zusammengefasst.[43] Die Neuentdeckung der biblisch-urchristlichen Lehre bedeute in der Gegenwart „eine erfreuliche Auferstehung und notwendige Neubelebung. Es ist einer der fruchtbarsten und segensreichsten Gedanken, von denen christliche Frömmigkeit getragen und gespeist wird. Es geht

---

36 Vgl. E. Käsemann, Leib, v.a. 168–174.
37 Vgl. ebd., 183–186.
38 Vgl. A. Wikenhauser, Die Kirche als der mystische Leib Christi nach dem Apostel Paulus, Münster 1937; ders., Rezension zu: E. Käsemann, Leib und Leib Christi, in: Theologische Revue 33 (1934) 265–273.
39 Vgl. L. Deimel, Leib Christi. Sinn und Grenzen einer Deutung des innerkirchlichen Lebens, Freiburg/Br. 1940, v. a. 130–140.
40 Ebd., 88.
41 Zu seinem tragischen Schicksal nach seiner Entlassung im Sommersemester 1943 wegen „negativer politischer Beurteilung" vgl. M. Nickel, Die Philosophisch-Theologische Hochschule Freising, in: D. Burkard/W. Weiß (Hg.), Katholische Theologie im Nationalsozialismus. Bd. 1/1: Institutionen und Strukturen, Würzburg 2007, 419–443, hier: 437 f.
42 Vgl. D. Haugg, Wir sind Dein Leib. Die urchristliche Botschaft vom *Corpus Christi mysticum* in ihrer Wesensfülle und Bedeutung, München 1937.
43 Vgl. ebd., 75.

uns heute um das Wurzelechte der christlichen Religiosität; wir möchten von der Mitte her das, was Christentum im neutestamentlichen Verständnis, Christentum in der Urglut und Reinkultur ist, erfassen und auswirken."[44]

Von der Bedeutung der Lehre vom Leib Christi war auch der Gründungspfarrer von St. Augustinus in Berlin-Prenzlauerberg, Dr. Karl Pelz (1881–1962), durchdrungen. Sein Werk *Der Christ als Christus* eröffnete er mit den folgenden Sätzen:

> „Warum ich dieses Büchlein verfaßt habe? Weil es mich als Seelsorger drängt, das, was mich persönlich ergriffen und beglückt hat, auch anderen mitzuteilen. Und was hat eine solche Hochstimmung in meiner Seele hervorgerufen? Das Studium unserer Einverleibung in Christus, das mit der Feststellung endigte, daß wir Christen tatsächlich Christus geworden sind."[45]

Gestützt auf die Lehre der Väter, besonders auf diejenige des Cyrill von Alexandrien (ca. 375/380–444) in der Deutung des Münchener Pastoraltheologen und Georgianumsdirektors Eduard Weigl (1869–1960)[46], vertrat er einen Realismus bei der Deutung der Sätze „Christus in uns" und „Wir in Christus". Christus in seiner verklärten Menschheit sei das Haupt der Kirche. Pelz stellte sich selbst den Einwand, ob dadurch die Gnadenmittel der Kirche und die Realpräsenz Christi in der Eucharistie nivelliert würden, was er verneinte.[47] Dennoch wurde das Buch in Rom angezeigt und auf den Index der verbotenen Bücher gesetzt.

Einen physisch-mystischen Realismus der somatischen Gegenwart des verklärten Christus auch seiner Menschheit nach lehrte auch Ferdinand Kastner (1891–1962), eine der Gründergestalten der Schönstatt-Bewegung und 1951–1955 nach der Verbannung Josef Kenntenichs (1885–1968) aus Europa durch das Hl. Offizium auch deren Leiter, in seinem Werk *Marianische Christusgestalt der Welt*.[48] Auch der protestantische Berliner Neutestamentler Adolf Deißmann (1866–1937) in seiner

---

44 Ebd., 13.
45 K. Pelz, Der Christ als Christus [als Manuskript gedruckt], Berlin 1939.
46 Vgl. E. Weigl, Die Heilslehre des hl. Cyrill von Alexandrien, Mainz 1905.
47 Vgl. K. Pelz, Christ, 46–56.
48 Vgl. F. Kastner, Marianische Christusgestalt der Welt, Paderborn 1936; vgl. auch H. Schmidt, Organische Aszese, Paderborn 1938.

Paulusdeutung[49] und der Hauptpastor von St. Nikolai in Hamburg, Paul Schütz (1891–1985), vertraten in direkter Opposition zu Karl Barth die mystische Christusverbundenheit im Leib Christi als Kern des Evangeliums[50], was wiederum den katholischen Kölner Pfarrer und Ökumeniker Robert Grosche (1888–1967) in Schütz' Buch das wichtigste theologische Werk seiner Zeit sehen ließ.[51]

Auch in eine andere Richtung konnte die Rede von der Kirche als dem mystischen Leib Christi in den Augen des kirchlichen Lehramts gefährlich werden. Die Betonung der inneren, gnadenhaften Seite der Kirche, ihre Gottverbundenheit, konnte als idealer Maßstab interpretiert werden, gemessen an dem die sichtbare Kirche grundlegend erst noch zu reformieren sei. Die geistliche Seite der Kirche konnte Ausgangspunkt für die Kritik an einer erstarrten, juridisch-hierarchischen Ekklesiologie werden. Solche Tendenzen waren bei Heiler schon angelegt, wurden am einflussreichsten aber vom katholischen Philosophen Johannes Hessen (1889–1971) und vom geistlichen Gymnasiallehrer Dr. Oskar Schröder (1889–1974) ausgearbeitet, beide als Kurskollegen Münsteraner Priester und Schüler des Philosophen Max Scheler (1874–1928), der mit seinen soziologischen Aufsätzen im Hochland wichtige Anstöße zur Ausbildung der neueren Corpus Christi-Theologie gegeben hatte. Hessen und Schröder waren zentrale Gestalten des sog. „Rheinischen Reformkreises".[52] Unterstützt von Freunden ließen sie anonym 1937 ihr Werk *Der Katholizismus. Sein Stirb und Werde* erscheinen[53], dem 1940 ebenfalls anonym *Der Katholizismus der Zukunft* folgte.[54] Beide Bücher landeten schnell auf dem Index der verbotenen Bücher. Das religiöse Erleben müsse in seiner personalen Eigenart (*numen tremendum et fascinosum*) erfasst werden, da es bislang rationalistisch, moralistisch und naturalistisch durch die aristotelische Scholastik

---

49 Vgl. A. Deißmann, Paulus. Eine kultur- und religionsgeschichtliche Skizze, Tübingen ²1925.
50 Vgl. P. Schütz, Das Evangelium. Den Menschen unserer Zeit dargestellt, Berlin ²1940, v. a. 451–489.
51 Vgl. R. Grosche, in: Literarischer Ratgeber 37 (1940/41) 57.
52 Vgl. H. Wolf/C. Arnold (Hg.), Der Rheinische Reformkreis. Dokumente zu Modernismus und Reformkatholizismus. Nach Vorarbeiten v. U. Scharfenecker unter Mitarbeit v. A. Ochs u. B. Wieland, 2 Bde., Paderborn u. a. 2001.
53 Vgl. Der Katholizismus. Sein Stirb und Werde. Von katholischen Priestern und Laien, hg. v. G. Mensching, Leipzig 1937.
54 Vgl. Der Katholizismus der Zukunft. Aufbau und kritische Abwehr. Von katholischen Theologen und Laien, hg. v. H. Mulert, Leipzig 1940.

verfälscht werde. Die Kirche vermittle übernatürliche Kraft im Leib Christi, echte religiöse Erfahrung; die rechtliche Dimension müsse dem dienen.[55] Daraus ergeben sich Reformaufgaben und Forderungen für die neue Zeit, in der die Laien mündig werden sollten.[56]

3. Die theologische Kritik an der Leib-Christi-Ekklesiologie

Die römischen Verurteilungen waren eingebettet in eine breit einsetzende Kritik am ekklesiologischen Leib-Christi-Denken bzw. an dessen Übertreibungen, besonders aus den Reihen der eher neuscholastisch orientierten Ordenstheologen. Kritisch wurde einerseits eine angeblich übertriebene Identifikation von Christus und den Christen gesehen, also ein auf die Väter gestützter physischer Realismus; oder aber das Abrücken von der apologetischen Ekklesiologie der Neuscholastik und die damit verbundene ökumenische bzw. reformkatholische Öffnung. Der Franziskaner Oswald Holzer (1906–1987) etwa kritisierte eine falsche Rezeption Cyrills von Alexandrien.[57] Falsche Vorstellungen von mystischer Verschmelzung, von physischer Einheit mit Christus seien lutherischen Ursprungs.[58] Diese protestantischen Lehren würden von Kastner und Pelz in den Apostel Paulus hineingetragen, wobei der Exeget Donatus Haugg – plagiierend – die mystische Paulus-Interpretation Albert Schweitzers (1875–1965) einfach abgeschrieben habe.[59]

Die Kritik wurde gebündelt und aufgenommen im Memorandum, das der Freiburger Germaniker-Erzbischof Conrad Gröber (1872–1948, seit 1932 Erzbischof von Freiburg) am 18. Januar 1943 an den deutschen

---

55 Vgl. Katholizismus. Sein Stirb und Werde, 184.
56 Vgl. ebd., 197–235.
57 Vgl. O. Holzer, „Christus in uns". Ein kritisches Wort zur neueren Corpus-Christi-Mysticum-Literatur, in: Wissenschaft und Weisheit 8 (1941) 24–35.64–70.93–105. 130–136, hier: 64–70. Neben Kastner wird auch die Cyrill-Interpretation in der Dissertation des Münchener Liturgiewissenschaftler E. Weigl, Heilslehre, kritisiert. Ebd., 67–70.
58 „Nach diesen Feststellungen ist also das Lehrstück von der somatischen Dauergegenwart des erhöhten Herrn in Uns nicht, wie Kastner und andere meinen, alt-, sondern neuchristlicher Herkunft, nicht katholischen, sondern lutherischen Ursprungs [...]." Ebd., 94f.
59 Vgl. ebd., 97–104.

Episkopat richtete.[60] Gestützt auf die genannte Kritik zeigte er sich über die einseitige Bevorzugung der östlichen Patristik ebenso besorgt wie über die ökumenische Öffnung zu den Protestanten und die Kritik an der neuzeitlichen Ekklesiologie der *societas perfecta*.[61] Auch die „neue mystische Haltung innerhalb unserer Theologie"[62] lehnte er ab, insbesondere die „erschreckend aufblühende" „Christusmystik"[63]. Die Lehre von der Kirche als mystischem Leib Christi werde oft einseitig gegen die katholische Lehre von der menschlichen Mitwirkung ausgelegt.[64]

Zwei prominente Jesuiten schlossen sich der Kritik an, differenzierten aber stärker und sahen berechtigte Anliegen. Erich Przywara (1889–1972) gab Deimel Recht, dass man die Bedeutung der Leib-Christi-Idee übertrieben habe und deren physisch-realistische Auslegung falsch sei. Er kritisierte, dass diese durch die neueren philosophischen Einflüsse, v. a. Schelers, und durch das „unklare" romantisierende Frühwerk Johann Adam Möhlers (1776–1832) *Die Einheit*[65] in falsches Fahrwasser geraten sei.[66] Matthias Joseph Scheeben (1835–1888) habe die Leib-Christi-Ekklesiologie nur teilweise klären können[67]; hinzu sei eine romantisch-mystische Ostkirchenbegeisterung getreten.[68] Dennoch sei „Leib Christi" nicht einfach ein Bild neben anderen; es entwickle sich, ähnlich wie „Braut Christi", aus der Heilsgeschichte und stehe am Anfang einer großen theologischen Tradition.[69] So gelte es, das

---

60 Vgl. Memorandum des Freiburger Erzbischofs Conrad Gröber vom 18. Januar 1943, in: T. Maas-Ewerd, Die Krise der Liturgischen Bewegung in Deutschland und Österreich. Zu den Auseinandersetzungen um die „liturgische Frage" in den Jahren 1939 bis 1944 (Studien zur Pastoraltheologie 3), Regensburg 1981, 540–569.
61 Vgl. ebd., 544–547.
62 Ebd., 548.
63 Ebd., 550.
64 Vgl. ebd., 552–554.
65 Vgl. J. A. Möhler, Die Einheit in der Kirche, oder das Princip des Katholicismus, dargestellt im Geist der Kirchenväter der drei ersten Jahrhunderte, Tübingen 1825.
66 Vgl. E. Przywara, Corpus Christi mysticum – eine Bilanz, in: Geist und Leben 15 (1940) 197–215.
67 Vgl. ebd., 201f.
68 Vgl. ebd., 202f.
69 „Wie die ‚Tochter Sion' im Alten Bund ‚Braut' Gottes ist, um Ihm der fruchtbare ‚Leib' Seiner ‚Kinder' zu sein, so erfüllt sich dies in das vollkommene Eins zwischen Christus und der Kirche: in der inneren Konvergenz zwischen dem Brautmotiv der Propheten und des Hohenliedes einerseits und anderseits den Hochzeitsgleichnissen der Evangelien und dem Motiv von ‚Gemahl' und ‚Leib' in den. großen Paulinen, hinein

Bild zu klären, nicht es zu verwerfen. Teilhabe und Identität müssen mit Ungleichheit und unendlichem Abstand zusammengedacht werden; die Kirche sei Werkzeug und „ein-geeint" mit Christus.[70] Die *Analogia entis* bilde den Schlüssel zur Deutung auch dieses Begriffs. Auch ein anderer Jesuit, Karl Rahner (1904–1984), übte lediglich an Übertreibungen, an einem physischen Realismus in der Identitätsbeziehung zwischen Christus und den Christen, Kritik, während docj bereits Johann Baptist Franzelin (1816–1886) als Denker des I. Vatikanums *corpus Christi* zu Recht als die Definition der Kirche bezeichnet habe.[71] Gefährlicher als die Übertreibungen von Pelz, Haugg und Kastner erschien Rahner der Antiintellektualismus und Neomodernismus der Gruppe um Johannes Hessen, die kirchenamtlich verurteilte Lehren und Reformforderungen repristinierten. In ausführlichen Rezensionen grenzte sich Rahner von solchen Forderungen nach Veränderungen in der Kirche scharf ab.

Viel diskutiert wurde die Kritik der Corpus Christi-Ekklesiologie des Dominikaners Mannes Dominikus Koster (1901–1981).[72] Die Ekklesiologie befinde sich – so in seiner polemischen Programmschrift *Ekklesiologie im Werden* – in der Gegenwart noch immer in einem vortheologischen Zustand.[73] Einzelne Bilder oder Begriffe würden einseitig herausgegriffen,

---

70 Vgl. ebd., 212–215.
71 „Sobald aber wieder die dogmatische Betrachtung des verborgenen, übernatürlichen Wesens der Kirche mehr gepflegt werden konnte, weil eine apologetische Bekämpfung des alten Protestantismus und des modernen protestantischen Liberalismus in dieser Frage angesichts der heutigen Lage des Protestantismus keine vordringliche Aufgabe mehr ist, konnte die allein vom Rechtlich-Sichtbaren der Kirche her genommene ‚Definition' der Kirche nicht mehr voll befriedigen. Selbst ein so konservativer Theologe wie H. Dieckmann, der die fundamentaltheologische Grundlegung der Lehre von der Kirche so meisterhaft durchgeführt hat, zitiert zustimmend das Wort Kardinal Franzelins, des großen päpstlichen Theologen am Vatikanischen Konzil: Unde hic modus considerandi Ecclesiam (velut Corpus Christi) non solum apud sanctos Patres et docotores communis est, sed etiam populo christiano familiaris, eoque manifestior eius praestantia, ut fere dici possit *christiana definitio Ecclesiae* …". K. Rahner, Theologische und philosophische Zeitfragen im katholischen deutschen Raum (1943), hg., eingel. u. komm. v. H. Wolf, Ostfildern 1994, 139.
72 Vgl. M. D. Koster, Ekklesiologie im Werden, Paderborn 1940; T. Czopf, Neues Volk Gottes? Zur Geschichte und Problematik eines Begriffs (MThS.S 78), Sankt Ottilien 2016, 207–215; G. Bergner, Volk Gottes. Entstehung, Rezeption und Aktualität einer ekklesiologischen Leitmetapher (Bonner Dogmatische Studien 58), Würzburg 2018, 21–42; P. Napiwodzki, Eine Ekklesiologie im Werden. Mannes Dominikus Koster und sein Beitrag zum theologischen Verständnis der Kirche, Fribourg 2005.
73 Vgl. M. D. Koster, Ekklesiologie, 15.

anstatt aus einem klar definierten und deduzierten Wesensbegriff „Kirche" ihre Eigenschaften, Strukturen und Aufgaben abzuleiten.[74] Einseitig werde ihre innerliche und mystische Seite betont, wobei der „Heilspersonalismus" des Augustinus hier den entscheidenden falschen Akzent gesetzt habe, der Paulus noch ferngelegen war.[75] Im 19. Jahrhundert habe dieser eine verhängnisvolle Wirkung entfaltet, besonders bei Matthias Joseph Scheeben[76], sei aber vom I. Vatikanum korrigiert worden.[77] In der Liturgie komme aber der Begriff des *populus Dei* nicht nur häufiger[78] vor als *corpus Christi*; er sei auch umfassender und exakter, gerade wegen seiner Bildlosigkeit.[79] Er korrigiere die Ideologie des begnadeten Einzelmenschen und den Aktivismus, der Kirchenbilder bestimme, die wie „Leib Christi" einseitig an der Liturgie orientiert seien. Durch die sakramentalen *charactere* (Taufe, Firmung, Ordo) und die Charismen sei dieses Volk gegliedert.[80] Die umfassende und klare Konzeption des Volk Gottes[81] sehe die Kirche als Gemeinschaft, die in heilsgeschichtlicher Kontinuität („Gegenbild" und „Erfüllung") zum Volk Israel stehe.[82]

---

74 Vgl. ebd., 17f.
75 „Der Grund dafür liegt in dem heilspersonalistischen Ethos Augustins, das ihn das persönliche Heilsprinzip, die caritas, ganz einseitig voranstellen ließ gegenüber dem volk- und gliedhaften sozialen Heilsprinzip, den sakramengtalen Charakteren. Das führt ihn notwendig zu der Auffassung ‚corpus Christi', ‚sponsa Christi', ‚mater Ecclesia', ‚sancta Ecclesia' bedeutet die unsichtbare personalistische Liebesgemeinschaft, und ließ ihn herabschauen auf das bloße ‚Volk Gottes', das aufgrund des Taufcharakters entsteht [...]. Für ihn ist und bleibt die Kirche eigentlich nur jenes corpus der persönlich Erlösten im Unterschied zum corpus Adam der persönlich Unerlösten, wogegen sie nach der Auffassung Pauli und der Gesamtkirche das corpus der erst sozial-gliedhaft Erlösten ist, durch das Einzelne persönlich erlöst werden *kann* und soll." Ebd., 60f.
76 Vgl. ebd., 32–34.60–63.111.
77 Vgl. ebd., 63f.
78 Vgl. ebd., 37f.
79 „Unter den Voraussetzungen dieser Grundsätze war die Feststellung unvermeidlich, daß die heutige Corpus-Christi-Richtung wie auch die Kultgemeinschafts-Richtung als ‚Wege' der Ekklesiologie wegen ihrer Sinngebung von ‚Corpus Christi' meist schon im Ansatz verfehlt sind. Beide nehmen nämlich nicht den methodischen Ausgangspunkt von der deutlichen und bildlosen Sachbezeichnung der Kirche: ‚Volk Gottes'. Es ist aber für uns Menschen unmöglich, *nur* von Bildern aus, die viel weniger bedeuten als jede Sachbezeichnung, trotz ihres größeren Eindrucks auf die Einbildungskraft, jemals einer Sache gedanklich habhaft werden." Ebd., 144f.
80 Vgl. ebd., 44–47.
81 Vgl. ebd., 145–148.
82 Vgl. ebd., 146.

4. Fazit und Ausblick

In den konträren Positionen der Debatte um die Kirche als Leib Christi verbanden sich unterschiedliche pastorale Strategien mit unterschiedlichen Geschichtsbildern. Adam, aber auch Guardini, wollten der individualistischen Neuzeit die organisch-hierarchische Kirche als echte Gemeinschaft entgegenstellen, der am Ende der Neuzeit wieder die Zukunft gehören sollte. Die Gruppe um Hessen, in gewisser Weise aber auch Pelz, wollten die äußere Rechtskirche reformieren oder zumindest in ihrer Einseitigkeit überwinden zugunsten eines Katholizismus der Zukunft, der auf biblisch-frühkirchliche Konzepte gründete. Gegner der Leib-Christi-Ekklesiologie wie Koster oder Holzer sahen in dieser kein Anknüpfen an alte Traditionen, sondern einseitige Neuerungen und protestantische Einflüsse, die Gefahr eines rein innerlichen Mystizismus. Auch andere theologische Fragen, etwa die nach der Paulus- und Augustinusdeutung und die Frage der mit Augustinus verbundenen Lehre von der Ungeschuldetheit der übernatürlichen Erwählung und Gnade, flossen ein.[83]

Mit dem Neuerungsvorwurf hatten beide Seiten in gewisser Weise Recht: Die Vertreter des Leib-Christi-Denkens, da sie an Schrift und Väter anknüpften, während die apologetisch-juridische Zuspitzung der Ekklesiologie, die Kirche als dem Staat gegenüberstehende *societas perfecta*, die an den *notae ecclesiae* sicher erkennbar war und die durch die souveräne, päpstliche Spitze unfehlbare letztinstanzliche Gewissheit garantieren könne, neuzeitlichen Ursprungs war.[84] Ihre Gegner aber ebenso, weil seit dem Spätmittelalter erst eine allmähliche Theologisierung der Ekklesiologie einsetzte, die immer mehr von den Juristen zu den Theologen hinüberwanderte und immer mehr – man denke an die ignatianisch-jesuitische Spiritualität – selbst zum Gegenstand der Verehrung und Frömmigkeit wurde. Insofern knüpfte auch das Erwachen der Kirche in den Seelen an die Frühe Neuzeit an.[85]

---

83 Vgl. K. Adam, Ekklesiologie im Werden? Kritische Bemerkungen zu M. D. Kosters Kritik an den ekklesiologischen Versuchen der Gegenwart, in: ThQ 122 (1941) 145–166; H. Kreidler, Theologie, 288–293.
84 Vgl. G. Thils, Les notes de l'église dans l'apologétique depuis la réforme, Gembloux 1937; C. Fantappiè, Chiesa romana e modernità giuridica (= Per la storia del pensiero giuridico moderno 76), Bd. 1, Mailand 2008, 91f.
85 Vgl. A. Knoll, „Derselbe Geist". Eine Untersuchung zum Kirchenverständnis in der Theologie der ersten Jesuiten (Konfessionskundliche und kontroverstheologische Studien 74), Paderborn 2007; K. Unterburger, Kirche in Rom – Kirche vor Ort. Zur

Die Enzyklika *Mystici corporis* hat am 29. Juni 1943 die Debatte zu einem gewissen Abschluss gebracht.[86] Sie bestätigte das Bild von der Kirche als mystischen Leib Christi und damit als Gnadengemeinschaft, freilich verbunden mit einer streng römisch-monarchischen, äußeren Kirchenverfassung, innerhalb derer alle Jurisdiktion allein vom Papst zugeteilt wird.[87] Nur wer diesem unterworfen war, war Glied der katholischen Kirche, also des *Corpus Christi mysticum*.[88] Es war die Vorstellung von der Kirche als Leib Christi ohne die mystisch-physische Gnadenidentifikation von Pelz und ohne die strukturellen Reformpostulate Hessens, letztlich ein Anknüpfen an die Entwürfe des I. Vatikanums, wenn auch mit einer gewissen antirassistischen Stoßrichtung, die die völkerverbindende Kraft der Kirche betonte.

Die nachfolgende Entwicklung vertiefte Elemente, die in der Debatte der Vorkriegszeit bereits diskutiert wurden: die heilgeschichtliche Sicht auf die Kirche und Israel im Begriff des Volkes Gottes, eine sakramentale Deutung der Kirche aus der sich deren Zeichenhaftigkeit mit der Zuordnung von Innen und Außen entfalten ließ und die Entdeckung einer eucharistischen Ekklesiologie, die etwa zeitgleich in den 1940er Jahren Henri de Lubac (1896–1991) und Nikolaj Afanas'ev (1883–1966) konzipierten.[89] Hier wurde nicht nur deutlich, dass *mysticus* gar kein alktkirchliches Epitheton der Kirche war, sondern auch die

---

Rolle des Papsttums in der Religiosität der Frühen Neuzeit, in: S. Weinfurter u. a. (Hg.), Die Päpste IV: Die Päpste und ihr Amt zwischen Einheit und Vielheit in der Kirche. Theologische Fragen in historischer Perspektive, Regensburg 2017, 165–181.
86 Vgl. Pius XII., *Mystici corporis*.
87 „… id tamen dum faciunt, non plane sui iuris sunt, sed sub debita Romani Pontificis auctoritate positi, quamvis ordinaria iurisdictionis potestate fruantur, immediate sibi ab eodem Pontifice Summo impertita." Ebd., 211f.
88 „In Ecclesiae autem membris reapse ii soli annumerandi sunt, qui regenerationis lavacrum receperunt veramque fidem profiitentur, neque a Corporis compage semet ipsos misere separarunt, vel ob gravissima admissa a legitima auctoritate seiuncti sunt." Ebd., 202. In einem einflussreich gewordenen Aufsatz hat Karl Rahner die Lehre von der Kirchengliedschaft nach der Enzyklika analysiert und die Möglichkeit herausgearbeitet, wie Gnade und Heilsmöglichkeit für Menschen auch außerhalb der Kirche denkbar sind. Für diese ist die Kirche mittelhaft heilsnotwendig; obwohl sie sich auußerhalb der Kirche befinden, können sie durch diese zum Heil gelangen. K. Rahner, Die Zugehörigkeit zur Kirche nach der Lehre der Enzyklika Pius' XII. Mystici corporis Christi, in: ZKTh 69 (1947) 129–188.
89 Vgl. A. Nichols, Theology in the Russian Diaspora. Church, Fathers, Eucharist in Nikolai Afanas'ev (1893–1966), Cambridge 1989; P. Mc Partlan, The Eucharist makes the Church. Henri de Lubac and John Zizioulas in Dialogue, Edinburgh 2006; P. Plank, Die Eucharistieversammlung als Kirche. Zur Entstehung und Entfaltung der

enge Wechselwirkung, nach der nicht nur die Kirche die Eucharistie, sondern auch die Eucharistie die Kirche schaffe.[90] Damit schien die Gnadengemeinschaft des Leibes Christi zugleich immer äußere, hierarchisch geleitete Rechtsgemeinschaft zu sein, das mystische und das soziologische Element waren gleichursprünglich. Zugleich schien die Möglichkeit gegeben, Kirchenzugehörigkeit nicht mehr nur allein von der Unterordnung unter dem Papst abhängig zu machen und die Zuordnung von Orts- und Gesamtkirche neu zu bedenken. Dies sind die Debatten, die noch in der Gegenwart geführt werden.[91]

Eucharistischen Ekklesiologie Nikolaj Afanas'evs (1883–1966) (Das östliche Christentum. NF 31), Würzburg 1980.
90 Vgl. H. de Lubac, Corpus mysticum. L'Eucharistie et l'Église au Moyen-Âge. Étude historique, Aubier/Montaigne 1944.
91 Vgl. K. Unterburger, Ecclesia de Eucharistia? Der Zusammenhang zwischen Eucharistiefeier und Kirchenstruktur in theologiegeschichtlicher Betrachtung, in: S. Kopp/B. Kranemann (Hg.), Gottesdienst und Kirchenbilder. Theologische Neuakzentuierungen (QD 313), Freiburg/Basel/Wien 2021, 57–83.

Die Kirche als mystischer Leib Christi
Zum ekklesiologischen Leitbild bei Pius Parsch

Stefan Kopp

Nach Andreas Heinz (* 1941) ist „der paulinische Gedanke von der Kirche als dem mystischen Leib Christi"[1] beim Klosterneuburger Augustiner-Chorherrn Pius Parsch (1884–1954) das ekklesiologische Leitbild, welches dieser vor allem in seinem grundlegenden Band *Volksliturgie*[2] von 1940 bzw. (als erweiterte Zweitauflage) 1952 entfaltet. Darin formuliert er mit Blick auf biblische Grundlagen der Metapher programmatisch:

> „Paulus [...] hat ein [...] Gleichnis geschaffen, das ein Lieblingsgedanke seiner ganzen Theologie ist: Die Kirche als Leib Christi. Christus ist das Haupt, die Kirche der Leib, die Christen sind die Glieder. Die Glieder müssen mit dem Leib verbunden sein, sonst sterben sie ab, die Glieder haben verschiedene Verrichtungen, alle Glieder dienen dem Leib. Auch das mindeste von ihnen hat für den Leib eine Aufgabe: Wieder die Kirche in Christus."[3]

Andreas Redtenbacher (* 1953) hat darauf hingewiesen, dass neben der paulinischen Theologie in diesem Bereich vor allem die Gnadenlehre von Matthias Scheeben (1835–1888) großen Einfluss auf Pius Parsch

---

1 A. Heinz, Volksliturgische Reformen im Bistum Trier im Geist Pius Parschs während der Hoch- und Krisenzeit der Liturgischen Bewegung, in: W. Bachler/R. Pacik/A. Redtenbacher (Hg.), Pius Parsch in der liturgiewissenschaftlichen Rezeption. Klosterneuburger Symposion 2004 (PPSt 3), Würzburg 2005, 57–83, hier: 61.
2 P. Parsch, Volksliturgie. Ihr Sinn und Umfang (PPSt 1), Würzburg 2004. Hierbei handelt es sich um einen unveränderten Nachdruck der erweiterten Zweitauflage des Werkes von 1952 (Erstausgabe: Klosterneuburg – Wien 1940). Die entsprechenden Seitenzahlen der Erstausgabe und damit zutage tretende Unterschiede in den Textfassungen werden in den folgenden Anmerkungen extra vermerkt. Einige wesentliche Aussagen zur Thematik dieses Beitrags darin gehen auf ein Referat von Parsch bei der Wiener Seelsorgertagung vom 26. bis zum 29. Dezember 1933 unter der Überschrift „Die lebendige Pfarrgemeinde" zurück.
3 P. Parsch, Volksliturgie, 296 [Erstausgabe: 315].

hatte.⁴ Bei diesem werde „[d]ie Gemeinde [...] zu einer Größe von theologischer Dignität, zum konkreten Leib Christi, durchflutet durch das Leben der Gnade, das in ihr waltet und das sie eint"⁵. Bezugspunkt der metaphorischen Rede von der Kirche als mystischer Leib Christi bei Pius Parsch ist also die Pfarre bzw. Pfarrgemeinde, weniger die Universal- und/oder die Teilkirche.⁶ Was sich theologiegeschichtlich schon in den unterschiedlichen Debatten der Zwischenkriegszeit im größeren Kontext zeigt,⁷ konkretisiert der Augustiner-Chorherr primär für das ekklesiologische und liturgietheologische Verständnis vor Ort und positioniert sich – mit eigenen Akzenten – grosso modo im theologischen Mainstream seiner Zeit, der sich auf lehramtlicher Ebene später u. a. in den Enzykliken *Mystici Corporis*⁸ (1943) und *Mediator Dei*⁹ (1947) von Papst Pius XII. (1939–1958) manifestiert. Die *Volksliturgie* steht für jenen ekklesiologisch und liturgietheologisch auf zwei Säulen: der Leib-Christi-Ekklesiologie und dem gemeinsamen Priestertum aller Gläubigen.¹⁰

Viele Jahrzehnte nach dem Siegeszug der biomorphen Kirchenmetapher des Leibes zur Zeit Pius Parschs – primär vor dem Zweiten Vatikanischen Konzil (1962–1965) – ist ihre Geltung im theologischen Diskurs längst umstritten.¹¹ Was besagt dieses ekklesiologische Leitbild bis

---

4 Dazu Parsch in seinem Werk *Volksliturgie*: „Viel half mir das herrliche Werk von Scheeben: Die Herrlichkeiten der göttlichen Gnade; dieses Buch ist nicht eine wissenschaftliche Dogmatik, sondern eine volkstümliche Darstellung der Gnade; ich möchte es jedem Seelsorger dringendst empfehlen." (P. Parsch, Volksliturgie, 260 [nicht in der Erstausgabe]) – Vgl. dazu eingehend den Beitrag von U. Schumacher in diesem Band.
5 A. Redtenbacher, Der Einfluss von Pius Parsch in der Liturgiekonstitution des II. Vatikanischen Konzils, in: ders. (Hg.), Neue Beiträge zur Pius-Parsch-Forschung (PPSt 8), Würzburg 2014, 9–28, hier: 17f.
6 Zum ekklesiologischen Ansatzpunkt bei der Gemeinde bzw. Pfarrgemeinde vgl. den Beitrag von R. Meßner in diesem Band.
7 Vgl. dazu den Beitrag von K. Unterburger in diesem Band.
8 Pius XII., Enzyklika *Mystici Corporis*, 29. Juni 1943, in: AAS 35 (1943) 193–248.
9 Pius XII., Enzyklika *Mediator Dei*, 20. November 1947, in: AAS 39 (1947) 521–595.
10 Vgl. dazu auch B. J. Krawczyk, „Der neue Laientyp" – christologische und ekklesiologische Grundlagen der aktiven Teilnahme der Laien an der Liturgie nach Pius Parsch, in: W. Bachler/R. Pacik/A. Redtenbacher (Hg.), Rezeption, 140–167, hier: 143–147.
11 Vgl. die fundierte Reflexion der Thematik auf dem aktuellen Stand des theologischen Diskurses in: M. Remenyi/S. Wendel (Hg.), Die Kirche als Leib Christi. Geltung und Grenze einer umstrittenen Metapher (QD 288), Freiburg/Br. 2017.

heute an bleibend Wichtigem und wo sind seine Grenzen? Gelingt eine Reform bzw. Rekonfiguration[12] oder Neucodierung der Metapher auf biblischer Basis, oder hat sie ihre Aussage und Bedeutung aufgrund ihrer Wirkungsgeschichte – vor allem wegen ihrer Missbrauchsanfälligkeit – endgültig eingebüßt und kann deshalb heute nicht mehr überzeugen bzw. auch nicht mehr guten Gewissens verwendet werden? Einige Beobachtungen zu Verwendung bzw. Konkretion der Metapher von der Kirche als Leib Christi bei Pius Parsch sollen deshalb als Basis für eine kritische Einordnung und Würdigung seiner ekklesiologischen und liturgietheologischen Überlegungen heute dienen.

1. Beobachtungen zu Verwendung bzw. Konkretion der Metapher

1.1 Die Pfarrfamilie als Leib Christi

In seinem „Mindestprogramm der volksliturgischen Erneuerung"[13] nennt Parsch als fünften Punkt den Aufbau der „[l]ebendige[n] Pfarrfamilie": „Der Pfarrer ist das Haupt dieser Familie, die Pfarre selbst das Corpus Christi mysticum im Kleinen."[14] Ausgangs- bzw. Bezugspunkte dafür sind Taufbrunnen und Altar, also die christliche Initiation als Befähigung zum christlichen Leben und Feiern. Sollte das Ideal einer liturgisch lebendigen Pfarre nicht erreichbar sein, kann sich der Augustiner-Chorherr als vorläufige Notlösung auch eine „liturgische Gemeinde" vorstellen, „die außerhalb oder über der Pfarre"[15] stehe und mit der die liturgisch Begeisterten von einem Priester gesammelt werden können, der dafür von der regulären Pfarrseelsorge freigestellt werden solle. Der vollzogene Paradigmenwechsel verdankt sich nach Parsch den liturgischen Aufbrüchen seiner Zeit, wenn er in seiner *Volksliturgie* schreibt:

„Die liturgische Bewegung hat uns erst wieder die großen Güter unserer Kirche zu Bewußtsein gebracht: das Corpus Christi mysticum;

---

12 Zu Bedeutung und Verwendung des Begriffs vgl. die wichtigen Differenzierungen in: M. Seewald, Worüber wird gestritten, wenn Glaubenslehren sich entwickeln? Ein kontingenztheoretischer Vorschlag, in: MThZ 69 (2018) 279–287, hier: 284–287.
13 P. Parsch, Volksliturgie, 140 [Erstausgabe: 57].
14 Ebd., 145 [Erstausgabe: 63].
15 Ebd., 149 [Erstausgabe: 73].

das göttliche Leben der Gnade, Jesus Christus, den Sinn der Sakramente. Wir sind aus unserer apologetischen Abwehrstellung zur positiven Erfassung unserer Religion gekommen. Jetzt erst waren wir imstande, Peripherisches vom Wesentlichen zu unterscheiden. [...] Wir wissen jetzt, daß die Seelsorge die Sorge um das heilige Leben der Gnade ist, daß also Seelsorge mit der Liturgie innig verbunden sein muß."[16]

Damit verknüpft Pius Parsch die Konzeption der Kirche als mystischer Leib Christi mit einer lebendigen Seelsorge, die in der (Beteiligung aller Gläubigen an der) Liturgie ihre prägende Mitte hat. Spätestens ein Jahr vor Veröffentlichung der *Volksliturgie* wird dafür das Programmwort einer „Seelsorge vom Altare her"[17] zum ersten Mal verwendet und sollte in der Folge zu einem wichtigen hermeneutischen Schlüssel des Selbstverständnisses in der pastoralen Praxis jener Zeit werden. Seelsorge in diesem Sinne ist für Parsch „Dienst am Leibe Christi"[18], den er an anderer Stelle folgendermaßen definiert:

„Kirche ist nach dem Willen Christi die Gemeinschaft der Begnadigten; diese darf sogar den zweiten irdischen Leib Christi bilden und bauen, den mystischen Leib oder Gnadenleib. Nur die Gnade erzeugt die Kirche."[19]

Die Betonung der Gnade führt dazu, dass die Pfarrfamilie als konkrete Ausformung des *Corpus Christi mysticum* bei Parsch als fast schon übernatürliche Gemeinschaft der Begnadeten erscheint. Es ist für ihn sogar

---

16 Ebd., 148 [Erstausgabe: 71].
17 E. Walter, Seelsorge vom Altare her, in: Jahrbuch katholischer Seelsorge, Hildesheim 1939, 66–80. – Wiederaufgegriffen und weitergedacht in: W. Haunerland, „Seelsorge vom Altare her". Liturgie in Zeiten der Seelsorgeräume, in: P. Hofer (Hg.), Aufmerksame Solidarität. FS Bischof M. Aichern, Regensburg 2002, 75–93, hier bes.: 76–78; S. Kopp, Gottesdienst ist nicht alles, aber ohne Gottesdienst ist alles nichts. Liturgische Vielfalt in Zeiten der Veränderung, in: ThGl 107 (2017) 354–370, hier bes.: 364; zum Verständnis im Kontext der Liturgischen Bewegung insgesamt vgl. A. Schilson, Die Liturgische Bewegung. Anstöße – Geschichte – Hintergründe, in: K. Richter/A. Schilson (Hg.), Den Glauben feiern. Wege liturgischer Erneuerung (Rothenfelser Reihe), Mainz 1989, 11–48; T. Maas-Ewerd, Was wollte die Liturgische Bewegung? Zu den liturgischen Entwicklungen in den Jahren zwischen den beiden Weltkriegen, in: EuA 69 (1993) 223–246.
18 P. Parsch, Volksliturgie, 186 [nicht in der Erstausgabe].
19 Ebd., 256 [nicht in der Erstausgabe].

denkbar, dass der Pfarrer nicht Teil der Pfarre ist, falls dieser nicht „begnadet" ist.[20] Der Klosterneuburger Chorherr formuliert zugespitzt:

> „Gäbe es auf der ganzen Erde keine Bischöfe, Priester, keine Christen, wohl aber auf einer fernen Insel zwei begnadigte Menschen, so wären diese die Kirche."[21]

Die Eingliederung in den mystischen Leib Christi durch die Tauffeier solle keinesfalls nur im privaten Rahmen geschehen, sondern ausschließlich eine Angelegenheit der ganzen Pfarrgemeinde sein.[22] Für Parsch enthält in diesem Zusammenhang der Satz „Ich glaube (an) die Gemeinschaft der Heiligen" im Apostolischen Glaubensbekenntnis eine ekklesiologische Kernaussage, die er für sein Konzept der Kirche als mystischer Leib Christi aufgreift und weiterdenkt. Den Sinn dieser Kernaussage sieht er darin, „daß diese Heiligen oder Geheiligten in inniger, sagen wir genauer, in metaphysischer Gemeinschaft verbunden sind, in der Gemeinschaft des Leibes Christi"[23]. Seine Umschreibung und weiterführende Konkretion des Glaubenssatzes für hier und jetzt lautet daher:

> „Ich glaube an die Kirche als den mystischen Leib Christi, in dem alle Glieder des dreiteiligen Gottesstaates zur Gemeinschaft verbunden sind. Gewiß läßt sich aus diesem Satz die Folgerung ziehen, daß die Heiligen im Himmel uns und den Seelen im Jenseits helfen. Doch das ist keineswegs die einzige und wichtigste Forderung. Die wichtigste ist jedenfalls die, daß wir Christen untereinander in der Gemeinschaft des Leibes Christi stehen."[24]

Diese Gemeinschaft des Leibes Christi realisiert sich für Pius Parsch primär auf pfarrlicher Ebene. Was Theologie und Lehramt seiner Zeit für die Kirche insgesamt definieren, das konkretisiert er in Analogie dazu über die Kirche vor Ort und formuliert:

---

20 Vgl. M. Schneiders, Tauftheologie und Taufpraxis in der vorkonziliaren Liturgischen Bewegung bei Pius Parsch, in: A. Redtenbacher (Hg.), Beiträge, 133–204, hier: 145.
21 P. Parsch, Volksliturgie, 256 [nicht in der Erstausgabe].
22 Vgl. M. Schneiders, Tauftheologie, 167.173.
23 P. Parsch, Volksliturgie, 263 [Erstausgabe: 279].
24 Ebd.

„Die Pfarre ist der mystische Leib Christi in concreto. Wir sagten von der Kirche: Christus ist das Haupt, die Christen sind die Glieder, die Kirche selbst ist der Leib. So müssen wir von der Pfarre sagen: Der Pfarrer ist Stellvertreter des Hauptes Christus, der Pfarrer ist der sichtbare Ausdruck Christi; die Pfarre ist der Leib, die Pfarrangehörigen sind die Glieder des Leibes."[25]

In diesem Konzept sieht er einen wesentlichen Fortschritt gegenüber älteren Vorstellungen der Kirche als Institution, in der Recht, Macht und Kultur dominieren, mit einem „ganzen Apparat von kirchlichen Gesetzen und Rubriken"[26], beherrscht von Hierarchie und Organisation. Davon distanziert er sich ausdrücklich und stellt dagegen das Modell der lebendigen Pfarrgemeinde als Gnadenleib Christi. Nur dieses Modell könne dem fortschreitenden Säkularisierungsprozess entgegengestellt werden – dieser sei übrigens im Wesentlichen das Ergebnis davon, „daß der Gnadenleib der Kirche mehr als 1000 Jahre einen Kalorienmangel der Eucharistie geduldet"[27] habe. Die Genesung des kranken Leibes müsse nun von „einzelnen gesunden und kräftigen Gliedern"[28] ausgehen, die Ziel intensiver Seelsorgebemühungen sein sollen. Die Seelsorger haben nach Parschs Vorstellung den Auftrag, sich besonders um diese „Elite"[29] zu bemühen, ähnlich wie auch Jesus den Aposteln seine besondere Aufmerksamkeit gewidmet habe. Für besonders prädestiniert für diese Art der Seelsorge hält er vor allem die Ordensgeistlichen, weil sie noch mehr „im Stand der Vollkommenheit"[30] stünden als die Weltgeistlichen und idealiter Teil von „Elitegemeinschaften"[31] seien. Obwohl er betont, dass Priester für alle Christen zur Verfügung stehen sollten, propagiert er doch die Seelsorgemethode „Lieber weniger Christen in unserer Gemeinde, dafür aber bessere Christen!"[32] und verspricht sich durch die intensive Förderung eines elitären Entscheidungschristentums die Gesundung der Kirche in ihrem Kern.[33]

---

25 Ebd., 269 [Erstausgabe: 287].
26 Ebd., 256 [nicht in der Erstausgabe].
27 Ebd., 289 [nicht in der Erstausgabe]. – Zur Eucharistietheologie bei Pius Parsch vgl. die Beiträge von P. Ebenbauer und W. Haunerland in diesem Band.
28 P. Parsch, Volksliturgie, 289 [nicht in der Erstausgabe].
29 Ebd., 291 [nicht in der Erstausgabe].
30 Ebd.
31 Ebd.
32 Ebd.
33 Vgl. dazu auch den Beitrag von L. Lerch in diesem Band.

1.2 Die Aufgaben von Priester und Gläubigen als Glieder des Leibes Christi

Nicht nur eine pastorale Methode, sondern auch ein ekklesiologischer und liturgietheologischer Anspruch ist für Pius Parsch bei seinen Reformbemühungen dennoch oder gerade deshalb die Beteiligung der (entschiedenen und „begnadeten") Gläubigen als Glieder des Leibes Christi an der Liturgie, besonders an der Messfeier,[34] die er folgendermaßen erklärt:

> „Der tiefe dogmatische Grund für diese aktive Teilnahme liegt in der Lehre vom Corpus Christi mysticum und vom allgemeinen Priestertum der Gläubigen. Denn der eigentliche Liturge ist Christus, der ewige Hohepriester der Menschheit. An diesem Priestertum Christi nimmt sein ganzer Leib teil, die Kirche mit den geweihten Gliedern, dem Klerus, und den nicht geweihten Gliedern, den Gläubigen."[35]

Die „Gliedfunktion des Getauften" besteht nach Parsch wesentlich in der aktiven Teilnahme an der Liturgie der Kirche.[36] Dabei hat er nicht nur die Messfeier, sondern etwa auch die Tagzeitenliturgie im Blick, deren Förderung ihm ein wichtiges Anliegen ist.[37] Als „Gliedaufgabe des Priesters" definiert er:

> „Er [der Priester] ist in das Haupt des Gnadenleibes eingegliedert und vertritt vor der Kirche, vor seiner Gemeinde die Stelle Christi. Er ist also der Christus seiner Pfarre, seiner Ekklesia. Er ist Vater und Mutter seiner Anvertrauten, weil er ihnen das göttliche Leben gibt und nährt. Er ist Brautführer wie der Täufer, der die Braut, seine Gemeinde, zu Christus führt. Gerade diese Aufgabe sollte der Priester recht beherzigen, um Zurückhaltung zu lernen. Der Priester ist also nicht Pascha, der unumschränkte Herr, auch nicht der Führer im Sinne des Nationalsozialismus. Er ist wie Christus der Diakon seiner Gemeinde."[38]

---

34 Vgl. P. Parsch, Volksliturgie, 299f. [Erstausgabe: 321].
35 Ebd., 304 [Erstausgabe: 327].
36 Vgl. ebd., 472 [nicht in der Erstausgabe].
37 Vgl. dazu A. Ehrensperger, Das Tagzeitengebet als Gebet des Volkes bei Pius Parsch, in: W. Bachler/R. Pacik/A. Redtenbacher (Hg.), Rezeption, 87–139.
38 P. Parsch, Volksliturgie, 472 [nicht in der Erstausgabe]. Das Kapitel, aus dem

Die Kirche als mystischer Leib Christi

Auch wenn Pius Parsch seine Leib-Christi-Ekklesiologie von den Sakramenten her entwickelt und zu einer neuen Konzentration auf die amtspriesterlichen Aufgaben rät, meint er damit nicht eine Reduktion der Funktionen des Priesters auf die Sakramentenspendung und warnt etwa vor seiner Unterwerfung unter einem Laienkirchenrat, die Parschs Ansicht nach „der Idee des Corpus Christi mysticum vollständig widersprechen"[39] würde. Für ihn ist

> „[j]ede Gemeinde, ob groß, ob klein, [...] Gnadenleib mit Haupt, Leib und Gliedern; immer ist Christus das Haupt, das seinen sichtbaren Vertreter im vorstehenden Priester hat. Ihm ist die Führung anvertraut. Geradeso wie in der Familie, wo der Vater das gottgewollte Haupt ist."[40]

Noch deutlicher kommt der uneingeschränkte Führungsanspruch des Priesters in seiner Ortsgemeinde in einem Zitat zum Ausdruck, mit dem die Analogie von Christus und Priester auf die Spitze getrieben bzw. aus heutiger Sicht wohl längst überstrapaziert wird:

> „Der Pfarrer ist eigentlich ein ganz großer Herr. Ich wüßte nicht, was ich auf Erden an Berufsstellungen mit ihm vergleichen könnte. [...] Im Pfarrer ist für die Pfarrgemeinde Christus in Erscheinung getreten."[41]

Dass ein so stark überhöhtes, fast monarchisches Priesterbild trotz aller Versuche, die damit verbundene Macht u. a. mit Verweis auf Mt 20,25–27[42] als Dienst darzustellen und mit vielen Imperativen an

---

dieses Zitat stammt, ist eindeutig mit Kenntnis der Enzyklika *Mediator Dei* von 1947 geschrieben (vgl. 470), also wohl für die Zweitauflage der *Volksliturgie*. – Vgl. auch die kritische Erwähnung des nationalsozialistischen Führerbegriffs.
39 P. Parsch, Volksliturgie, 474 [nicht in der Erstausgabe].
40 Ebd.
41 Ebd., 272 [Erstausgabe: 291f.]. Insgesamt zeigt sich in diesem Bereich, auch im Hinblick auf „Parallelstellen" bei Pius Parsch: Selbst wenn die späteren Zitate (aus der Nachkriegszeit) teilweise etwas vorsichtiger formuliert sind, bleiben solche Kernaussagen im Wesentlichen erhalten.
42 „Da rief Jesus sie [die Jünger] zu sich und sagte: Ihr wisst, dass die Herrscher ihre Völker unterdrücken und die Großen ihre Vollmacht gegen sie gebrauchen. Bei euch soll es nicht so sein, sondern wer bei euch groß sein will, der soll euer Diener sein, und wer bei euch der Erste sein will, soll euer Sklave sein." (Mt 20,25–27)

das Gewissen und das Verantwortungsbewusstsein der Seelsorger zu appellieren, missbrauchsanfällig ist, war wohl schon Pius Parsch bewusst – immerhin weist er an vielen Stellen auf die Gefahren dieses Konzepts hin, nimmt sie allerdings nichtsdestotrotz in Kauf – und sollte sich Jahrzehnte später auf höchst schmerzliche Weise bestätigen. Bei Pius Parsch ist damit etwas zu beobachten, das Lea Lerch (* 1985) als ekklesiologisches bzw. ekklesiopraktisches Charakteristikum und eine eigenartige Gleichzeitigkeit der Liturgischen Bewegung insgesamt identifiziert: Die *„theologische Aufwertung der Laien"* diente ihrer Ansicht nach nämlich *„zugleich der Begrenzung ihrer Kompetenz sowie der Bedeutungssteigerung des Klerus in binnenkirchlicher wie gesamtgesellschaftlicher Hinsicht"*[43].

2. Kritische Einordnung und Würdigung der Überlegungen von Pius Parsch

Vermutlich war gerade dieser rezeptionsgeschichtliche Aspekt der Metapher von der Kirche als mystischer Leib Christi – ihre Anfälligkeit für Amtstriumphalismus und Klerikalismus – der Hauptgrund dafür, dass sie auf dem Zweiten Vatikanischen Konzil relativiert oder zumindest um andere, programmatischer und zentraler genannte und entfaltete Bilder ergänzt wurde und in der theologischen Diskussion bis heute umstritten ist.[44] Pius Parsch steht mit seinen Überlegungen zu diesem ekklesiologischen Leitbild im Werk *Volksliturgie* 1940 „auf dem Höhepunkt der radikal christomonistisch orientierten Corpus-Christi-mysticum-Literatur"[45] und praktisch zugleich an ihrem Endpunkt. Denn im selben Jahr erscheint ein Werk von Mannes Dominikus Koster

---

43 L. Lerch, Erwünschte Individualisierung? Laien und Klerus in der Perspektive der Liturgischen Bewegung, in: G. M. Hoff/J. Knop/B. Kranemann (Hg.), Amt – Macht – Liturgie. Theologische Zwischenrufe für eine Kirche auf dem Synodalen Weg (QD 308), Freiburg/Br. 2020, 87–105, hier: 105 [Hervorhebungen im Original].
44 Vgl. dazu die instruktive Einführung zur Problematik der Metapher, die in den Einzelbeiträgen vertieft wird, in: M. Remenyi/S. Wendel, Vorwort, in: dies. (Hg.), Kirche, 9–11.
45 M. Remenyi, Von der Leib-Christi-Ekklesiologie zur sakramentalen Ekklesiologie. Historische Entwicklungslinien und hermeneutische Problemüberhänge, in: M. Remenyi/S. Wendel (Hg.), Kirche, 32–70, hier: 35.

(1901–1981) mit dem Titel *Ekklesiologie im Werden*[46], in dem dieser die bis dahin dominante ekklesiologische Metapher radikal dekonstruiert und durch den nicht so bildhaften, theologisch weniger belasteten und präziser zu fassenden Begriff des Volkes Gottes ersetzt. Damit kann das Jahr 1940 als ekklesiologischer Wendepunkt bezeichnet werden: Während im Werk von Parsch – wie in der zeitgenössischen und späteren Literatur sowie in lehramtlichen Texten – noch die ältere biomorphe Kirchenmetapher verwendet und entfaltet wird, setzt Koster mit seinen soziomorph geprägten Überlegungen zur Lehre über die Kirche einen ersten Schritt zu einem Konzept, das wesentlich vom communialen Gedanken des Volkes Gottes bestimmt ist und zu *der* zentralen Kategorie in der Dogmatischen Konstitution *Lumen gentium* (LG) über die Kirche werden sollte.[47]

Das Grundproblem der Leib-Christi-Metapher als zentraler ekklesiologischer Denk- und Sprachfigur des 19. und 20. Jahrhunderts, wie sie sich seit dem Hochmittelalter entwickelt hatte und von Pius Parsch aufgegriffen wird, war und ist nicht deren völlige Unbrauchbarkeit, das Zu- und Miteinander in der Kirche ausdrücken, oder gar die Ungültigkeit eines bibeltheologischen Modells, sondern z. T. seine historische Verkehrung in das genaue Gegenteil: Es geht in der paulinischen Rede „ausdrücklich nicht um die Privilegierung von Leitungs-Charismen"[48], sondern um „das Füreinanderdasein der Glieder an diesem Leib"[49] mit den verschiedenen Gnadengaben (vgl. 1 Kor 12). Auch wenn das ekklesiologische Bild (bis) heute erklärungsbedürftig ist, kann die Leib-Christi-Metapher je neu reformiert bzw. rekonfiguriert und neucodiert werden und ließe sich richtig verstanden, wie Saskia Wendel (* 1964) es ausdrückt,

„trotz ihrer prekären Interpretationsmöglichkeiten und ihrer ebenso prekären Wirkungsgeschichte als durchaus glückend für die Aufgabe der Kirche gebrauchen, Zeichen und Werkzeug des Heils zu sein"[50].

---

46 M. D. Koster, Ekklesiologie im Werden, Paderborn 1940. – Vgl. dazu auch den Beitrag von K. Unterburger in diesem Band.
47 Vgl. dazu J. Werbick, Leib Christi: eine Kommunikationsmetapher? Ein ekklesiologisches Modell in der Transformationskrise, in: M. Remenyi/S. Wendel (Hg.), Kirche, 15–31, hier bes.: 15–20; S. Wendel, Leib Christi – Grenzen und Chancen einer ekklesiologischen Metapher, in: ebd., 295–313.
48 J. Werbick, Leib, 16.
49 Ebd.
50 S. Wendel, Leib, 313.

Auch wenn an dieser Stelle Pius Parsch mit diesem ekklesiologischen Leitbild eher zu jenen Vertretern seiner Zeit gehört, deren Verwendung bzw. Konkretion der Metapher aus heutiger Sicht eben solche prekären Interpretationsmöglichkeiten begünstigen, sind deshalb seine Vertiefungen zur Thematik nicht pauschal wertlos – im Gegenteil: Neben einigen zeitbedingten und z. T. überspitzt formulierten Überlegungen – etwa zu Entscheidungschristentum und Gemeindetheologie, die man heute (wie früher) nicht teilen muss(te) – sind viele seiner Aussagen (auch zur Leib-Christi-Metapher) bleibend gültig und wurden stilbildend für spätere (gesamtkirchliche) Reformen. Dies betrifft vor allem seine Ideen zur aktiven Teilnahme der Gläubigen an der Liturgie. Auch wenn davon nicht alles im engeren Sinne des Wortes originell war, sondern auch von anderen Vertretern der Liturgischen Bewegung stark gemacht wurde, kann an seinen Differenzierungen doch gewürdigt werden, dass er wichtige Grundgedanken auf pfarrlicher Ebene in Theorie und Praxis neu durchbuchstabiert und in seinen Schriften auch reflektiert hat. Sein eigentliches Proprium ist also eine entschieden ortskirchliche Ekklesiologie, deren Kristallisationspunkt die aktive Teilnahme aller Gläubigen an der Liturgie der Kirche im Allgemeinen und an der Eucharistie im Besonderen ist.

Die Gemeinde bei Pius Parsch[1]

Reinhard Meßner

1. Präliminarien

Bevor ich über die Schwelle zu meinem eigentlichen Thema, also die Gemeinde und vor allem die Pfarrgemeinde in der theologischen Reflexion bei Pius Parsch, schreite, möchte ich zwei präliminare Bemerkungen vorschieben, die die Art und Weise betreffen, wie man möglicherweise dem Theologen Pius Parsch auf die Spur kommen kann. Die erste Bemerkung: Ich bin gewiss kein Parsch-Spezialist, aber als interessierter Gastleser von Pius Parsch bin ich zu der Überzeugung gelangt, dass hinter dem Vielen, was Pius Parsch getan und auch geschrieben hat, hinter all seinen praktischen Aktivitäten in Bibel und Liturgiebewegung, eine konsistente, dem Ganzen zugrunde liegende, ich würde nicht sagen theologische Konzeption, aber eine theologische Intuition liegt, die – egal welche Teile dieser Intuition von welchen Quellen übernommen worden sein mögen – für Pius Parsch spezifisch ist. Ich persönlich meine, dass seine Quellen, etwa die Frage, wie weit er Scheeben und andere Autoren gelesen, verarbeitet, rezipiert hat, eine gewisse Rolle spielen. Aber die mit Abstand wichtigste Quelle, aus der sich seine konsistente theologische Intuition nährt, ist der unmittelbare Umgang mit der Heiligen Schrift. Diese theologische Intuition wird – und das macht die theologische Analyse der Parsch-Schriften schwierig – niemals entfaltet, schon gar nicht breit entfaltet, sondern findet sich in immer wiederkehrenden, zum Teil völlig identisch lautenden Textbausteinen, Phrasen, Fügungen, und vor allem auch einzelnen Worten, Wortpaaren, die ich „Kristallisationsworte" nennen würde. Eine Auslegung der Parsch-Schriften im Hinblick auf eine Theologie Pius Parschs hätte die Aufgabe, diese verdichteten Fügungen und Worte breiter zu entfalten, sie sozusagen zu entpacken.

Die zweite präliminare Bemerkung betrifft die Art und Weise, wie Theologie zu betreiben ist. Pius Parsch spricht einmal eher beiläufig und

---

1 Für diesen Beitrag wurde das Referat durch Mag. Lukas Gangoly, MA transkribiert und dabei der Vortragsstil weitgehend beibehalten.

nur ganz knapp und verdichtet davon, dass Kirche oder Christentum zuallererst eine Kult- und Gnadenreligion ist. Das war damals und ist auch heute ganz und gar nicht selbstverständlich. Spätestens seit dem späten 18. Jahrhundert ist in der Christenheit die Auffassung entstanden und hat sich bis heute gehalten, dass man bei der Suche nach dem Ganzen des Christentums, dem Ganzen des christlichen Glaubens ein Glaubenssystem entwickeln muss und zusätzlich vielleicht, das gilt besonders für die römisch-katholische Kirche, auch ein Moralsystem. Das Spezielle des Ganzen des Christlichen liegt also im Lehrbestand. Das ließe sich für keine andere Religion als das Christentum auch nur ansatzweise durchführen, weder für das Judentum noch für den Islam oder für ostasiatische Religionen und so weiter, die sich alle bei näherer religionswissenschaftlicher Betrachtung nicht als System von Glaubensvorstellungen, sondern, wenn man hier das Wort „System" verwenden will, als System von das Leben prägenden, ritualisierten Praktiken anschauen lassen. Dasselbe gilt gewiss auch für das Christentum. Der Ausgangspunkt jeder theologischen Reflexion bei Pius Parsch scheint mir also zunächst die Deskription, die Reflexion und dann die aus der Reflexion sich ergebende Kritik der Grundhandlungen, der rituellen Grundvollzüge zu sein, nicht aber eine Reflexion von Glaubensvorstellungen.

Zum Umkreis dessen, was ich hier angedeutet habe, gehört auch die in diesem Symposion schon mehrfach bei Parsch angesprochene – und wie wir bei Klaus Unterburger gehört haben: nicht nur bei Parsch – vorkommende Dichotomie von Organismus und Organisation. Man könnte jetzt manches Kritische über das Organismusdenken sagen, das gerade für die 1920er- bis 1940er-Jahre gewiss zeittypisch war. Parsch entwickelt seine Vorstellung von der Kirche als Organismus, jedenfalls aus der Schrift, aus dem Neuen Testament, aus Johannes 15, aus Jesu Rede vom Weinstock und den Rebzweigen, und vor allem aus der deuteropaulinischen Vorstellung der Kirche als Leib, also als Organismus. Aber es geht hier um mehr. Der Organismus als den Parsch die Kirche bezeichnet, besteht eben grundsätzlich in den Lebensvollzügen, in den ritualisierten Handlungen, die die Kirche durchführt, während die Organisation, also die rechtliche Gestalt der Kirche, diesen Grundvollzügen zu dienen hat. Man könnte hier als Vergleichsbeispiel die in den 1930er-Jahren in der Berneuchener Bewegung und speziell in der evangelischen Michaelsbruderschaft geprägte Formel von den heute oft so genannten kirchlichen Grundvollzügen *martyria, leiturgia, diakonia* nennen, wo man auch versucht hat, das Ganze der kirchlichen Sendung auf eine möglichst griffige Formel zu bringen und dafür eben nicht auf

Lehrbestände, sondern auf die kirchlichen Handlungsvollzüge abgestellt hat. Bekanntlich wurde diese ursprünglich lutherische Formel *martyria, leiturgia, diakonia* in der römisch-katholischen Theologie bis heute breit rezipiert.

Damit überschreite ich die Schwelle, verlasse die Präliminarien und komme zu meinem eigentlichen Thema, Pius Parschs Rede von der Gemeinde, wobei er vor allem und hauptsächlich von der Pfarrgemeinde spricht. Ich teile mein Thema in drei Abschnitte: erstens die historische Verortung seiner Aussagen über die Pfarrgemeinde, zweitens der Versuch, in knappen fünf Punkten die theologische Intuition Pius Parschs von einer lebendigen Pfarrgemeinde zusammenzufassen, und drittens möchte ich dann auch mit aller Behutsamkeit in drei Punkten Grenzen dieser theologischen Intuition benennen.

2. Die historische Verortung der Rede von der Pfarrgemeinde bei Pius Parsch

Als ich früher auf die einschlägigen Aussagen bei Parsch gestoßen bin, wo immer wieder von Pfarrgemeinde, lebendiger Pfarrgemeinde, Pfarrfamilie usw. gesprochen wird, da war ich etwas überrascht, wurde ich doch in der verbreiteten Meinung aufgezogen, in der römisch-katholischen Theologie sei die Rede von „Gemeinde" und eine systematisiert entwickelte Gemeindetheologie erst seit den 1960er-Jahren wirklich nachzuweisen. Inzwischen kenne ich die sehr informative, allerdings meines Erachtens auch von manchen problematischen Tendenzen geprägte Zusammenfassung der Entwicklung und, nach Meinung des Autors, auch des Scheiterns der Gemeindetheologie aus der Feder des Grazer Kirchensoziologen Rainer Bucher.[2] Pius Parsch spricht eher von „Pfarrgemeinde" und viel seltener von „Gemeinde". Das Wort „Gemeinde" kommt, soweit ich sehe, weniger häufig vor und bezieht sich meistens im Zusammenhang mit dem Adjektiv „liturgisch" als „liturgische Gemeinde" auf Sonderformen, die eben keine Pfarre sind, d. h. auf das, was Parsch exemplarisch in St. Gertrud zu verwirklichen versuchte

---

2 R. Bucher, 1935 – 1970 – 2009. Ursprünge, Aufstieg und Scheitern der „Gemeindetheologie" als Basiskonzept pastoraler Organisation der katholischen Kirche, in: L. Scherzberg (Hg.), Gemeinschaftskonzepte im 20. Jahrhundert zwischen Wissenschaft und Ideologie (theologie.geschichte Beiheft 1), Münster 2010, 289–316.

und was er, und offensichtlich nicht nur er, mit dem heute etwas aus der Mode gekommenen Begriff der „Gottessiedlung" bezeichnet hat.

Die Begrifflichkeit der „Pfarrgemeinde" und eine erste Auflage der Gemeindetheologie lange vor Ferdinand Klostermann und den 1970er-Jahren stehen in engstem Zusammenhang mit der Etablierung der Katholischen Aktion in Österreich unter Kardinal Innitzer und dem damals errichteten Wiener Seelsorgeinstitut, aus dem Jahre später das Österreichische Pastoralinstitut hervorging, in dem es von Anfang an eine Arbeitsgemeinschaft „Katholische Aktion und Pfarrgemeinde" gegeben hat. Das ist der Grund, warum in Österreich das Wort „Pfarrgemeinde" seit vielen Jahrzehnten unausrottbar zum kirchlichen Normaljargon gehört. Das wesentliche und auch heute – unter anderen Umständen und Bedingungen – höchst aktuelle Anliegen war der Versuch, die kirchliche Realität „Pfarre" theologisch zu reflektieren. Man mag überrascht sein, dass das überhaupt notwendig ist, aber aus verschiedenen Gründen, die auch nur ansatzweise zu entfalten uns sehr lange beschäftigen würden, ist die Pfarre seit ihrer Entstehung unter verschiedenen Bezeichnungen im theologischen und kirchenrechtlichen Diskurs ständig unterbestimmt. Das gilt bis in die heutige kirchliche Rechtsordnung im *Codex Iuris Canonici* von 1983, weil sie immer nur als eine Portion der Kirche bezeichnet wird, als eine aufgrund der Größe der Diözesen notwendige Unterteilung der eigentlichen Ortskirche in kleinere, pastoral besser handhabbare Untereinheiten. Die Anfänge der Katholischen Aktion in Österreich in den frühen 1930er-Jahren versuchten hier mit der Begrifflichkeit von „Pfarrgemeinde", „Pfarrfamilie" etc. Abhilfe zu schaffen. Die Pfarre sollte tatsächlich eine Gemeinschaft werden und nicht nur ein juridisches Gebilde zur Einteilung der Diözese. Noch zugespitzter gesagt: Die Pfarre wurde als die eigentlich real existierende Grundform von Kirche wahrgenommen. Es ist kein Zufall, dass Pius Parsch auf der 3. Wiener Seelsorgetagung im Dezember 1933 mit einem wichtigen Referat beteiligt war, er also ganz in der Mitte dieser Bewegung, Pfarre theologisch neu zu denken und zu buchstabieren, stand, und ein Referat hielt, das auf der Tagung den etwas eigenartigen Titel „Die Pfarre als Mysterium" trug, das Parsch später in der Zeitschrift *Bibel und Liturgie* und dann in seinem Buch *Volksliturgie* unter dem Gesamttitel der Seelsorgetagung „Die lebendige Pfarrgemeinde" veröffentlichte.

Klar ist auch: Diese erste Auflage der Wiener Gemeindetheologie hat direkte Kontinuitäten zur weit über Österreich und den deutschen Sprachraum hinaus wirkmächtig gewordenen Gemeindetheologie, die in Österreich, speziell in Wien durch Ferdinand Klostermann geprägt wurde, der heute – ich meine: etwas zu Unrecht – weitgehend in Vergessenheit geraten ist. Alle von heute und aus den vergangenen Jahren und Jahrzehnten bekannten theologischen Grund- und Schlagworte finden sich schon in den 1930er-Jahren: „Pfarrgemeinde", „Pfarrfamilie", die Rede von der „versorgten Gemeinde", die eine „mitsorgende Gemeinde" werden müsse, der „mündige Christ" oder der „mündige Laie". Davon spricht auch Pius Parsch. Das einzige bedeutsame Schlagwort, das ich in den 1930er-Jahren oder bei Pius Parsch nicht finde, ist der Begriff der „Kontrastgesellschaft", der erst in den 70er-Jahren wichtig wurde.

3. Parschs theologische Intuition der Pfarrgemeinde

Mir geht es jetzt nicht darum, beschreibend zu schildern, wie Parsch sich konkret eine solche Gemeinde oder Pfarrgemeinde vorgestellt hat.[3] Dafür gibt es genügend Material bei Pius Parsch, nicht zuletzt die Beschreibungen dessen, was tatsächlich in St. Gertrud, dieser „liturgischen Gemeinde" oder „Gottessiedlung", geschehen ist. Mir geht es um ein paar theologische Grundfragen, die zum Teil von Stefan Kopp bereits angesprochen worden sind.

3.1 Pfarre als Erscheinung von Kirche

Wenn wir von den anfangs von mir so genannten Kristallisationsworten Pius Parschs ausgehen: Parsch spricht immer wieder und konsequent ohne Abstriche davon, dass die Pfarre *die* Erscheinung von Kirche ist. Da dürfen wir durchaus hochrangige theologische Begriffe dahinter sehen: Erscheinung als Epiphanie, Erscheinung als Manifestation und, wenn Sie so wollen, als Offenbarung. Die Erscheinung der Kirche führt den einzelnen Menschen also an den konkreten Ort, wo die einzelnen Christinnen und Christen leben. Es ist, wenn man es heute liest, erfri-

---

3 Vgl. zur Thematik Th. Maas-Ewerd, Liturgie und Pfarrei. Einfluß der Liturgischen Erneuerung auf Leben und Verständnis der Pfarrei im deutschen Sprachgebiet, Paderborn 1969, wo sich auch ein ausführlicher Abschnitt über Parschs Vorstellung von Pfarre und Pfarrgemeinde findet.

schend, wenn Pius Parsch über das Wesen, das Kennzeichnende der Pfarre oder der Pfarrgemeinde ganz genau dieselben Dinge wie über das Wesen der Kirche sagt. Ich weiß nicht, ob es eine naive Annahme oder ein bewusster Schritt der Unterlassung ist oder ob es einfach damit zusammenhängt, dass er keinen systematischen Ekklesiologietraktat entwickeln muss, sondern darüber reden und schreiben kann, was er für wichtig hält. Aber es findet keinerlei Reflexion auf das statt, was in der römisch-katholischen Kirche – höchst überbetont und in unrealistischer Weise betont – die Ortskirche sein soll, nämlich die bischöflich geleitete Diözese, so dass Parsch – wie Klaus Unterburger auch schon gesagt hat – vom Pfarrer eigentlich all das aussagt, was traditionellerweise und in einer meines Erachtens höchst unglücklichen Überhöhung im Zweiten Vatikanischen Konzil vom Bischof ausgesagt wird. Das Zweite Vatikanische Konzil hat ja eine in sich konsistente und für sich genommen sehr schöne Theologie des Bischofsamtes, die aber der kirchlichen Realität nicht entspricht. Diese Theologie des Bischofsamtes wäre viel realistischer, wenn das Zweite Vatikanische Konzil daraus – nicht eine Theologie des Priesteramtes, denn das gibt es in der römisch-katholischen Kirche gar nicht, sondern – eine Theologie des Amtes des Pfarrers gemacht hätte. Und da sind wir in der heute ökumenisch und nicht nur ökumenisch hoch bedeutsamen Frage nach dem Verhältnis zwischen Ortskirche und Universalkirche. Pius Parsch ist, ob naiverweise oder ob aus anderen Gründen, ein ganz deutlicher Vertreter einer ortskirchlichen Ekklesiologie, in einer so eindeutigen Weise, wie ich es sonst nur von Nikolaj Afanas'ev aus der orthodoxen Theologie kenne.

3.2 Die Gnade allein erzeugt die Kirche

Ein weiteres Kristallisationswort: „Die Gnade allein erzeugt die Kirche". Man könnte es auch lateinisch verbrämt sagen: *ecclesia creatura gratiae*. Das einzige Zeugungsprinzip der Kirche ist die Gnade, in dem weiten Sinn, in dem der Begriff von Parsch verwendet wird, ja auch ein erst zu entpackendes Wort, wie es Ursula Schumacher in ihrem Vortrag getan hat. Was sind die Quellen, durch die die Gnade die Kirche erzeugt? Es sind in der kürzesten Zusammenfassung, auch das ist ja gar nicht so selbstverständlich, die *sacramenta maiora*, der Taufbrunnen und der Altar, also die Taufe und die Eucharistie. Das ist das Zeugungsprinz der Kirche, die Quelle der Kirche. Die Kirche entsteht aus diesen beiden Kern- und Zentralvollzügen heraus. Ich möchte zwei Anmerkungen dazu machen. Einerseits (ich weiß nicht wie ergiebig es wäre, aber es wäre eine interessante Fragestellung): Soweit ich als Gastleser Pius Parschs sehe, wird die Taufe von ihm nicht sehr extensiv behandelt. Über Pius Parsch hinaus in der Liturgischen Bewegung, wo die Taufe natürlich immer wieder erwähnt wird, als konkreter und nicht bloß ritueller, sondern gleichzeitig katechetischer Vollzug der Kirche, steht die Taufe, soweit ich sehe, eher am Rande. Es wäre interessant, in einer größeren Studie der Taufe bei den Autoren oder bei bestimmten Autoren der Liturgischen Bewegung nachzugehen. Die zweite Frage, die mich auch sehr interessiert: Pius Parsch war ja nicht nur einer der herausragenden Vertreter der Liturgischen Bewegung, sondern ebenso einer der herausragenden Vertreter der Bibelbewegung. Er nennt ja immer und immer wieder bis hin zum Titel seiner Zeitschrift die beiden Grundquellen: nicht nur die Liturgie und nicht nur die Sakramente, sondern die Bibel vor der Liturgie. Dabei steht nicht zufällig und nicht nur aus alphabetischen Gründen auch im Namen der Zeitschrift Bibel vor Liturgie. In den kurzen systematisch seine Intuition zusammenfassenden Texten, auch in dem, was er über die Pfarrgemeinde und über die Quellen der Pfarrgemeinde sagt, kommt das Wort Gottes, die Bibel explizit nicht vor. Also wo ist der systematische Ort des Wortes Gottes als einer von Parsch ja zweifellos nicht bestrittenen grundlegenden Quelle kirchlicher Existenz?

3.3 Die Eucharistie als Kristallisationspunkt der religiösen Gemeinschaft

In einem dritten Punkt scheint mir tatsächlich im Kontext des Diskurses über die Pfarrgemeinde im Österreich der 1930er-Jahre das Proprium Pius Parschs – und im Anschluss an den Vortrag von Klaus Unterburger: vielleicht auch das Proprium Parschs, was die Theologie der Kirche als *corpus Christi mysticum* betrifft – zu liegen. Wieder ein Kristallisationswort Pius Parschs: Die Eucharistie ist der Kristallisationspunkt der religiösen Gemeinschaft. Kristallisationspunkt heißt einerseits, dass Kirche natürlich nicht nur aus der Eucharistie besteht, sonst wäre das nicht der Kristallisations-, sondern der einzige Punkt. Aber es heißt andererseits auch, dass sich hier alles niederschlägt, alles findet, was eine lebendige Pfarrgemeinde ausmacht. Kirche, lebendige Pfarrgemeinde, Gnadengemeinschaft lebt von der Eucharistie her und lebt immer wieder auf die Eucharistie hin, weil eben hier und gerade hier und letztlich in einer gewissen Weise nur hier das Ganze da ist, worum es in der Kirche geht. Die Eucharistie ist damit nicht bloß einer von vielen Vollzügen, die die Kirche durchführt, die sie auch unterlassen oder auf die sie größeren oder geringeren Wert legen könnte, sondern sie ist der Vollzug, in dem sich Kirche selber realisiert.

3.4 Pfarre als Opfergemeinschaft, Gebetsgemeinschaft und tätige Liebesgemeinschaft

Parsch beschreibt die Pfarre oder Pfarrgemeinde als Opfergemeinschaft, Gebetsgemeinschaft und tätige Liebesgemeinschaft. Natürlich ist Kirche nicht nur Eucharistie. Diese drei Wörter Opfergemeinschaft, Gebetsgemeinschaft und tätige Liebesgemeinschaft kann man ganz knapp übersetzen, obwohl sie einer langen Ausführung wert wären. Opfergemeinschaft steht für Pius Parsch zweifellos für die Hingabe. Man denke daran, was er im liturgiepraktischen Vollzug vom Opfergang hält. Pius Parsch und die Klosterneuburger Liturgische Bewegung waren im deutschen Sprachraum die Vorreiter der Installierung oder Reinstallieeines Opferganges in der Messe; eine andere Anregung kam aus dem französischsprachigen Raum. Parsch unterschied zwischen einem Gabenopfergang, wo also unmittelbar die eucharistischen Gaben, die dann auf den Altar gelegt werden, von Vertretern der Gemeinde gebracht werden, und dem karitativen Opfergang. Aber in beiden Fällen geht es immer um die Hingabe. Im Gabenopfergang und im karitativen Opfergang realisiert sich in einer bestimmten, und zwar ritualisierten Weise, was das ganze Leben des Christen und der Pfarrgemeinde auch in ihren nicht-ritualisierten alltäglichen Vollzügen prägen muss, nämlich die Haltung der Hingabe. Gebetsgemeinschaft und tätige Liebesgemeinschaft stehen dann für die untrennbaren zwei Richtungen dieser Hingabe: Gebetsgemeinschaft für die Gottesliebe und tätige Liebesgemeinschaft für die Nächstenliebe. Das Ganze wirkt vom Zentrum der Eucharistie her und wird in der Eucharistie selber regelmäßig in ritueller Handlungsform verwirklicht und bildet und prägt damit das Leben des Menschen.

3.5 Intensive und extensive Seelsorge

Der fünfte Punkt, auf den Lea Lerch und Stefan Kopp schon hingewiesen haben, betrifft die intensive und extensive Seelsorge. Ich möchte das noch einmal mit einer etwas anderen Einschätzung bringen, als es bereits geäußert wurde. Ich möchte allerdings nicht über Elitechristentum sprechen. Ich habe dabei immer ein gewisses Unbehagen, da im heutigen politisch korrekten Diskurs „Elite" und „elitär" negativ besetzte Begriffe sind und ich generell Probleme mit dem politisch korrekten Diskurs habe. Aber man sollte die Gefahr nicht unterschätzen, dass man heute, wie immer man jetzt zu diesem Diskurs steht, scheinbar selbstverständliche Plausibilitäten in die 1930er- bis 1950-er Jahre überträgt. Mir persönlich erscheint schon seit etlichen Jahren von allem, was ich jemals von Pius Parsch gelesen habe, der kleine und recht unscheinbare, in die *Volksliturgie* aufgenommenen Aufsatz *Intensive und extensive Seelsorge* als für die heutige Lage der Kirche mit Abstand am aktuellsten zu sein, ein Beitrag, der gerade heute zu bedenken ist. Ich lese darin auch nicht, dass die extensive Seelsorge eine Sache der Vergangenheit sei. Es ist eigentlich ein sehr vorsichtiges Plädoyer, die Intensivierung in der Seelsorge nicht zu vergessen. Es ist vor allem ein Plädoyer dafür – und das scheint mir das Entscheidende und für heute Aktuelle zu sein –, Pastoral von der Mitte her zu gestalten, nicht von der Peripherie zur Mitte, sondern von der Mitte zur Peripherie. Die Mitte muss so gestaltet werden, dass sie dann auch an die Peripherie hin ausstrahlen kann. Parsch spricht immer wieder davon, dass die Kirche mit konzentrischen Kreisen vergleichbar ist. Die äußeren Kreise werden dann erreicht, wenn die Mitte entsprechend gut gestaltet ist. Was bei Parsch sicher noch keine Frage war, aber meines Erachtens heute immens aktuell ist und mit der Frage der Gewichtung intensiver und extensiver Seelsorge zusammenhängt: Ist eine flächendeckende Kirchlichkeit heute noch real? Karl Rahner hat das etwas später, Anfang der 1970er-Jahre, deutlich verneint.[4] In Kirchenämtern ist das eine heilige Kuh, die nicht geschlachtet werden darf. Wenn etwa heute vom erwähnten Rainer Bucher und von anderen behauptet wird, die Gemeindetheologie sei mittlerweile gescheitert, würde ich sagen, dass sie mit dem Anspruch gescheitert ist, flächendeckend Gemeinden zu bilden. Das ist schlicht und einfach unrealistisch und gerade in einer solchen Zeit ist ein Plädoyer für intensive und nicht vor allem extensive Seelsorge meines Erachtens nach höchst aktuell.

---

4 K. Rahner, Strukturwandel der Kirche als Aufgabe und Chance (Herder-Bücherei 446), Freiburg/Br. 1972.

4. Grenzen der theologischen Intuition Parschs

Zum Schluss benenne ich die zumindest in meinen Augen bestehenden Grenzen der theologischen Intuition Parschs. Über den ersten Punkt hat auch schon Stefan Kopp gesprochen: das Priesterbild und die Amtstheologie.[5] Es wäre zu einfach, gegen Pius Parsch einzuwenden, dass er das Priesterbild überhöht habe. Das Problem scheint mir eine generell mangelnde Reflexion auf die kirchlichen Ämter zu sein, und das ist kein persönliches Problem von Pius Parsch oder von Theologen der 1930er- bis 1950er-Jahre, das ist ein endemisches Problem der römisch-katholischen Kirche und Theologie. Das Problem bei Parsch scheint mir auch die selbstverständliche Inanspruchnahme der theologischen Figur zu sein, der Pfarrer repräsentiere Christus als das Haupt. Schlägt man heute Dogmatiken auf und findet man überhaupt etwas Vernünftiges über die Amtstheologie, was selten genug der Fall ist, dann findet man das als ein Art Lieblingsspielzeug der Dogmatiker, wenn sie über die Amtstheologie traktieren, die Christusrepräsentation des Priesters: der Priester repräsentiert angeblich Christus das Haupt. Man braucht in diesem Punkt daher nicht gegen Pius Parsch zu wettern, denn das ist ein endemisches theologisches Defizit der römisch-katholischen Kirche und Theologie.

Zweitens und nur ganz kurz benannt: Eine Grenze sehe ich auch im unverbundenen Nebeneinanderstellen dessen, was Pius Parsch den Organismus der Kirche nennt, also die lebendige Pfarrgemeinde, und der rechtlichen Institution. Parsch sagt bei seinem Vortrag bei der Wiener Seelsorgetagung 1933, die juridische Definition der Pfarre sei bekannt, stehe nicht zur Debatte und gelte völlig selbstverständlich. Aber auch dahinter, zwischen diesem unverbundenen Nebeneinander von Kirche als Lebensgemeinschaft und Pfarre als rechtlicher Institution steht ein grundlegendes Defizit römisch-katholischer und vermutlich auch evangelischer Kirche und Theologie. Die rechtlichen Institutionen werden in ihrer theologischen Dignität nicht wahrgenommen. Ich habe bereits angedeutet, dass auch im heutigen Kirchenrechtskodex die Pfarre theologisch unterbestimmt ist.

Und ein Letztes, ganz vorsichtig gesagt: Pius Parsch stellt die Eucharistie nach meiner Überzeugung ganz zu Recht in die Mitte der Kirche

---

5 Vgl. L. Lerch, Erwünschte Individualisierung? Laien und Klerus in der Perspektive der Liturgischen Bewegung, in: G. M. Hoff / J. Knop / B. Kranemann (Hg.), Amt – Macht – Liturgie. Theologische Zwischenrufe für eine Kirche auf dem Synodalen Weg (QD 308), Freiburg/Br. 2020, 87–105.

als Opfer-, Gebets- und Liebesgemeinschaft. Ganz schlüssig wird das bei Parsch allerdings nicht. Denn warum ist die Eucharistie die alles bestimmende Mitte? Weil – und auch das ist jetzt nicht Parsch-typisch, sondern zeittypisch – die Eucharistie, übrigens auch im Zweiten Vatikanischen Konzil, richtigerweise als zentral wichtig, aber doch einseitig nur als Quelle wahrgenommen wird, sozusagen – in traditionellere Sprache übersetzt – als Gnadenmittel, aber nicht als die primäre Sozialgestalt der Kirche, in der in einer bestimmten Handlungsgestalt, nämlich in Form ritualisierten Handelns, das Ganze der Kirche inklusive ihrer zukünftigen Vollendung schon gegenwärtig ist. Das ist jetzt keine Anfrage und schon gar keine Kritik an Parsch, sondern eine Anregung, die ekklesial-soziale Bedeutung der Eucharistie weiterzudenken.

Die Messe

Zwischen Rezeption und Neuansatz.
Zum eucharistietheologischen Profil der
„Messerklärung" von Pius Parsch

Peter Ebenbauer

Mit seinem Buch *Messerklärung im Geiste der liturgischen Erneuerung*[1] hat Pius Parsch die Eucharistiefeier breiten Leserschichten erschlossen.[2] Den wichtigsten Beweggrund für dieses Werk beschreibt er im Vorwort zur dritten Auflage (1950) folgendermaßen: „Priester und gebildete Laien sollen das Herrengedächtnis verstehen und lebendig feiern lernen. Dabei versuche ich die erstarrte heutige Form der Messe mit neuem Leben zu erfüllen."[3]

In diesem Beitrag geht es um die Frage, ob die *Messerklärung* von Pius Parsch mit ihren drei Entwicklungsstadien[4] einen originären eucharistietheologischen Neuansatz in sich trägt.[5] Diese Frage wird in fol-

---

1 So lautet der Titel der zweiten und dritten Auflage des Werkes (Klosterneuburg bei Wien 1935/1937 und 1950). Die erste Auflage (Klosterneuburg/Wien 1930) trägt den schlichten Titel *Kurze Messerklärung*. Im Folgenden werden alle Zitate aus den drei Auflagen dieses Werkes mit den Siglen ME1–3 angegeben.
2 ME1 (1930) erschien in einer Stärke von 10.000 Stück, ME2 zunächst 1935 ebenso mit 10.000 und bereits zwei Jahre später (1937) mit weiteren 15.000 Exemplaren, ME3 (1950) umfasste 5.000 Stück. In der Sekundärliteratur fällt auf, dass ME2 bisweilen nur mit dem Jahr 1937 datiert wird; so etwa auch in den einführenden Texten und Verzeichnissen des Nachdrucks von ME3 im vierten Band der Reihe PPSt: P. Parsch, Messerklärung im Geist der liturgischen Erneuerung. Neu eingeleitet von Andreas Heinz, Würzburg 2006 [Nachdruck der dritten, erw. Auflage 1950].
3 ME3, 7.
4 Pius Parsch hat dieses Werk mit jeder neuen Auflage ausgiebig erweitert und in manchen Teilen auch umgearbeitet. Schon der wachsende Umfang der drei Versionen signalisiert den Grad der Bearbeitung: ME1 zählt 237 paginierte Seiten, ME2 bereits 359 und ME3 schließlich 447.
5 Ich knüpfe mit diesem Beitrag an die Analysen an, die Roman Stafin zur Eucharistietheologie Pius Parschs vorgelegt hat. Vgl. R. Stafin, Eucharistie als Quelle der Gnade bei Pius Parsch. Ein neues Verhältnis zwischen Gott und dem Menschen (PPSt 2), Würzburg 2004. Im dritten Teil dieser Studie, die 1993 als Dissertation an der Kath.-Theol. Fakultät Innsbruck angenommen wurde, geht es um die „Entwicklung der Theologie der Eucharistie bei Pius Parsch" (ebd., 183–295). Während Stafin in seiner Monographie möglichst viele Aspekte zusammenträgt, die in den Schriften

genden fünf Schritten untersucht: (1) die Messerklärung von Pius Parsch: ein *work in progress* 1930–1950; (2) die gleichbleibende Grundintention der Messerklärung; (3) die Sammlung und Synthetisierung zeitgenössischer Forschungen zur Eucharistie ohne Anspruch auf Eindeutigkeit; (4) wesentliche theologische Aspekte der Eucharistie in der Reflexionslandschaft von Pius Parsch; (5) Neuansatz in der Wende zum performativen liturgischen Handeln der gesamten Gemeinde und in der Konzentration auf eine Theologie der Gabe in Wort und Sakrament.

1. Die Messerklärung von Pius Parsch: ein *work in progress* von 1930–1950

Mit der Erstauflage seiner Messerklärung im Jahr 1930 legte Pius Parsch seine bis dahin gewonnenen Einsichten über die Geschichte, die Theologie und die liturgische Erneuerung der Messfeier in gebündelter monographischer Form vor. Er fügte für dieses Buchprojekt eine Reihe von Aufsätzen zusammen, die er bereits in der von ihm gegründeten Zeitschrift *Bibel und Liturgie* publiziert hatte,[6] ergänzte sie durch einige kleinere bereits verfasste Texte aus Predigten und anderen Beiträgen und redigierte dieses gesamte Material zu einem zusammenhängenden Text, der in insgesamt 25 Kapitel gegliedert ist. Inhaltlich siedelte er das Buch zwischen einer dezidiert historisch-wissenschaftlichen Darstellung der Messfeier im römisch-katholischen Ritus und „weitläufige[n] aszetisch-mystische[n] Betrachtungen"[7] an. Positiv formulierte er den Zweck des Buches im Vorwort folgendermaßen:

„[…] eine kurze Messerklärung, die auf wissenschaftlichen Ergebnissen fußt, dem heutigen Stand der liturgischen Erneuerung Rechnung trägt, nicht bloß die historische Entwicklung aufzeigt, sondern die Messe als Brennpunkt und Zentrale unseres Kultes lebensvoll darstellt […]"[8].

Pius Parschs zur theologischen Erschließung der Eucharistie bedeutsam erscheinen, konzentriert sich dieser Beitrag auf die zentralen eucharistietheologischen Themen der *Messerklärung* und ihre Dynamik von der ersten bis zur dritten Auflage.
6 Vgl. das kurze Vorwort ME1, 5.
7 Ebd.
8 Ebd.

Pius Parsch hat in den auf die Erstauflage folgenden Jahren offensichtlich kontinuierlich ältere und neue Literatur zur Geschichte und Theologie der Eucharistie studiert, sodass er sich bald veranlasst sah, seine Messerklärung umzuarbeiten und vor allem um zahlreiche liturgiehistorische Einzelheiten zu erweitern. Bereits im Sommer 1934 formulierte er im Vorwort zur zweiten Auflage, welche zuerst 1935 und dann noch einmal 1937 gedruckt wurde:

> „Inzwischen ist eine Reihe von sehr guten und wissenschaftlich hochzuwertenden Meßerklärungen erschienen. Dies veranlaßte mich, meine kurze Meßerklärung vollständig umzuarbeiten und zu erweitern. Wenn auch dabei der wissenschaftlichen Behandlung mehr Rechnung getragen wurde, so wollte ich doch möglichst populär und praktisch bleiben. Die Geschichte der Messe ist in diesem Buch nicht Selbstzweck, sondern bloß Mittel zum Verständnis der heutigen Messfeier."[9]

In den häufiger als in der ersten Auflage eingefügten Fußnoten sowie im knapp gehaltenen Verzeichnis „Benützte Bücher" nennt er Autoren wie Anton Baumstark, Johannes Brinktrine, Ludwig Eisenhofer, Hermann Cabrol oder Odo Casel und weist auf die Periodika *Jahrbuch für Liturgiewissenschaft* (seit 1921) und *Liturgiegeschichtliche Quellen und Forschungen* (seit 1918/19) hin.[10]

Für die noch einmal wesentlich erweiterte und bearbeitete dritte Auflage 1950 war wohl entscheidend, dass zwei Jahre zuvor Josef Andreas Jungmanns epochales zweibändiges Werk *Missarum Sollemnia. Eine genetische Erklärung der römischen Messe*[11] erschienen ist. Pius Parsch bekennt im Vorwort zur dritten Auflage der Messerklärung freimütig:

> „Dazu ist mir das hervorragende Werk J.A. Jungmanns S.J., Missarum sollemnia, sehr zu Hilfe gekommen [...] Wir sehen jetzt klarer und wir lernen Wesentliches vom Peripheren zu unterscheiden. Dies führt uns auch dazu, Vorschläge zu machen, wie das ‚Herrenmahl' der Zukunft aussehen könnte."[12]

---

9 ME2, 5.
10 Vgl. exemplarisch ME2, 38.46.58.61.62.357.
11 J. A. Jungmann SJ, Missarum Sollemnia. Eine genetische Erklärung der römischen Messe, 2 Bde., Wien ¹1948.
12 ME3, 7.

Die Periode von 1930 bis 1950 kann als jener Abschnitt in der Biographie von Pius Parsch betrachtet werden, in welchem er sich als Pionier der Volksliturgischen Bewegung etablieren konnte. Seine Predigten, Zeitschriften und Bücher erreichten in diesen Jahrzehnten eine breite Leserschaft, die weit über den deutschen Sprachraum hinausreichte. Die dritte Auflage seiner Messerklärung wirkte unmittelbar in das Jahrzehnt vor dem Zweiten Vatikanischen Konzil hinein, das innerhalb der römisch-katholischen Kirche vom wachsenden Bewusstsein einer anstehenden gesamtkirchlichen Liturgiereform geprägt war. Die Erwartung einer solchen Reform und konkrete Möglichkeiten ihrer Ausgestaltung im Hinblick auf die Feier der Eucharistie werden in der dritten Auflage der Messerklärung sehr deutlich formuliert. Vermutlich wäre Pius Parsch, der im Jahr 1954 gestorben ist und nur die ersten Anfänge einer gesamtkirchlichen Liturgiereform mit der Neuordnung der Liturgie der Karwoche und der Osternacht noch erlebt hat, selbst überrascht gewesen, in welchem Ausmaß sich seine Eucharistietheologie und ihre praktischen Konsequenzen für die konkrete Feiergestalt des Messritus in der Liturgiekonstitution des Zweiten Vatikanums und der darauf folgenden Messbuchreform durchgesetzt haben.

2. Die gleichbleibende Grundintention in allen drei Auflagen der Messerklärung

Wenn sich auch die Darstellung und die Argumentationslinien in vielen Punkten der Messerklärung Pius Parschs von der ersten bis zur dritten Auflage verändert haben, so blieb doch die grundlegende Absicht und Zielsetzung des Buches dieselbe: Pius Parsch ist bestrebt, den bestehenden Messritus liturgiehistorisch zu erschließen, theologisch zu interpretieren und praktisch, d. h. für die konkrete Feiererfahrung der Gläubigen fruchtbar zu machen. Die historische und die theologische Erkundung der römischen Messe bleiben dabei auf die dritte Dimension der konkreten Feiergestalt und Feiererfahrung hingeordnet. Der Messe in ihrer vorgegebenen Gestalt gilt seine historische und theologische Aufmerksamkeit. In der ersten Auflage skizziert Parsch die Geschichte der römischen Messe als eine kontinuierliche und stringente Entwicklung hin zu ihrer rezenten Gestalt, wie sie im Wesentlichen nach dem Konzil von Trient mit dem Missale Romanum von 1570 zur Geltung kam.

In der zweiten Auflage werden allerdings historische Bruchlinien deutlicher sichtbar als in der ersten, was sich dann in der dritten Auflage noch verstärkt. Hier identifiziert er an vielen Stellen Defizite des geltenden Messritus und plädiert dafür, „Menschliches in der Eucharistiefeier"[13] kritisch zu überprüfen und zu verbessern. Mit diesem Ausdruck zielt er auf Veränderungen, die die Eucharistiefeier im Lauf der Geschichte durch unterschiedliche religiöse, kulturelle, sprachliche und gesellschaftliche Transformationen erfahren hat. Es ist also nicht das vorrangige Ziel der Messerklärung von Pius Parsch, den *Ordo missae* oder die textliche Gestalt der Messfeier unmittelbar zu verändern. Erst in der dritten Auflage treten wie gesagt konkrete Reformvorschläge in den Vordergrund.

Damit sind wichtige hermeneutische Vorentscheidungen getroffen, die den Rahmen abstecken, innerhalb dessen bei Pius Parsch Neuansätze und Neuakzente einer historischen und theologischen Bewertung einzelner Aspekte der Eucharistiefeier oder ihrer Gesamtgestalt möglich erscheinen.

3. Sammlung und Synthetisierung historischer und theologischer Forschungen zur Eucharistie

Eucharistietheologisch verfolgt Pius Parsch keine dogmatische Strategie und auch kein stringentes systematisch-theologisches Programm. Er geht vielmehr vom gefeierten Ritus aus, arbeitet seine Grundgestalt und seine Einzelelemente von ihren neutestamentlichen Ursprüngen sowie ihren geschichtlichen Entwicklungsstufen her auf und stellt die ihm wesentlich erscheinenden theologischen Aspekte so zusammen, dass daraus eine für die Praxis des Glaubens und der Liturgie sinnerschließende Reflexionslandschaft entsteht. Das Ergebnis dieser Methode besteht in einer historischen und theologischen Synthetisierung. Parsch konstruiert vor allem in der ersten Auflage seiner Messerklärung eine organische Entwicklungslinie von den neutestamentlichen Ursprüngen bis zum rezenten Messritus. In der Erklärung und praktischen Reflexion des geltenden Messritus finden sich dann an vielen Stellen Vorschläge und Optionen zur Integration alter, aber im Lauf der Zeit verloren gegangener oder zurückgedrängter Aspekte der Sinn- und

---

13 So die Überschrift des fünften Kapitels, ME3, 93–106.

Feiergestalt der Eucharistie. Vorrangig betrifft dies die Wiedergewinnung einer gemeinschaftlichen, alle Mitfeiernden einbeziehenden liturgischen Handlungsgestalt, die Parsch in den ersten Jahrhunderten der christlichen Liturgiegeschichte als unhintergehbare Basis der Feier des „Herrenmahles" bzw. der „Eucharistia" erblickt.

Vermutlich hat gerade diese – aus heutiger Sicht wissenschaftlich nicht mehr haltbare – Methodik positiv dazu beigetragen, dass eine umfassende Reform des Messritus gesamtkirchlich überhaupt möglich geworden ist. Die Messerklärung Parschs lebt von der Imagination einer grundsätzlich großen Kontinuität römischer bzw. römisch-katholischer Liturgie von den neutestamentlichen Ursprüngen bis ins 20. Jahrhundert, freilich mit vielen Facetten und Aspekten, die vor dem Hintergrund dieser Gesamtschau in der von Parsch vorgefundenen Feierpraxis vertiefungs- und verbesserungswürdig erschienen.

Die eucharistietheologischen Hauptkategorien seiner Messerklärung sind in der ersten und zweiten Auflage durch folgende Begriffe umrissen: Die Eucharistiefeier ist Gedächtnisfeier, Opfer und Lebensspeise in der Gestalt des von Jesus Christus gestifteten eucharistischen Mahles.[14] In der dritten Auflage modifiziert Parsch diese zunächst noch eher nebeneinander stehenden Grundkategorien, indem er den anamnetischen Charakter der Eucharistiefeier noch stärker betont und ihren Opfercharakter an die Vergegenwärtigung nicht nur des Kreuzestodes Jesu Christi,[15] sondern seiner gesamten Heilssendung,[16] sowie an die Mahlgestalt[17] und die „Speise des Gnadenlebens"[18] bindet, zu der alle Gläubigen in der Eucharistiefeier geladen sind.

In der dritten Auflage seiner Messerklärung geht Pius Parsch wie bereits skizziert in viel stärkerem Ausmaß als in den beiden ersten Auflagen explizit auf konkrete Reformpunkte ein und plädiert für deren Umsetzung. Zugleich betont er durchgängig, dass es nicht Aufgabe eines einzelnen Gläubigen sein kann, die Liturgie der Gesamtkirche zu reformieren. Er nimmt aber für sich das Recht in Anspruch, Anstöße dazu zu geben, und verleiht seiner Hoffnung Ausdruck, dass der Heilige Geist in der Kirche ein entsprechendes Reformwerk in Gang bringen wird.

---

14 Vgl. ME1, 11–20; ME2, 11–21.
15 Vgl. ME3, 31–32.
16 Vgl. ME3, 33.
17 Vgl. ME3, 33–37.
18 ME3, 50–54.

„Ich mache in diesem Buche selbstverständlich nur Vorschläge für die Vervollkommnung der Eucharistiefeier, die disziplinärer, nicht dogmatischer Natur sind. Zu solchen Vorschlägen ist jeder Christ berechtigt, zumal wenn er eine fachmännische Eignung zu haben glaubt und seine Vorschläge in Unterordnung unter die gesetzte Obrigkeit vorlegt."[19]

Und im bereits erwähnten Kapitel fünf der dritten Auflage schreibt Parsch:

„Wie und ob die Kirche alle diese Schwächen der Messe beheben wird, das ist nicht unsere Sache. Wir wollen bloß dafür arbeiten, daß die Christen ihren Hauptkult immer besser verstehen und an ihm gottgewollt teilnehmen. [...] der Hl. Geist, der Lebendigmacher, hat seine Zeit und beruft seine Werkzeuge."[20]

4. Theologische Aspekte der Eucharistie in der Reflexionslandschaft von Pius Parsch

Worin bestehen nun die zentralen theologischen Aspekte der Eucharistiefeier in der von Pius Parsch präsentierten Reflexionslandschaft seiner Messerklärung? Um auf diese Frage eine konzise Antwort geben zu können, empfiehlt sich ein genauerer Blick in jenes Kapitel der Messerklärung, das über „Grundriß und Aufbau" der Messfeier Aufschluss gibt.[21] Hier bietet Parsch nicht nur eine schematische Darstellung des Messritus, sondern auch eine zusammengefasste theologische Interpretation seiner Struktur, seiner Einzelelemente und seiner inneren Dramaturgie bzw. Sinnlogik. Die innerhalb dieses Kapitels ins Auge springenden Unterschiede zwischen den ersten beiden Auflagen der Messerklärung einerseits und der dritten Auflage andererseits können auch exemplarisch

---
19 ME3, 8.
20 ME3, 98.106.
21 In ME1 ist dies das Kapitel III, 30–35. Dieses entspricht dem gleichnamigen Kapitel in ME2, 48–53, in dem Parsch nur marginale Unterschiede in einzelnen Formulierungen macht, die inhaltlich keinen neuen Akzent einbringen. In ME3, 82–92 erscheint dieser Abschnitt mit gleich bleibender Überschrift als Kapitel IV in einer etwas umfangreicheren und auch inhaltlich in wichtigen Punkten veränderten Gestalt.

verdeutlichen, welche Entwicklung die Eucharistietheologie Parschs im Zeitraum zwischen 1930 und 1950 genommen hat. In der folgenden Darstellung wird zunächst das Grundschema der Messfeier gemäß der Darstellung von Pius Parsch skizziert und erläutert (das zweigliedrige Mess-Schema und seine theologische Sinnlogik), dann werden einzelne eucharistietheologische Aspekte aufgegriffen, die Parsch entweder durchgehend hervorkehrt oder aber in der dritten Auflage neu fasst und betont (Geben und Empfangen, die beiden Tische der Messfeier, vom „Ich" zum „Wir", Anamnese und Epiklese, Wortgottesdienst statt Vormesse).

Das zweigliedrige Mess-Schema und seine theologische Sinnlogik

Parsch macht sich die zu seiner Zeit selbstverständliche Zweiteilung der Messfeier in Vormesse und Opfermesse zu eigen und folgt diesem Schema, das er auch bildlich in Anlehnung an eine zweigliedrige Sakralarchitektur darstellt: Die Vormesse entspricht der Vorhalle oder dem Atrium, die Opfermesse dem Heiligtum des Gotteshauses.[22] Sowohl die Begrifflichkeit als auch die bildliche Darstellung geben klar zu erkennen, dass es sich um zwei voneinander getrennte und unterschiedlich gewichtete Teile des Messritus handelt. Die Vormesse beschreibt Parsch als vorbereitenden und überleitenden Teil der Liturgie, der einen „Übergang von der Straße zum Gotteshaus bildet, [...] von dem Leben in der Welt zum Heiligtum des Opfers"[23]. Beide Teile der Messe sind jeweils durch eine innere Dramaturgie gekennzeichnet, die sich im Ritus entfaltet und als fortschreitender Weg hin zum Heiligtum und zur Begegnung mit Gott im Sakrament zu verstehen sei.

Die Vormesse bewegt sich vom Gebetsgottesdienst zum Lehr- oder Lesegottesdienst bzw. vom Menschenwort zum Gotteswort. Die Gebetselemente im Anfangsteil der Messe (Staffelgebet, Kyrie, Gloria, Kirchengebet) beschreiben laut Parsch einen Weg von der Reue (Staffelgebet) über das Sehnen (Kyrie) hin zum Lob (Gloria) und zur Bitte (Kirchengebet). Auf diesem Weg des Menschen zum Heiligtum kommt Gott, der Vater, im Lehrgottesdienst „seinem Kinde auf halbem Wege entgegen, er nimmt uns an der Hand, spricht zu uns"[24]. Dies geschieht durch die biblischen Lesungen, deren Höhepunkt die Verkündigung des Evangeliums

---

22 Vgl. ME1, 31 und ME3, 90.
23 ME1, 31 und ME3, 90.
24 ME1, 32 und ME3, 91.

bildet, und „durch die Kirche, durch Priestermund (in der Predigt)"[25]. Das Credo bezeichnet Parsch als „Türhüter" an der Schwelle zum Heiligtum der Opfermesse. „Der Türhüter ist der Glaube (Credo), er öffnet uns das Tor und wir stehen nun im hellstrahlenden Gotteshaus(e)."[26]

Während die Vormesse von Parsch mit diesem Zweischritt beschrieben wird, gliedert er die Opfermesse in drei Phasen: das „Offertorium" bzw. die „Opferbereitung", die „Wandlung (Canon)" bzw. das „Opfer" und die „Communion" bzw. das „Opfermahl".[27] Hier schreibt Parsch dem mittleren Teil die höchste Bedeutung zu: „der mittlere Teil ist das Herz, das Allerheiligste des Tempels der Messe: das Opfer Christi, das Volk nennt diesen Teil Wandlung, in der Sprache der Liturgie heißt er Kanon"[28]. Die beiden äußeren Teile, Opferbereitung und Opfermahl bezeichnet er als „die Klammern, die das Opfer Christi mit uns verbinden"[29]. An der theologischen Interpretation dieser Verklammerung des Opfers Christi mit der Feiergemeinde profiliert Parsch einen zentralen Aspekt der Eucharistietheologie. Dieser Aspekt erfordert eine genauere Betrachtung, die in Anlehnung an die Terminologie Parschs mit Geben und Empfangen überschrieben werden kann.

Geben und Empfangen

In der Dynamik der Opfermesse erkennt Parsch einen Vorgang des wechselseitigen Gebens und Nehmens zwischen Mensch und Gott: „in der Opfermesse gebe ich mein Brot (im Opfergang) und empfange Gottes Brot (im Opfermahl). Zwischen diesem heiligen Geben und Nehmen liegt auf dem Altar das geopferte, geschlachtete Gotteslamm"[30]. Dieselbe Dynamik sieht er auch im Wortgeschehen der Vormesse am Werk: „das Opfer Christi ist von einem zweifachen Geben und Nehmen eingeschlossen: in der Vormesse gebe ich mein Wort (im Gebet) und empfange dafür Gottes Wort (in Lesung und Predigt)"[31].

---

25   Ebd.
26   Ebd.
27   So die Begrifflichkeit in der schematischen Skizze ME1, 33. In der analogen Skizze ME3, 85 vermeidet Parsch den Begriff Offertorium und spricht von Opferbereitung und Opfergang. Zur Thematik des eucharistischen Opfers bei Pius Parsch vgl. auch den Beitrag von W. Haunerland in diesem Band.
28   ME1, 32 und ME3, 91.
29   Ebd.
30   ME1, 33–34 und ME3, 92.
31   ME1, 33 und ME3, 92.

Entscheidend für diese Bewegung des Gebens und Nehmens erachtet Parsch sowohl die theologische als auch die rituelle Würdigung des „Opferganges" und des „Opfermahls" unter Einbeziehung der gesamten feiernden Gemeinde. Im Herbeibringen der Gaben durch die Gläubigen sieht er den Hingabewillen und die Hingabebereitschaft des Menschen vor Gott gegeben[32] und im Opfermahl, also im Empfangen der heiligen Kommunion, identifiziert Parsch den Zielpunkt des gott-menschlichen Gabenaustausches, den er sogar als einen Vorgang der Vergöttlichung des Menschen bezeichnen kann:

> „Jetzt, im Opfermahl, erhalten wir jenes Brot wieder zurück, das wir im Opfergang hingelegt haben – doch verwandelt, vergöttlicht. Das ist ein tiefes Symbol: unser Menschenbrot ist Gottesbrot geworden. Die Gabe aber gilt für den Geber: Der natürliche Mensch ist zur Feier gekommen, der vergöttlichte soll nach Hause zurückkehren. Wir sind ‚der Gottheit teilhaftig geworden'. Das ist der Sinn der Erlösung, die uns in der Eucharistie zugewendet wird."[33]

Mit diesen eucharistietheologisch fundamentalen Gedanken bezieht sich Parsch zwar nicht ausdrücklich auf die in der Patristik entwickelten soteriologischen Konzepte des heiligen oder wunderbaren Tausches (*sacrum/admirabile commercium*) und des vor allem im Osten verbreiteten Motivs der *Theosis*. Dass er allerdings beides für die Interpretation des sakramentalen Heilsgeschehens der Eucharistie hier an zentraler Stelle integriert, zeigt doch an, wie sehr er auf altkirchliche Traditionen sowohl des Westens als auch des Ostens Bezug nimmt.

In einer Auseinandersetzung mit der Problematik der Kanonstille, also des still vollzogenen eucharistischen Hochgebetes in der römischen Messe, geht er in einer interessanten Interpretation so weit, dass er dieser Stille in seinem volksliturgischen Feierkonzept auch etwas Gutes abgewinnt, wenngleich er auf die Möglichkeit des lauten Vollzugs und auch auf ein neues Hochgebet hofft: Insofern nämlich die Elemente der Gabenbereitung, des Dank- und Lobpreisgebetes (Präfation und Sanctus) und der Kommunion in den Vordergrund des gottesdienstlichen Handelns der gesamten Feiergemeinde rücken und damit die wesentlichen Elemente der Einbeziehung der Gläubigen in die Bewegung

---

32 In ME3, 235–238 entwirft Parsch mit seiner Interpretation des „Opferganges" erste Ansätze für eine Theologie der Gabe im Kontext der Eucharistiefeier.
33 ME1, 177 und ME3, 351.

des heilbringenden Gebens und Empfangens zwischen Gott und den Menschen akzentuiert werden.³⁴

Die beiden Tische der Messfeier

Die Analogie zwischen dem Geben und Nehmen des Wortes in der Vormesse und der eucharistischen Gaben in der Opfermesse setzt Parsch auch in dem Bild der beiden Tische von Wort und Sakrament fort, das er in der *Imitatio Christi* des Thomas von Kempen gefunden hat. Parsch wendet dieses Bild schon in der ersten Auflage der Messerklärung unmittelbar auf die Feier der Messe an:

„Diese zwei [Glaube und Gnade] werden uns bei der Messe immer wieder mitgeteilt und entfaltet: In der Vormesse der Glaube oder Christus im Glauben [...]; in der Opfermesse wird das Opfer Christi vergegenwärtigt, das uns das göttliche Leben erkauft, wird die Eucharistie uns dargeboten, die uns dieses Leben erhält und entfaltet. [...] Thomas von Kempis spricht über diese zwei Brennpunkte der Messe ein schönes Wort: In der Schatzkammer der Kirche Gottes sind zwei Tische aufgerichtet: Einer ist der Tisch des heiligen Altars; auf diesem liegt das heilige Brot, das ist der köstliche Leib Jesu Christi. Der andere ist der Tisch des heiligen Gesetzes, auf diesem liegt die heilige Lehre, die uns im rechten Glauben unterweist und uns [...] in das Allerheiligste hineinweist [...] denn das Wort Gottes ist das Licht und dein Sakrament das Lebensbrot für meine Seele."³⁵

In der dritten Auflage der Messerklärung spricht Parsch sogar von den „zwei Kommunionen" der Eucharistiefeier: „Das sind die zwei Begegnungen Gottes: er kommt zu uns im heiligen Wort und im Leib des Herrn. Es sind zwei Kommunionen, die des Hörens und die des Genusses."³⁶ Mit den „zwei Tischen" bereitete Parsch wohl eine der theologisch und liturgiepastoral wirkmächtigsten Metaphern des Zweiten

---

34 Vgl. ME3, 342–345.
35 ME1, 34f., ME2, 52f., vgl. ME3, 85f.
36 ME3, 84. Parsch entwirft hier in wenigen Sätzen ein Konzept von Kommunion, das dem traditionell (neu)scholastischen Ansatz der „geistigen" Kommunion bzw. auch der frömmigkeitsgeschichtlich bedeutsamen Form der „Schau-Kommunion" unausgesprochen eine Absage erteilt.

Vatikanischen Konzils mit vor, wie er ja auch von der Sakramentalität des Wortes Gottes in der biblischen Verkündigung und in der Predigt spricht.[37]

Vom „Ich" zum „Wir"

Während die bisher besprochenen Aspekte der Eucharistietheologie Parschs zwar mit einigen vertiefenden Ergänzungen, aber insgesamt sehr stabil von der ersten bis zur dritten Auflage zu finden sind, lassen sich in den folgenden Aspekten Unterschiede feststellen, hinter denen eine Entwicklung sichtbar wird, die das theologische Verständnis nicht nur marginal, sondern doch substanziell betreffen. Der erste und auffälligste Unterschied zeigt sich in einem Wechsel vom „Ich" zum „Wir" in der schematischen Darstellung des Grundrisses und Aufbaus der römischen Messe. Während es im Schema der ersten Auflage heißt „ich bete, ich höre, ich gebe, ich opfere, ich empfange"[38], formuliert Parsch in der dritten Auflage an hervorgehobener Stelle in der ersten Person Plural:

„Wir beten   im Gebetsgottesdienst;
wir hören   im Lesegottesdienst;
wir geben   in der Opferbereitung;
wir opfern   im Kanon;
wir empfangen im Opfermahl."[39]

Angesichts der volksliturgischen Praxis und der von Anfang an gemeinschaftlichen Fundierung der Liturgie und insbesondere der Eucharistie bei Pius Parsch erscheint es verwunderlich, wie stark er in der ersten Auflage seiner Messerklärung bei einer auf die einzelne Person ausgerichteten theologischen Erschließung bleibt und den Gemeinschaftscharakter nicht durchgängig in seine sonst sehr praktisch und auf die rituelle Performanz ausgerichtete Theologie der Messfeier integriert. In der dritten Auflage holt er das nach, ohne allerdings ganz konsequent die vielen Textpassagen von der Ich- in die Wirform zu setzen. Dieser Umstand könnte ein Hinweis dafür sein, dass Parsch eine der Grundschriften der Liturgischen Bewegung, das 1918 von Romano Guardini

---

37 Vgl. Dei Verbum 21; vgl. den Beitrag von M. Benini in diesem Band.
38 ME1, 33 sowohl im Text als auch in der grafischen Darstellung, und auch in ME2, 51f.
39 ME3, 92 und auch in der grafischen Darstellung ME3, 85.

publizierte Buch „Vom Geist der Liturgie" nicht rezipiert hat. Dessen zweites Kapitel „Liturgische Gemeinschaft" handelt eindringlich vom ekklesialen „Wir" des Gottesdienstes und seiner Priorität gegenüber dem individuellen „Ich" der einzelnen Gläubigen.[40]

Anamnese und Epiklese

Ein zweiter Unterschied betrifft das in der dritten Auflage stärker reflektierte Verständnis des anamnetischen und epikletischen Charakters liturgischen Betens sowie der Eucharistiefeier insgesamt. Das Opferverständnis der Eucharistie wird hier stringent an den Gedächtnischarakter der Christus-Anamnese geknüpft und die Epiklese erscheint nun als bedeutendes Element eucharistischen Betens. Da beide Aspekte in der Geschichte der römischen Messe über lange Jahrhunderte in den Hintergrund geraten sind, bietet Parsch zur Verdeutlichung der altkirchlichen Eucharistie in seiner dritten Auflage der Messerklärung auch ein zweites grafisches Schema, „Grundschema der altchristlichen Eucharistiefeier", in welchem er in der Wortliturgie die Grundstruktur „Gotteswort" – „Gebet" festhält (und klar sieht, dass dies gegenüber dem Schema der „römischen Messe" genau die umgekehrte Reihung ist) und in der „Abendmahlfeier" nach „Friedenskuss" und „Opfergang" das eucharistische Hochgebet als „Eucharistia" festhält, mit den Elementen „Dialog", „Danksagung", „Einsetzungsbericht", „Gedächtnisgebet u. Epiklese" sowie „Doxologie u. Amen" (entsprechend dem altkirchlichen Eucharistiegebet in der sogenannten Traditio Apostolica). Als Schlussteil der Feier benennt er in diesem Schema „Heiliges Mahl", „Dankgebet" und „Entlassung".[41]

Den Begriff Anamnese führt Parsch zwar bereits in der ersten Auflage seiner Messerklärung ein, und zwar als Bezeichnung für ein Gebetselement des Canon Romanus, anhand dessen er dann das Wesen der Messfeier in einem ersten Angang erläutert.

„Unmittelbar nach den Konsekrationsworten finden wir [im römischen Messkanon] ein Gebet, das uralt ist und zurückreicht in die ersten Jahrhunderte der Kirche, es heißt Anamnese, auf deutsch: das Gedächtnisgebet; es lautet in der Übersetzung: So sind wir denn ein-

---

40 Vgl. R. Guardini, Vom Geist der Liturgie (Ecclesia Orans 1), Freiburg/Br. ¹1918 [Kapitel „Liturgische Gemeinschaft"].
41 ME3, 84.

gedenk, Herr [hier bringt Parsch eine deutsche Übersetzung des ‚Unde et memores' inkl. Opferdarbringungsaussage; …]. In diesem Gebete nun […] ist alles enthalten, was die Messe bedeutet."[42]

In der Erläuterung dieses Gebetes beschreibt er den Zusammenhang zwischen Gedächtnisfeier und Opfer noch so, dass die Anamnese als eine Vorbereitung auf die eucharistische Opferhandlung verstanden werden kann: „Aus der Gedächtnisfeier wird zugleich Wirklichkeit, wird ein Opfer."[43]

In der dritten Auflage zitiert Parsch das „Unde et memores", um den anamnetischen Charakter der Eucharistiefeier zu vertiefen,[44] nachdem er bereits in den vorhergehenden Abschnitten über die „Vergegenwärtigung des Kreuzestodes" und über „die Eucharistie als Mahl" gehandelt hat.[45] Und er bringt hier unmittelbar vor dem „Unde et memores" einen Hinweis auf altchristliche Liturgien bzw. Eucharistiegebete mit ihren anamnetischen Gebetselementen: „Die Liturgien der ältesten Zeit haben im Kanon oder in der Anaphora das sogenannte Gedächtnisgebet (Anamnese), welches dieses Gedenken formuliert. Das älteste Zeugnis bietet uns Hippolyt in der Apostolischen Überlieferung (um 220) […]"[46]. Das Verhältnis zwischen Anamnese, Mahl und Opfer fasst Parsch in der dritten Auflage schließlich so zusammen:

„Die äußere Form der Eucharistie war vom Heiland nicht als Opferfeier gedacht, sondern als Mahl. Aber hinter diesem Mahl steht, wie wir gleich festgestellt haben, der Kreuzestod Christi und dieser ist das eine große Opfer der ganzen Menschheit, von dem jedes andere Opfer nur ein Schatten ist. Folglich ist die Eucharistiefeier die Vergegenwärtigung dieses Opfers, also auch selbst das große Opfer."[47]

An einer markanten Stelle bringt Parsch klar zum Ausdruck, dass Jesus Christus nicht nur Objekt des liturgischen Gedenkens der Kirche ist, sondern dass von ihm her die Anamnese des Heilshandelns Gottes erfolgt, er also das primäre Subjekt der Vergegenwärtigung ist, die da-

---

42 ME1, 12.
43 ME1, 14.
44 Vgl. ME3, 37–41.
45 Vgl. ME3, 31–37.
46 ME3, 38.
47 ME3, 41f.

her auch einen gewichtigen soteriologischen Aspekt der Liturgie repräsentiert:

> „in der Messe vergegenwärtigt Christus sein ganzes Erlösungswerk. [...] Darum sagt die Secreta des 9. Sonntags nach Pfingsten im römischen Messbuch: Sooft die Gedächtnisfeier dieses Opfers begangen wird, vollzieht sich (aufs neue) das Werk der Erlösung (opus nostrae redemptionis exercetur)."[48]

Hier nimmt Parsch zumindest indirekt auch vorweg, was Jahrzehnte später im Anschluss an die Forschungen von Josef Andreas Jungmann und anderen von Hans Bernhard Meyer als zentraler eucharistietheologischer Punkt festgehalten wurde: „Eulogisches Gedenken Gottes (im genetivus subiectivus und obiectivus) durch Christus im Heiligen Geist."[49]

Was die Epiklese betrifft, so ist sich Parsch ab der zweiten Auflage der Messerklärung dessen bewusst, dass der römische Messkanon diesbezüglich eine Lücke aufweist, während die Epiklese sowohl im Eucharistiegebet der sogenannten Traditio Apostolica als auch in den ostkirchlichen Traditionen eine wesentliche Rolle spielt.[50] In der ersten Auflage ist die Epiklese für die Eucharistietheologie Parschs dagegen noch kein Thema. Nun geht er aber fest davon aus, dass aufgrund des Textbefundes der sogenannten Traditio Apostolica „der alte römische Kanon eine solche hatte"[51]. Im Canon Romanus sei dann „das Quam oblationem dem Sinn nach Ersatz dafür, eine Bitte um Verwandlung, wenn auch der Hl. Geist nicht genannt wird"[52]. Parsch gibt in der dritten Auflage auch seiner Hoffnung Ausdruck, dass das eucharistische Hochgebet und mit ihm an zentraler Stelle auch die Epiklese eine Erneuerung erfahren mögen: „Wenn es Gottes Wille ist, wird er die Erkenntnis und die Männer erwecken, das Wandlungsgebet wesensgemäßer zu gestalten, als es heute ist. [...] Daß wir aber

---

48 ME3, 33; dieses Gebetszitat wird sich im einleitenden Teil der Liturgiekonstitution des Zweitens Vatikanischen Konzils wiederfinden; vgl. Sacrosanctum Concilium 2.
49 H. B. Meyer, Eucharistie, in: LThK3, Bd. 3, 964; vgl. ders., Gottesdienst der Kirche. Handbuch der Liturgiewissenschaft, Teil 4: Eucharistie. Geschichte, Theologie, Pastoral, Regensburg 1989, 441–460.
50 Vgl. ME2, 46; und ME3, 77.
51 ME3, 315.
52 ME3, 315; vgl. ME2, 235.

einen wesensgemäßeren Kanon bekommen, dazu kann uns nur der Hl. Geist verhelfen."[53]

Wortgottesdienst statt Vormesse

In der ersten Auflage der Messerklärung taucht zwar der Begriff „Wortgottesdienst" an mehreren Stellen auf, jedoch im Kontext der historischen Skizzen zur frühchristlichen Liturgieentwicklung, wo Parsch vom „Wortgottesdienst" bei Justin dem Märtyrer[54] oder zuvor schon beim Synagogengottesdienst[55] spricht. Erst in der dritten Auflage rückt dieser Begriff in die theologische Reflexion zur Messfeier auf. In der Beschreibung der beiden Skizzen – Grundschema der altchristlichen Eucharistiefeier und Grundriss und Aufbau der römischen Messe – verwendet Parsch nun die Bezeichnung „Wortgottesdienst" zur Benennung des ersten Hauptteiles der Messfeier, wenngleich er weiterhin auch von der „Vormesse" sprechen kann.[56] Prägnant wird das vertiefte Verständnis über den Stellenwert der Wortliturgie innerhalb der Eucharistiefeier in der Änderung der Überschrift zum entsprechenden Kapitel deutlich: In den ersten beiden Auflagen lautet diese traditionell „Die Vormesse im geschichtlichen Werden"[57], während sie in der dritten Auflage umformuliert ist zu „Der Wortgottesdienst im Wandel der Zeiten"[58]. Parsch bedauert in der dritten Auflage die Vernachlässigung der Wortliturgie in der römischen Tradition: „Leider müssen wir feststellen, daß der Wortgottesdienst seit Jahrhunderten verkümmert wurde [...] Allerdings ist die volksliturgische Bewegung bestrebt, den Wortgottesdienst wieder lebendig zu machen."[59] In Anlehnung an das von Josef Andreas Jungmann formulierte liturgische Grundschema (Lesung – Gesang – Gebet) betont Parsch für das rechte Verständnis der Wortliturgie die Vorordnung des Gotteswortes vor das Gebetswort der Kirche: „Das Wesentliche des Wortgottesdienstes ist und bleibt das heilige Wort. Dieses darf auch nicht durch die verschiedenen Gebetsakte verschleiert und verkümmert werden."[60]

---

53 ME3, 342f.347.
54 ME1, 28.
55 ME1, 25.
56 Vgl. ME3, 84–86.
57 ME1, 36 und ME2, 54.
58 ME3, 107.
59 ME3, 86.
60 ME3, 90.

5. Neuansatz in der Wende zum performativen liturgischen Handeln der gesamten Gemeinde und in Ansatzpunkten einer Theologie der Gabe

Der eucharistietheologische Neuansatz von Pius Parsch liegt in der konsequenten Wendung ins Performative, und zwar in Gestalt der Feiergemeinschaft der Gläubigen, ihres gottesdienstlichen Handelns in Wort und Zeichen und ihrer dramatischen Bewegung hinein in das Gottes-Mysterium. Darin ist er der Wegbereiter einer modernen mystagogischen Liturgie-Erschließung und einer liturgischen Theologie in und aus der rituellen Erfahrung des Gottesdienstes. Für die Eucharistiefeier bedeutet dies konkret, dass Pius Parsch die Dramaturgie der Feier als eine doppelte Bewegung wechselseitigen Gebens und Empfangens zwischen Gott und den Menschen auslegt, wobei sowohl in der Bewegung des Wortgottesdienstes als auch in der Bewegung der Eucharistie die Hinwendung Gottes zu den Menschen entscheidend ist.[61] Die Gläubigen aber öffnen sich in Gemeinschaft mit der gesamten Kirche für den Empfang der Gottes-Gaben, indem sie sich sowohl im Wort als auch in liturgischen Gesten sowie in realen (zwischenmenschlichen und diakonischen) Handlungen durch Hinwendung und Hingabe jenem stets größeren Mysterium anheimstellen, in dem Gott selbst durch Jesus Christus und im Heiligen Geist die Welt mit sich versöhnt und seinen Geschöpfen Anteil an seiner eschatologischen Wirklichkeit schenkt.

---

61 In Auseinandersetzung mit Ansätzen einer „Phänomenologie der Gabe" aus dem französischsprachigen Raum wurden nach der Jahrtausendwende eucharistietheologische Konzepte in Korrespondenz mit einer „Theologie der Gabe" entfaltet, vgl. z. B. V. Hoffmann, Christus – die Gabe. Zugänge zur Eucharistie, Freiburg/Br./Basel/Wien 2016. Im Kapitel über den Sinn des Opferganges der Gläubigen und in den darauf folgenden Abschnitten über die Geschichte des Offertoriums in der römischen Messe und seine volksliturgische Erneuerung hat Parsch bedeutende Aspekte einer eucharistischen Theologie der Gabe bzw. des gott-menschlichen Gebens und Empfangens vorweggenommen. Vgl. ME3, 235–265.

„Die heutigen Christen haben kein Opferbewußtsein."
Beobachtungen zur Messtheologie bei Pius Parsch

Winfried Haunerland

Es ist bald ein Vierteljahrhundert her, dass ich als junger Professor in Linz zur Messe als Opfer sprechen sollte. Seinerzeit wies ich darauf hin, dass die Rede vom Opfer am Ende des 20. Jahrhunderts problematisch geworden sei, meinte aber mit Rückgriff auf Heinrich Bölls Erzählung *Der Zug war pünktlich* von 1949 sagen zu können:

> „Vor knapp 50 Jahren konnte es offensichtlich gelingen, mit einem menschlichen Lebensschicksal das Wesen des Messopfers und mit dem Wesen des Messopfers das Leben eines Menschen zu interpretieren."[1]

Ich ging also davon aus, dass der Opferbegriff und das Verständnis der Messe als Opfer erst in jüngerer Vergangenheit zum Problem geworden seien. Umso überraschter war ich, als ich bei Pius Parsch die Aussage fand:

> „Die heutigen Christen haben kein Opferbewußtsein."[2]

Der Satz steht in der ersten Auflage der *Volksliturgie* von 1940. Die Aussage findet sich zwar so nicht mehr in der zweiten Auflage von 1952, weil das Kapitel über die Messopfererziehung vollständig neu geschrieben wurde. Dafür fand 1950 ein ganz ähnlicher Satz in die dritte Auflage seiner *Messerklärung* Eingang. Dort nämlich heißt es: „Der Begriff des Opfers ist uns Christen ganz abhanden gekommen [...] im religiö-

---

[1] W. Haunerland, Die Messe – eine Opferfeier?, in: ThPQ 146 (1998) 125–135, hier: 135; Wiederabdruck in: ders., Liturgie und Kirche. Studien zu Geschichte, Theologie und Praxis des Gottesdienstes (StPaLi 41), Regensburg 2016, 313–326, hier: 326.
[2] P. Parsch, Volksliturgie. Ihr Sinn und Umfang, Klosterneuburg/Wien 1940, 387.

sen Leben ist der Begriff des Opfers uns modernen Menschen entschwunden."³

Auch sprechen die weiterhin intensiven Bemühungen um die Messopfererziehung nicht dafür, dass Parsch sein Urteil in der *Volksliturgie* revidiert hätte.

Dabei ging Parsch schon 1940 davon aus, dass seinen zeitgenössischen Mitchristen das Opfer als religiöse Kulthandlung fremd geworden ist:

> „Sie vereinigen sich mit Gott nur im Gebet und in Gedanken, wissen aber nicht, daß es noch eine höhere Vereinigung gibt: durch die Tat, durch das Opfer. Es ist ihnen schon der Tod Christi als Opfer wenig geläufig; noch viel weniger haben sie ein Verständnis für das Meßopfer. Die Messe ist uns nur mehr eine Andacht, eine sehr fromme Übung, in der wir sogar Christus selbst auf dem Altar gegenwärtig haben; aber daß sie ein Opfer ist und wie sie ein Opfer ist, das kommt den meisten nicht zum Verständnis. Es wird also eine besondere Aufgabe der kommenden Zeit sein müssen, das Opferbewußtsein im Volke wieder lebendig zu machen."⁴

Noch deutlicher wird Parsch 1950 in der dritten Auflage der *Messerklärung*, wenn er erkennen lässt, dass er Schaufrömmigkeit und Anbetungskult innerhalb der Messfeier für eine Fehlentwicklung hält. Deshalb benennt er als Anliegen der Volksliturgie,

> „die Gläubigen wieder mehr zum Opferbewußtsein zu erziehen. Gerade im heiligen Opfer soll der eucharistische Anbetungskult und die Schaufrömmigkeit wieder zurückgedrängt werden. Hier im Kanon ist mehr das Opfer als die Anbetung zu betonen; dazu muß das Volk wieder erzogen werden."⁵

Es ist also offensichtlich, dass der Opfercharakter der Messe für Parsch zentral ist.⁶ Aber genauer herauszuarbeiten ist, worin dieser Opfercha-

---

3 Ders., Messerklärung im Geist der liturgischen Erneuerung. Neu eingeleitet von Andreas Heinz (PPSt 4), Würzburg 2006 [Nachdruck der dritten, erw. Aufl. 1950], 52.
4 P. Parsch, Volksliturgie (1940), 387.
5 Ders., Messerklärung (1950/2006), 306.
6 Vgl. die Einschätzung bei A. Heinz, Einführung zur Neuausgabe, in: P. Parsch, Messerklärung (1950/2006), 7–22, hier: 19: „In der dann auf diese [zum Opferbegriff

rakter besteht, welche Opfervorstellung und Messopfertheologie Parsch hat bzw. welche Opfervorstellung und Messopfertheologie er den Lesern nahebringen will.

Bevor dies an zwei Textcorpora dargestellt werden kann, ist für eine adäquate Interpretation ein Blick auf den Charakter des Schrifttums von Pius Parsch notwendig. Abschließend sollen dann eher Hypothesen formuliert werden, deren eingehende Überprüfung hier allerdings nicht mehr erfolgen kann.

1. Das Messopfer im Schrifttum von Pius Parsch

Parsch ist kein systematischer Theologe und will dies auch nicht sein. Parsch ist Seelsorger und möchte seine Zeitgenossen zu einem tieferen Verständnis der Liturgie und – im Blick auf das hier verhandelte Thema – der Messe führen und so einer fruchtbaren Feier dienen. Deshalb schreibt er auch keine systematischen Abhandlungen. Vielmehr lassen selbst seine Monografien erkennen, dass sie aus Vorträgen und kleineren Aufsätzen entstanden sind. Vor allem aber sind seine „Bestseller" wie die *Messerklärung* und die *Volksliturgie* bei neuen Auflagen überarbeitet worden.

Natürlich wäre es hilfreich, wenn die jüngeren Nachdrucke nicht nur die Ausgabe letzter Hand dokumentierten, sondern mit einem kritischen Apparat ausgestattet wären, im dem etwa die verschiedenen Auflagen gegenübergestellt werden und Quellen aus anderen Schriften, vor allem auch aus seinen Kleinschriften, identifiziert wären. Allein das Fehlen von solchen Editionen oder entsprechenden Synopsen macht es schwierig zu klären, ob es Entwicklungen in Parschs Theologie gibt oder ob bestimmte Aussagen und Motive allein durch die jeweils angesprochene Zielgruppe zu erklären sind. Roman Stafin hat in seiner Innsbrucker Dissertation ausdrücklich auch nach der „Entwicklung der Theologie der Eucharistie bei Pius Parsch" gefragt und ist den Veränderungen in den verschiedenen Auflagen der Messerklärung nachgegangen.[7] Doch während er weitgehend im Formalen bleibt, soll im Folgenden zumindest

---

grundlegenden] Überlegungen folgenden Erklärung der einzelnen Teile der Messe ist der Opfergedanke durchgehend präsent."

7 Vgl. R. Stafin, Eucharistie als Quelle der Gnade bei Pius Parsch. Ein neues Verhältnis zwischen Gott und dem Menschen (PPSt 2), Würzburg 2004, 183–213.

für einige wenige Textpassagen zur Messopferlehre versucht werden, Entwicklungen und Akzentverschiebungen genauer nachzuspüren.

Deshalb sind zuerst Texte zu identifizieren, in denen Parsch sich dezidiert mit dem Opfercharakter der Messe auseinandersetzt. Aufgrund der großen Produktivität des Klosterneuburger Chorherren können allerdings nicht alle einzelnen Kleinschriften ausgewertet werden, sondern es bedarf einer Konzentration auf einige wenige zentrale Texte.

So veröffentlicht Pius Parsch in seiner Schriftenreihe *Liturgische Praxis* 1930 ein kleines Bändchen mit dem Titel *Messpredigten. Vorträge für eine liturgische Woche*.[8] In diesen Predigten thematisiert er die Messe als „das Opfer der Christenheit" (19–21). Jeweils eigene „Vorträge" gelten der Opferung (55–63), der Wandlung (64–71) und dem Opfermahl (72–82).

Teilweise wörtlich greift Pius Parsch diese Texte in der ebenfalls 1930 herausgegebenen Schrift *Kurze Messerklärung* auf, die offensichtlich nicht nur – wie er selbst sagt – aus einer Aufsatzreihe in der Zeitschrift *Bibel und Liturgie* erwachsen war, sondern auch auf andere Publikationen zurückgreift. Parsch handelt darin einleitend „Vom Wesen der Messe", bezeichnet diese als

> „*Opfermahl*, denn es wird Fleisch und Blut des Herrn gegessen, und zwar jenes Fleisch, das im Tode geopfert, jenes Blut, das im Tode vergossen wurde"[9].

Ausführlich handelt er dann über das „Opfer"[10].

Unter dem Titel *Messerklärung im Geiste der Liturgischen Erneuerung* erscheint 1937 die zweite, verbesserte Auflage. Sie beginnt ebenfalls mit dem Kapitel über das „Wesen der Messfeier" und enthält mit leichten Modifikationen auch die Ausführungen über das Opfer.[11] Die dritte Auflage von 1950 macht dieses Kapitel zum zweiten Kapitel und stellt es unter die Überschrift „Vom Wesen der Eucharistie". Einschlägig ist darin der Absatz vier „Das heilige Opfer"[12], der allerdings über weite Teile ganz neu verfasst ist.

---

8 Vgl. P. Parsch, Messpredigten. Vorträge für eine liturgische Woche (Liturgische Praxis 2), Klosterneuburg 1930.
9 Ders., Kurze Messerklärung, Klosterneuburg 1930, 11.
10 Ebd., 14–18.
11 Vgl. ders., Messerklärung im Geiste der liturgischen Erneuerung. Zweite, verb. Aufl., Klosterneuburg 1937, 14–17.
12 Vgl. ders., Messerklärung (1950/2006), 51–59.

Auch das erstmals 1940 erschienene Buch *Volksliturgie. Ihr Sinn und Umfang* ist keine systematische Darstellung aus einem Guss, sondern greift vielfach Vorträge auf, die Pius Parsch in den letzten 15 Jahren gehalten hat. Parsch sieht die Aufgabe, „die Gläubigen zur Meßfeier [zu] erziehen"[13] und stellt seine Überlegungen dazu unter die Überschrift „Meßopfererziehung". Darin wird einerseits auf einer knappen Seite, aus der schon eingangs zitiert wurde, über das Opfer gesprochen[14], andererseits skizziert Parsch „Richtlinien für Meßpredigten", in denen der Opfercharakter der Messe eine große Rolle spielt.[15] In der zweiten Auflage von 1952 gibt es ebenfalls einen ausführlichen Teil zur „Messopfererziehung", der aber wiederum weitgehend neu erarbeitet scheint.[16]

Weil die opfertheologischen Aussagen der *Messpredigten* von 1930 in der *Messerklärung* aus demselben Jahr aufgegriffen werden, reichen also zwei Angänge, um nach der Messopfertheologie in der *Messerklärung* einerseits und andererseits in der *Volksliturgie* zu fragen.

2. Zur Messopfertheologie in der *Messerklärung*

Geradezu klassisch beginnt Parsch 1930 bei der Frage, was denn ein Opfer sei. Seine Antwort: „Das ist ein irdisches Gut, ein Ding, das mir gehört, das ich aber Gott schenke, indem ich es aus meinem Gebrauche fortnehme."[17]

Parsch verweist exemplarisch auf das Opfer des Abel und des Kain und fährt fort:

> „Durch Entziehung dieser Güter aus ihrem Besitz wollten die Menschen die Herrschaft Gottes anerkennen. Doch das ist nicht der tiefste Sinn des Opfers. Das Opfer geht aus dem Bewußtsein der Sünde hervor; es geht aus dem Streben des Menschen hervor, für die Sünde Sühne zu leisten."[18]

---

13 Ders., Volksliturgie (1940), 376
14 Vgl. ebd., 387.
15 Vgl. ebd., 390–394.
16 Vgl. P. Parsch, Volksliturgie. Ihr Sinn und Umfang (PPSt 1), Würzburg 2004 [unveränd. Nachdruck d. zweiten, erw. Aufl., Klosterneuburg/Wien 1952], 345–357.
17 Ders., Kurze Messerklärung (1930), 14; ähnlich ders., Messpredigten (1930), 19.
18 Ders., Kurze Messerklärung (1930), 15; ders., Messpredigten (1930), 19.

1937 ergänzt er diese Ausführungen, indem er zwischen die Anerkennung der Herrschaft Gottes und den Sühnegedanken noch ein weiteres Element setzt:

> „Im Opfer liegt die Sehnsucht des Menschen, sich mit Gott zu vereinigen. Der Mensch geht durch die Hingabe und Vernichtung seines Opfers in Gott ein und Gott teilt sich ihm durch die gnädige Annahme und besonders durch das Opfermahl mit. Das Opfer ist daher bei allen Völkern der höchste Kultakt gewesen. Im Opfer berühren sich Gott und Mensch auf das innigste."[19]

Wie es seinerzeit vielfach üblich ist, nimmt Parsch seinen Ausgang bei einem allgemeinen biblischen oder auch religionsgeschichtlichen Opferbegriff. Mit seiner Ergänzung von 1937 fügt er allerdings ein Element hinzu, das zwar auch im großen Feld religiöser Opfer zu finden ist, aber doch nicht einfach religionsgeschichtlich verallgemeinert werden kann. Denn die Sehnsucht nach der Vereinigung mit Gott, das Opfer als Weg zu dieser Vereinigung und vor allem auch ein Opfermahl gibt es zwar durchaus in bestimmten Religionen, aber wohl kaum als zentrale religionsgeschichtliche Konstanten. In seine allgemeine Opfertheorie integriert Parsch faktisch bereits christliche Vorstellungen, die eng mit der Messfeier verbunden sind, und kann diese Motive dann natürlich in der Messfeier wiederfinden.

Im Blick auf den Sühnecharakter geht Parsch davon aus, dass die Tieropfer der Juden und Heiden natürlich nicht wirkliche Sühne leisten können. Als vollgültiges Versöhnungs- und Sühneopfer brauchte es das unschuldige Gotteslamm. Da Gott nicht sterben kann, muss der Sohn Gottes Mensch werden.

> „Jetzt war ein Sühnopfer da, das alle Sündenschuld in vollkommenster Weise tilgen konnte. Als Mensch konnte er für die Sünden sterben, als Gott konnte er volle Genugtuung leisten."[20]

Auch wenn das Kreuzesopfer das vollkommene Versöhnungsopfer für alle Sünden der Menschen ist, kommen die Menschen nicht ohne eigenes Zutun in den Himmel.

---

19 Ders., Messerklärung (1937), 15.
20 Ders., Kurze Messerklärung (1930), 16; ders., Messpredigten (1930), 20.

> „[W]ir müssen *uns das Kreuzesopfer zu eigen machen; es muß auch unser Opfer sein.* Das göttliche Opferlamm muß in unsere Hände gelegt werden und wir müssen es dem himmlischen Vater für unsere Erlösung darbringen können."[21]

Genau dafür gibt es das Messopfer, das die Vergegenwärtigung des Kreuzesopfers Christi ist. In den *Messpredigten* von 1930 formuliert Parsch:

> „[H]ier ist Golgotha; Christus bringt wieder dem Vater seine Hingabe in den Tod dar, er stellt vor uns sein Opfer, das die Welt erlöst hat. Nun verstehen wir von neuem, daß die hl. Messe das einzige und wahre Opfer der Christenheit, der erhabenste Gottesdienst auf Erden ist. Wenn wir also zur Messe gehen, treten wir an den Kalvarienberg: Christus stirbt für uns am Kreuze!"[22]

Offensichtlich merkt Parsch schon, dass er mit dieser Formulierung in seinen *Messpredigten* doch nicht ganz verdeutlicht hat, warum denn die Messe auch unsere Sache ist. Jedenfalls lauten diese letzten Sätze in dem Buch *Kurze Messerklärung* aus demselben Jahr:

> „[H]ier ist Golgotha. Christus erneuert seine Hingabe an den Vater im Tode, er erneuert sein Opfer, das die Welt erlöst, und er will uns die Früchte seines Opfers geben. Wir verstehen jetzt die Worte der Anamnese besser: ‚Wir sind eingedenk … des seligmachenden Leidens … Christi, deines Sohnes … und bringen deiner erhabenen Majestät ein reines *Opfer*, ein heiliges *Opfer*, ein unbeflecktes *Opfer* dar.'"[23]

Diese Ausführungen aus den 1930er Jahren formuliert Parsch in der *Messerklärung* von 1950 noch einmal wesentlich um. Einleitend unterscheidet Parsch 1950 zwischen der äußeren Gestalt der Eucharistie als Mahl und ihrem inneren Wesen. Weil sie aber die Vergegenwärtigung des Kreuzesopfers sei, sei sie auch selbst das große Opfer. In der *Mess-*

---

21 Ders., Kurze Messerklärung (1930), 16; ders., Messpredigten (1930), 21. – Die Auszeichnungen in Zitaten entstammen hier wie im Folgenden immer dem Original.
22 Ders., Messpredigten (1930), 21.
23 Ders., Kurze Messerklärung (1930), 16f.; ders., Messerklärung (1937), 17 ergänzt noch „Christus erneuert, oder genauer, vergegenwärtigt seine Hingabe an den Vater im Tode".

erklärung von 1950 versucht Parsch erst im Anschluss an diese Vorklärungen Allgemeingültiges über das Opfer zu sagen und definiert nun vier Elemente, die zu jedem Opfer gehören: der Priester, der das Opfer darbringt, die Opfergabe, die innere Gesinnung der Hingabe und schließlich die Vereinigung mit Gott als das Ziel und der Endzweck des Opfers: „Der Mensch will sich durch das Opfer mit Gott verbinden."[24]

Der Sühnegedanke, der in der Predigt 1930 noch alleine genannt wurde, kommt jetzt überhaupt nicht mehr zum Tragen. Ziel des Opfers ist die Vereinigung mit Gott.

Neu formuliert, aber in der Sache weiter präsent ist die biblisch-religionsgeschichtliche Argumentation, wenn Parsch über das Kreuzesopfer sagt:

> „[E]s ist das allumspannende, große und einzige Opfer der Menschheit. Seither sind die blutigen Opfer des Alten Bundes, die nur Schatten dieses Opfers bedeuten, überflüssig. In dieses Opfer fließen alle Opfer der Menschen; dieses Opfer verbindet die Erde mit dem Himmel. Sollten wir aber nach diesem Opfer Christi in unserer Kirche kein Opfer mehr haben? Hat nicht jede Religion ihre Opfer? Hat nicht auch der Christ das Bedürfnis, sich durch ein Opfer mit Gott zu verbinden? Ja, auch wir Christen sollen unser Opfer haben, aber es soll kein anderes sein als das Kreuzesopfer Christi. Da hat denn Christus für seine Kirche eine Kulthandlung eingesetzt, die sein Opfer am Kreuz vergegenwärtigt und erneuert."[25]

Natürlich darf nicht übersehen werden, dass Parsch hier keinen dogmatischen Traktat schreibt, sondern katechetisch wirken möchte. Insofern mag es eine Argumentation *ad hominem* sein, wenn er vom Bedürfnis der Christen nach einem Opfer spricht. Inhaltlich bleibt Parsch damit ganz auf der Linie des Konzils von Trient. Denn nach dessen Lehre und Kanones über das Messopfer von 1562 hat Jesus Christus „ein sichtbares (wie es die Natur des Menschen erfordert) Opfer hinterlassen"[26]. Ganz auf der entsprechenden Linie dieses Konzils, das vom Darbringen des Leibes und Blutes Christi in der Messe spricht, bleibt Parsch auch, wenn er an einem Opferakt in der Messfeier festhält und von den in Leib und Blut Christi verwandelten Ga-

---

24 Ders., Messerklärung (1950/2006), 52.
25 Ders., Messerklärung 1950 (2006), 57.
26 DH 1740.

ben sagt: „Diese kostbare Opfergabe liegt auf dem Altar und darf von uns Gott dargebracht werden."[27]

1930 lässt Parsch keine Zweifel daran, dass die Vergegenwärtigung des Kreuzesopfers in der Konsekration geschieht, dass die Wandlung „jener hochheilige Augenblick [ist], in dem sich das Opfer des Neuen Bundes vollzieht, in dem der Opferleib und das Bundesblut unseres Herrn Jesus Christus auf dem Altar liegt"[28].

Verwunderlich ist, dass Parsch den Relativsatz „in dem sich das Opfer des Neuen Bundes vollzieht" in der Ausgabe von 1950 streicht. Denn die Enzyklika *Mediator Dei* von 1947 hatte an den beiden Opferbegriffen, die im Deutschen relativ unverbunden nebeneinander stehen, festgehalten, aber zugleich die *incruenta immolatio*, d. h. die „unblutige Opferung" in der Wandlung, von der *restricti nominis oblatio* der göttlichen Opfergabe, d. h. einer „Opferung im eingeschränkten Sinne", unterschieden.[29] Ein klares Bekenntnis, dass sich das eigentliche Opfer des Neuen Bundes in der Konsekration ereignet, wäre 1950 in Fortschreibung der Liturgieenzyklika eigentlich zu erwarten gewesen.

Relativ harmonisch fügt sich allerdings abschließend in der Ausgabe von 1950 die Aussage ein, dass die Kommunion, also das Opfermahl, Ziel und Endzweck des Opfers realisiert, insofern die Kommunion die Gläubigen aufs innigste mit Christus und mit Gott verbindet.[30]

3. Zur Messopfertheologie in der *Volksliturgie*

Auch wenn die *Volksliturgie* keine stringente systematische Studie ist und Parsch die Leser ausdrücklich um Nachsicht bittet, „wenn sie in diesen Vorträgen einen oder den anderen Gedanken wiederholt fin-

---

27 P. Parsch, Messerklärung (1950/2006), 58.
28 Ders., Messpredigten (1930), 64. Ähnlich auch ders., Kurze Messerklärung (1930), 151; ders., Messerklärung (1937), 236; ders., Messerklärung (1950/2006), 282, wobei dort allerdings der Relativsatz „in dem sich das Opfer des Neuen Bundes vollzieht" weggelassen werden.
29 Vgl. DH 3852.
30 Vgl. P. Parsch, Messerklärung (1950/2006), 58, aber auch 308–320. Ders., Messpredigten (1930), 72–82, ders., Kurze Messerklärung (1930), 203–220 und ders., Messerklärung (1937), 308–326 orientieren sich viel stärker am Verlauf der Messordnung. Die Texte können hier allerdings nicht analysiert werden.

den"³¹, gelingt es ihm doch – vermutlich auch auf dem Hintergrund der früheren Werke –, manche Zusammenhänge klarer auf den Punkt zu bringen. Hier versagt er sich einige grundsätzliche und damit auch theologisch angreifbare Aussagen und versteht seine Ausführungen deutlich als katechetisch-homiletische Hinweise auf die Frage, wie das Opferbewusstsein wieder lebendig gemacht werden könne. Seine Antwort:

> „An der Hand der Opfer des Alten Bundes kann man das zeigen: die Opfer Kains und Abels, des Noe, des Abraham, die zuerst die Hingabe an Gott zum Ausdruck bringen. Dann die Beziehung des Opfers zur Sünde; die stellvertretende Genugtuung in Tieropfern. Endlich das Ziel des Opfers, die Vereinigung mit Gott, wird im Opfermahl zum Ausdruck gebracht. Gerade diese drei Gedanken: Hingabe, stellvertretende Genugtuung und Vereinigung mit Gott, sind Vorbedingung zum Verständnis des Meßopfers (Opfergang, Opfer und Opfermahl). Auch das ist wichtig, daß wir das Opferbewußtsein ins Leben hineintragen und die täglichen Opfer mit dem Meßopfer verbinden."³²

In wünschenswerter Deutlichkeit erinnert Parsch daran, dass sich das eigentliche Opfer nicht in den verschiedenen Opferaussagen der Messe vollzieht. Vielmehr gilt:

> „Zuerst suche ich zu erklären, wo und wie das Opfer zustande kommt. Es besteht nicht aus den Opfergebeten, sondern es wird vollzogen in der Tatsache der Konsekration, dazu noch der Konsekration der getrennten Gestalten. In diesem Augenblick ist Christus Priester und Opfer zugleich."³³

Der Verweis auf die Doppelgestalt der Konsekration ist dabei bemerkenswert. Möglicherweise zeigt sich Parsch hier den eucharistischen Destruktionstheorien verbunden, etwa der Theorie der *mactatio mystica*, nach der das Messopfer sich in der sakramentalen Trennung von Leib und Blut Christi in der Wandlung vollzieht.³⁴

---

31 Ders., Volksliturgie (1940), 5.
32 Ebd., 387f.
33 Ebd., 392.
34 Vgl. etwa F. Dander, Art. „Destruktionstheorien", in: LThK² (1959 [1986]), Bd. 3, 253f., hier: 254: „Das Wesen des Meßopfers ist die Doppelkonsekration als sakra-

Wenn in der Konsekration der eigentliche Opferakt stattfindet, dann sind die Aussagen über das Opfern der Kirche in einem eher uneigentlichen Sinn zu verstehen. Parsch jedenfalls fährt fort: „Die Gebete um die Konsekration herum besagen, daß die Kirche mit allen Gliedern an dem Opfer teilnimmt und seine Früchte empfängt."[35]

Auch hier bietet sich wieder ein werkgeschichtlicher Blick in die zweite Auflage der *Volksliturgie* von 1952 an, die offensichtlich stark überarbeitet, wenn nicht sogar an manchen Stellen ganz neu verfasst wurde. Das gilt auch für den Abschnitt zur Messopferziehung. Einleitend und programmatisch macht Parsch hier darauf aufmerksam:

> „Das Kreuzesopfer steht im Mittelpunkt der Kirche, der Welt, alles Weltgeschehens. Und so ist auch seine Fortsetzung und Vergegenwärtigung in der Eucharistie (damit meine ich immer das Meßopfer) das Zentrum aller Gnade und alles Heiles."[36]

Während Parsch 1950 in der *Messerklärung* sich an das Volk und gegen dessen Konzentration auf Anbetungskult und Schaufrömmigkeit richtete, wenden sich seine Ausführungen jetzt an die Priester:

> „Diesen darf ich doch sagen, daß wir alle die Messe mehr als eine fromme Andachtsübung und als eine Privatandacht kennengelernt haben. Wir stecken viel zu tief in der Ich-Frömmigkeit, als daß wir die Messe als das objektive Erlösungsopfer Christi lebendig erfaßt hätten. Und wir feiern viel zu oft die Privatmesse allein für uns selbst, ohne das Volk hereinzuziehen, so daß wir die Messe nie recht als Opfer der Ekklesia, als Opfer der Gemeinde erfassen."[37]

Und deutlich stellt er heraus: „[W]ir Priester dürfen die Messe nicht als Privatandacht ansehen, nicht als Domäne des geweihten Priesters, sondern als das Opfer der Gemeinde, als Erlösungsopfer der Ekklesia."[38]

Parsch geht also davon aus, dass es zuerst einer Selbsterziehung und Selbstkorrektur der Priester bedarf, bevor die von ihm als notwendig

---

mentale (d. h. mit den Wandlungsworten u. den getrennten Gestalten von Brot und Wein gegebene) Trennung von Leib u. Blut, wodurch Christus im äußeren Gehaben des Leidenstodes dem Vater dargebracht wird."
35 P. Parsch, Volksliturgie (1940), 392.
36 Ders., Volksliturgie (1952/2004), 345.
37 Ebd., 346.
38 Ebd., 347.

erachtete Meßopfererziehung ihr Ziel erreichen kann. Das Volk braucht keine Kenntnisse über verschiedene Meßopfertheorien, aber „ein frommes, gläubiges und praktisches Wissen um die Messe [...]. Sie sollen einen lebensvollen Begriff des Opfers erhalten."[39]

Diesen vermag Parsch am Canon-Abschnitt *Unde et memores* nach der Wandlung abzulesen:

> „es ist 1) die lebendige Gedächtnisfeier des Todes Christi, aber auch der Auferstehung, Himmelfahrt, ja des ganzen Erlösungswerkes Christi [...]. 2) Sie ist das große Opfer Christi, Vergegenwärtigung und Fortführung des Kreuzesopfers. Christus ist Priester und Opfer zugleich."[40]

Die folgende Aussage über die Messe als Opfer der Kirche steht allerdings wie auch an anderen Stellen unverbunden daneben:

> „Das göttliche Opferlamm ist auch Opfer der Kirche. In die Hände der Kirche und jedes einzelnen ist das göttliche Opferlamm gelegt, das sie dem himmlischen Vater darbringen. Dieses Opfer ist die höchste Kulthandlung, die wir Menschen der göttlichen Majestät gegenüber ausführen können."[41]

Schließlich verweist Parsch – wie schon in der ersten Auflage der *Volksliturgie* – darauf, dass das Messopfer auch Opfermahl ist. Den Gedanken, dass das Opfer gerade durch das Opfermahl zu seinem

---

39 Ebd., 349. Auch die folgenden Zitate stammen von dieser Seite. – Die intensive Diskussion auf dem Vierten Liturgiewissenschaftlichen Symposion Klosterneuburg legt die Frage nahe, ob nicht gerade in der Suche nach einem „lebensvollen Begriff des Opfers" ein Hinweis auf die originelle Leistung Parschs zu finden ist (vgl. dazu auch ders., Volksliturgie (1940), 388 die oben zitierte Betonung der Wichtigkeit, „daß wir das Opferbewußtsein ins Leben hineintragen und die täglichen Opfer mit dem Meßopfer verbinden"). Was gelegentlich wie theologischer Eklektizismus wirkt, muss nicht Ausdruck mangelnder systematischer Kraft sein, sondern kann einem bestimmten hermeneutischen Interesse geschuldet sein. Möglicherweise könnte eine starke Fokussierung auf eine Herausarbeitung der Lebensrelevanz der Liturgie als eigenständige Bedeutung Parschs im Vergleich mit den anderen Proponenten der Liturgischen Bewegung bestimmt werden. Unter diesem Vorzeichen wäre jedenfalls eine erneute Analyse der Aussagen Parschs zur Meßopfertheologie sinnvoll. Dies kann allerdings im vorliegenden Beitrag nicht mehr geschehen.
40 Ebd.
41 Ebd.

Ziel und Endzweck komme, der Vereinigung mit Gott, sucht man hier allerdings vergeblich. Das Opfermahl wird hier lediglich als „Speise des Gnadenlebens, Nährkraft der Seele" bezeichnet.

4. Fragen zur Messopfertheologie bei Pius Parsch

Natürlich wäre es jetzt interessant, Parschs Quellen herauszuarbeiten und so zu prüfen, worin seine eigentliche Leistung besteht: Hat Parsch einen eigenständigen theologischen Ansatz oder ist er nur der geniale und erfolgreiche Multiplikator? Insofern wäre nun der logisch nächste Schritt ein eingehender Vergleich mit anderen Messerklärungen und weiteren zeitgenössischen Autoren, um den Abhängigkeiten Parschs, seiner Eigenständigkeit und möglichen Wechselbeziehungen auf die Spur zu kommen. Dies kann hier allerdings schon aufgrund fehlender Vorarbeiten nicht gelingen.

Parsch selbst weist auf „seine theologische Abhängigkeit von Matthias Joseph Scheeben"[42] hin und spricht von seinen Kontakten zu Odo Casel und Josef Andreas Jungmann.[43] Und Roman Stafin urteilt im Blick auf Casel sehr vorsichtig:

> „Es gibt Gründe für die Annahme, daß die Überlegungen O. Casels über das Mysteriengedächtnis der Meßliturgie P. Parsch in seiner Vorstellung von der Messe als Gedächtnis und Opfer beeinflußt haben."[44]

Diese Einschätzung ist sicher plausibel. Ob dies auch durch wörtliche Zitate oder spezifische Verweise erhärtet werden kann, müsste aber anhand der Literatur eingehender überprüft werden. Nur ein Beispiel: Parsch zitiert in der zweiten Auflage der *Volksliturgie* aus dem *Missale Romanum* die *Secreta* des 9. Sonntags nach Pfingsten, einen Text, der schon im sogenannten Sakramentar von Verona zu finden (Ve 93) und seit 1970 im *Missale Romanum* für den 2. Sonntag im Jahreskreis und den Gründonnerstag vorgesehen ist. Damit greift Parsch einen Text auf, den Odo Casel mehrfach als Zeugnis für die Mysterientheologie zi-

---

42 R. Stafin, Eucharistie, 215.
43 Vgl. dazu ebd., 215–235.
44 Ebd., 229.

tiert hat.[45] Aber ist diese *Secreta* seinerzeit auch bei anderen Autoren ein häufiger zitierter Referenztext gewesen oder hat sie tatsächlich (fast) ausschließlich durch die Vermittlung von Casel Aufmerksamkeit gefunden?[46] Eine solche kontextuelle Verortung von Parsch bedürfte also eine umfassendere Sichtung der zeitgenössischen Literatur, zumal „Pius Parsch die theologischen Werke anderer Autoren in seinem Schrifttum kaum zitiert und selten auf sie hinweist"[47].

Aufgrund der oben angestellten Beobachtungen wäre des Weiteren werkgeschichtlich zu überprüfen, ob der Sühnegedanke bei Parsch wirklich im Laufe der Zeit in den Hintergrund getreten ist. Theologiegeschichtlich wäre dann nach dem Kontext dieser Verschiebung zu fragen, also ob dies auch bei anderen Autoren der Liturgischen Bewegung zu finden ist oder ob sich hier tatsächlich eine eigene Akzentsetzung beim – wie hier gezeigt wurde – späten Parsch findet. Schließlich wäre inhaltlich zu überlegen, ob der Gedanke der Verbindung mit Gott eine adäquate Fortschreibung des Sühnegedankens ist und vielleicht sogar für die Gegenwart eine Perspektive für eine Reformulierung des schwierigen Sühnegedankens weisen könnte.

In diese Richtung denkt offensichtlich Helmut Hoping, wenn er im Blick auf den Sühnecharakter des Todes Jesu formuliert:

„Bei der Sühne im biblischen Sinne geht es darum, dass der in die Sünde und die Mächte des Todes verstrickte Mensch wieder mit dem Heiligen, das heißt der Heiligkeit Gottes, und dadurch mit dem Leben verbunden wird."[48]

Darüber hinaus verweisen die zitierten Texte von Pius Parsch auf die schwierige Frage, wie denn die Eucharistie als Opfer der Kirche zu denken ist und ob es angemessen ist zu sagen, die Kirche bringe dem Vater Christus oder gar die gewandelten Gaben dar. Die hier vor-

---

45 Vgl. O. Casel, Mysterium und Martyrium in den römischen Sakramentarien, in: JLW 2 (1922) 18–38, hier: 221; ders., Beiträge zu römischen Orationen, in: JLW 11 (1931) 35–45, hier: 35–37; ders., Die Messe als heilige Mysterienhandlung, in: Mysterium. Gesammelte Arbeiten Laacher Mönche, Münster 1926, 29–52, hier: 49.
46 Immerhin zitiert auch schon Johannes Eck († 1543) diese Oration; vgl. H. Hoping, Mein Leib für euch gegeben. Geschichte und Theologie der Eucharistie, Freiburg/Br. 2011, 275 Anm. 132.
47 R. Stafin, Eucharistie, 213.
48 H. Hoping, Jesus aus Galiläa – Messias und Sohn Gottes, Freiburg/Br. 2019, 297.

gestellten und analysierten Texte lassen keinen Zweifel, dass Parsch daran festhält, dass die Eucharistie auch ein Opfer der Kirche ist. Roman Stafin kommt offensichtlich auch nicht darüber hinaus festzustellen, dass Parsch diese Perspektive betont und entsprechende Zeugnisse der Liturgie in Erinnerung ruft. Denn Stafin fasst Parsch zusammen in den Worten:

> „In der Messe werden also der Leib und das Blut Christi von Christus, dem geweihten Priester, [!] und der Gemeinde der Gläubigen geopfert."[49]

Aus dem Kontext ergibt sich, dass Stafin hier ein Komma falsch setzt und nicht Christus mit dem geweihten Priester identifizieren will, sondern bei Parsch ein dreifaches Subjekt des Opferns identifiziert hat. Aber ist diese – korrigierte – Aussage theologisch so wirklich belastbar? Der entsprechende Satz im vierten Hochgebetstext („So bringen wir dir seinen Leib und sein Blut dar") hat von Anfang an Kritik auf sich gezogen.[50] Jüngst hat auch das Votum des Ökumenischen Arbeitskreises evangelischer und katholischer Theologen *Gemeinsam am Tisch des Herrn* im Blick auf solche Formulierungen Reformbedarf angemeldet.[51] Doch dürften dies zur Zeit von Pius Parsch geläufige Sprachspiele gewesen sein, die seinerzeit in der katholischen Theologie kaum befragt wurden,[52] zumal sie auch der gängigen Interpretation des Konzils von Trient entsprachen.[53]

---

49 R. Stafin, Eucharistie, 81.
50 Vgl. z. B. H.-J. Schulz, Christusverkündigung und kirchlicher Opfervollzug nach den Anamnesetexten der eucharistischen Hochgebete, in: Christuszeugnis der Kirche. Theologische Studien. FS Franz Hengsbach, hg. v. P.-W. Scheele/G. Schneider, Essen 1970, 91–128; ders., Ökumenische Aspekte der Darbringungsaussagen in der erneuerten römischen und in der byzantinischen Liturgie, in: ALW 19 (1978) 7–28. Mehrfach hat sich auch Hans-Christian Seraphim dazu geäußert; vgl. H.-C. Seraphim, Vom Darbringen im Eucharistiegebet, in: LJ 56 (2006) 237–249.
51 Vgl. Gemeinsam am Tisch des Herrn. Ein Votum des ökumenischen Arbeitskreises evangelischer und katholischer Theologen, hg. v. V. Leppin/D. Sattler, Freiburg/Br./Göttingen 2020, 64 (5.4.6) und 84 (8.4).
52 Vgl. etwa J. Brinktrine, Das Opfer der Eucharistie. Dogmatische Untersuchungen über das Wesen des Meßopfers, Paderborn 1937, 57: „Auch die Gebete und Riten nach der hl. Wandlung partizipieren an dem wesentlichen Opferakte […]. In allen diesen Riten und Gebeten opfert die *Kirche* den eucharistischen Christus und durch ihn sich selbst: ihr Opfer schließt sich unmittelbar an sein Opfer an. Insofern die oblatio hier nicht mehr auf die Elemente des Brotes und Weines sich bezieht, sondern

Odo Casel hat jedoch schon 1945/1946 vorsichtiger formuliert und – allerdings in einem erst 1968 von Viktor Warnach veröffentlichten Text – die Einheit der Kirche mit ihrem Herrn stärker betont:

> „Weil wir aber mit Christus ein Leib sind, sind wir in dieses Opfer eingeschlossen. Wir opfern uns selbst in ihm und mit ihm dem Vater. Durch Christus können wir den Leib und das Blut des Herrn Gott opfern. Wir selbst aber sind dieser Leib und dieses Blut. Wenn nämlich der Priester bei der Mysterienfeier spricht: ‚Das ist mein Leib, das ist mein Blut', so werden diese Worte nicht nur über die Gestalten von Brot und Wein gesprochen, sondern über uns. Wir alle sind durch diese Worte bezeichnet"[54].

Die Relecture der Texte von Pius Parsch macht aber auf jeden Fall darauf aufmerksam, dass die Frage, wie angemessen von der Messe als Opfer der Kirche zu denken und zu sprechen ist, sicher weiterhin der Liturgietheologie aufgegeben ist.

Schließlich aber stellt sich mehr als 80 Jahre, nachdem Parsch das mangelnde Verständnis der Christen für das Opfer beklagt hat, die Frage, ob dies wirklich nur ein zeitbedingtes Problem ist. Parsch glaubte dies in der Mitte des 20. Jahrhunderts sagen zu müssen, meine Linzer Studierenden meldeten am Ende des 20. Jahrhunderts Klärungsbedarf an, und zu den stereotypen Angriffen gegen die Liturgiereform nach dem Zweiten Vatikanischen Konzil gehört der Vorwurf, die Messe werde nicht mehr als Opfer verstanden und der Opfercharakter der Messe

---

auf den *Leib und das Blut Christi* selbst, steht sie noch höher als die in der Konsekration von dem Priester vollzogene Verwandlung der Elemente und erst recht als die in den Opferungs- und vorkonsekratorischen Kanongebeten vollzogene Vorheiligung der Elemente." – Zu Brinktrine M. Rieger, Liturgie und objektive Theologie. Johannes Brinktrine – ein Liturgiewissenschaftler? (PaThSt 30), Paderborn 2002.

53 Instruktiv dazu die Beobachtungen bei A. Gerken, Theologie der Eucharistie, München 1973, 141–145.

54 O. Casel: Das christliche Opfermysterium. Zur Morphologie und Theologie des eucharistischen Hochgebetes. Hg. v. V. Warnach. Graz/Wien/Köln 1968, 424f. – Casel ist hier offensichtlich von Augustinus bestimmt; vgl. C Rentsch, *Unum corpus multi sumus.* Augustins *Sermo* 272 im Kontext gegenwärtiger Reflexionen zum Subjekt der Liturgie, in: J. Bärsch/S. Kopp/C. Rentsch (Hg.), *Ecclesia de Liturgia.* Zur Bedeutung des Gottesdienstes für Kirche und Gesellschaft. FS Winfried Haunerland. Unter Mitarbeit von M. Fischer, Regensburg 2021, 127–137.

werde geleugnet.[55] Aber könnte es nicht sein, dass der Opferbegriff selbst immer schon theologisch unterbestimmt war?

Ein Zeitgenosse von Pius Parsch, der Paderborner Fundamentaltheologe Johannes Brinktrine, konstatierte im Jahr 1937, man habe „trotz jahrhundertelanger Bemühung" zu keiner „einheitlichen Bestimmung des Wesens des eucharistischen Opfers"[56] gefunden. Könnte das nicht daran liegen, dass alle verständlichen Versuche, einen vorgängigen Opferbegriff zu finden, scheitern müssen? Denn das, was den Opfercharakter der Messe ausmacht, kann sich nicht aus irgendeinem religionsgeschichtlich oder auch biblisch entwickelten Opferbegriff ergeben, sondern allein aus dem Wesen des Kreuzestodes Jesu, dessen sakramentale Vergegenwärtigung die Messe ist.

Offensichtlich und vor allen spezifizierten Opferbegriffen erinnert der Begriff „Opfer" als Bezeichnung der Lebenshingabe Jesu am Kreuz daran, dass dieser Tod im Zentrum der Beziehung von Gott zu den Menschen und der Menschen zu Gott steht. Anders als in der Antike und im biblischen Umfeld[57] klärt er freilich heute nicht mehr, warum dieser Tod notwendig war und was diesen Tod zum heilsvermittelnden Ereignis werden ließ.[58] Aber vielleicht ist der Begriff des Opfers durch die Jahrhunderte hindurch eine Art notwendiger Containerbegriff gewesen, der eine Leerstelle markiert, die nicht vergessen werden darf, aber auch nicht einfach gefüllt werden kann.[59] Dass das Verständnis für einen solchen Opferbegriff niemals ein für alle Mal gegeben sein kann, dass um dessen Bedeutung trotzdem gerungen werden muss und dass insofern eine mystagogische Erschließung der Messe als Opfer

---

55 Vgl. dazu W. Haunerland, Die Messe aller Zeiten. Liturgiewissenschaftliche Anmerkungen zum Fall Lefebvre, in: R. Ahlers/P. Krämer (Hg.), Das Bleibende im Wandel. Theologische Beiträge zum Schisma Marcel Lefebvres, Paderborn 1990, 51–85, v. a. 63–69.

56 J. Brinktrine, Das Opfer der Eucharistie, 9.

57 Allerdings scheinen schon in neutestamentlicher Zeit die damit verbundenen Vorstellungen nicht mehr selbstverständlich zu sein; vgl. etwa G. Barth, Der Tod Jesu Christi im Verständnis des Neuen Testaments, Neukirchen-Vluyn 1992, 68f.

58 Vgl. dazu statt vieler anderer J. Werbick, Erlösung durch Opfer? – Erlösung vom Opfer?, in: M. Striet/J.-H. Tück (Hg.), Erlösung auf Golgota? Der Opfertod Jesu im Streit der Interpretationen, Freiburg/Br. 2012, 59–81.

59 Ähnlich jetzt auch M. Seewald, Die Feier der Eucharistie als Opferhandlung der Kirche. Dogmatische Versuche über ein sperriges Thema, in: J. Bärsch/S. Kopp/C. Rentsch (Hg.), Ecclesia de Liturgia. Zur Bedeutung des Gottesdienstes für Kirche und Gesellschaft. FS Winfried Haunerland. Unter Mitarbeit von M. Fischer, Regensburg 2021, 139–154, hier: 154.

eine bleibende Aufgabe ist, kann dann nicht wundern – weder 1940 noch 2021. So bleibt Parschs Anliegen der Messopfererziehung[60] ein wichtiger Anstoß, auch wenn der Weg dazu heute wieder neu gesucht und anders gegangen werden muss.

---

60   Dass der Begriff „Erziehung" noch einmal eigene Probleme hat, kann hier nicht vertieft werden. Auch bei dem Ausdruck „mystagogische Erschließung" muss im Blick bleiben, dass die katechetischen und pastoralen Bemühungen bestenfalls Zugänge eröffnen können, die aber von jedem einzelnen religiösen Subjekt selbst durchschritten werden müssen.

„Große Entdeckung: Die Bibel ist sakramental."[1]
Zu Pius Parschs Wort-Gottes-Theologie und seinen liturgischen Predigten

Marco Benini

Pius Parsch baute in seinen Schriften immer wieder biographische Passagen ein, um ein Thema lebendiger darzustellen und als lebensrelevant zu markieren. Auch für die Erkundung von Parschs Wort-Gottes-Theologie sollen seine drei Entdeckungen zur Bibel am Anfang stehen, die er in der Erstauflage der *Volksliturgie* (1940) beschrieben hat. Bewusst soll Parsch in diesem Beitrag vornehmlich selbst zu Wort kommen.

Nach der anfänglichen Lektüre der Bibel während des Noviziats war seine erste Entdeckung die Exegese an der Universität Wien.[2] „Die erste [Stufe] war die Exegese, diese machte mich mit dem Sinn der Bibel bekannt; da wurde sie interessant."[3]

Die zweite Stufe erreichte er während des Krieges ab Ende 1915, wo er für sich die historische Wirklichkeit des Lebens Jesu neu entdeckte: „Christus trat vor mich hin, ich sah sein Leben, hörte seine Worte; dasselbe gilt auch von den anderen Teilen der Hl. Schrift."[4] Aus dieser Erfahrung gestaltete er seit 1919 seine Bibelstunden.[5]

> „Im Laufe der Jahre kam für mich noch eine Entdeckung betreffs der Bibel, das ist die dritte und wohl die höchste Stufe. […] Immer mehr ist mir aufgeleuchtet die *Sakramentalität des Wortes Gottes.* […] Das war für mich die letzte *große Entdeckung: die Bibel ist sakramental. Und ich kam zu ihr nur durch die Liturgie*; diese hat seit

---

1 P. Parsch, Volksliturgie. Ihr Sinn und Umfang, Klosterneuburg/Wien 1940 [künftig Volksliturgie ¹1940], 261.
2 Vgl. ebd., 256.
3 Ebd., 261.
4 Ebd., 257.
5 Vgl. ebd., 258f.; vgl. auch ders., Wie halte ich Bibelstunde?, hg. von F. Röhrig, Klosterneuburg ²1957.

jeher die Hl. Schrift als Symbol Christi und die Verkündigung des Evangeliums als Wort Christi erkannt und angesehen."⁶

Es war offenbar die Liturgie, die ihm die Tiefe der Hl. Schrift erschloss. An anderer Stelle resümierte er: „Von Anfang an sind in Klosterneuburg Bibel und Liturgie zusammengegangen. Beide ergänzen sich und durchdringen einander."⁷ In seinem Tagebuch schrieb er 1921: „Die zwei Schlagworte ‚Bibel und Liturgie' habe ich geprägt und sie nehmen ihren Siegeslauf."⁸

Was er selbst erfahren hat, wollte er in die Breite tragen. 1926 rief er dazu die Zeitschrift *Bibel und Liturgie*⁹ ins Leben, in deren erster Ausgabe er schrieb:

„Diese zwei lauteren Quellen christlicher Frömmigkeit waren bisher ganz verschüttet, sie sollen dem Volke wieder erschlossen werden. Das Buch der heiligen Schrift [...] wird wieder Erbauungs- und Betrachtungsbuch der Gläubigen werden; besonders das Jesusbild der Evangelien wird sich wieder tief in ihre Seele prägen. Und die Litur-

---

6 Ders., Volksliturgie [¹1940], 261. [Hervorhebung durch den Verfasser] – Diese Passage wurde in der zweiten Auflage 1952 verändert; Nachdruck: Würzburg 2004 (PPSt 1) [künftig Volksliturgie ²1952/2004]. – Parsch verwendet den Begriff „Entdeckung" auch in: ders., Grundlegung der liturgischen Predigt (Die liturgische Predigt 1), Klosterneuburg/Wien 1948 = Die liturgische Predigt. Grundlegung. Neu eingeleitet von M. Benini (PPSt 19), Freiburg/Br. 2021 [künftig LP 1], 48: „So werden wir also durch die Liturgie auf einen ganz großen Gedanken geführt: die Hl. Schrift als lebendiges Wort Gottes anzusehen. Das ist eine große Entdeckung von unerhörter Bedeutung, die dem Prediger eine reich fließende Quelle eröffnet." Vgl. auch: ders., Das Kirchenjahr im Lichte der Gnade (Die liturgische Predigt 6), Klosterneuburg/Wien 1952, 266.
7 Ders., Volksliturgie ²1952/2004, 29.
8 Zit. n.: N. Höslinger, Der Lebenslauf von Pius Johann Parsch, in: ders./T. Maas-Ewerd (Hg.), Mit sanfter Zähigkeit. Pius Parsch und die biblisch-liturgische Erneuerung (SPPI 4), Klosterneuburg 1979, 13–78, hier: 39 mit Anm. 97.
9 Vgl. auch N. Höslinger, „Bibel und Liturgie". Das Sprachrohr von Pius Parsch. Eine kurze Geschichte der Zeitschrift, in: ders./T. Maas-Ewerd (Hg.), Zähigkeit, 240–250; A. W. Höslinger, Bibel und Liturgie, in: A. Redtenbacher (Hg.), Liturgie lernen und leben – zwischen Tradition und Innovation. Pius-Parsch-Symposion 2014 (PPSt 12), Freiburg/Br. 2015, 225–234; F. Röhrig, Pius Parsch und die biblisch-liturgische Erneuerung im historischen Kontext, in: W. Bachler/R. Pacik/A. Redtenbacher (Hg.), Pius Parsch in der liturgiewissenschaftlichen Rezeption. Klosterneuburger Symposion 2004 (PPSt 3), Würzburg 2005, 19–30; auch veröffentlicht in: HlD 58 (2004) 115–119.

gie selbst – wir können sie kurz charakterisieren mit: leben und feiern, beten und opfern mit der Kirche und mit Christus; ja, das soll wieder unser gläubiges Volk lernen."[10]

Sein volksliturgisch-pastorales Engagement kommt klar zum Ausdruck, es dient den Gläubigen: „Bibel und Liturgie sind zwei Gottesgaben, die in diesem Jahrhundert den Christen zur Erneuerung des religiösen Lebens von oben gegeben sind."[11]

Die Liturgie dient dem rechten Verständnis der Schrift: „Verbinde mit der Hl. Schrift die heilige Eucharistie, mit der Bibel die Liturgie. Die Bibel allein kann leicht zur Sektiererei führen, aber Bibel und Liturgie führt dich den geraden und zuverlässigen Weg zu Gott."[12]

Dieser Beitrag wird sich vor allem dem inneren, theologischen Zueinander dieser beiden Größen *Bibel und Liturgie* widmen, indem nach der Wort-Gottes-Theologie von Pius Parsch gefragt wird. Wie verstand er das Wort Gottes im Horizont der Liturgie? Was meint die große Entdeckung der Sakramentalität des Wortes – ein Ausdruck, den übrigens auch Papst Benedikt 2010 im Nachsynodalen Apostolischen Schreiben *Verbum Domini* unterstrichen hat.[13]

Vorweg soll über die hier hauptsächlich verwendeten Quellen Rechenschaft gegeben werden. Grundlage sind hauptsächlich seine *Meßerklärung* (1930; ³1950) – hier besonders seine Aussagen zum Wortgottesdienst –, das bereits genannte Grundlagenwerk *Volksliturgie* (1940; ²1952) und seine *Liturgischen Predigten*. Da letztere noch kaum wissenschaftlich untersucht sind,[14] sollen einige einleitende Bemerkungen vor-

---

10 P. Parsch, Zum Geleit, in: BiLi 1 (1926) 1f., hier: 1.
11 Ders., Bibelstunde, 53f. Vgl. dazu B. Jeggle-Merz, „Gottesgaben zur Erneuerung des religiösen Lebens". Die Synthese von Bibelbewegung und Liturgischer Bewegung bei Pius Parsch (1884–1954), in: A. Zerfaß/A. Franz (Hg.), Wort des lebendigen Gottes. Liturgie und Bibel. FS Hansjörg Becker (PiLi 16), 1–20.
12 P. Parsch, Bibelstunde, 76. Vgl. zur Sache Benedikt XVI., Nachsynodales Schreiben *Verbum Domini* über das Wort Gottes im Leben und in der Sendung der Kirche (VApS 187), Bonn 2010, 52; M. Benini, Liturgische Bibelhermeneutik. Die Heilige Schrift im Horizont des Gottesdienstes (LQF 109), Münster 2020, 14.461–467, bes. 464.
13 Benedikt XVI., *Verbum Domini* 56.
14 Vgl. A. Redtenbacher, Die liturgische Predigt im Werk von Pius Parsch, in: BiLi 83 (2010) 170–181; R. Stafin, Eucharistie als Quelle der Gnade bei Pius Parsch. Ein neues Verhältnis zwischen Gott und dem Menschen (PPSt 2), Würzburg 2004, 95–102; E. Daigeler, Liturgische Bildung als Weg zur tätigen Teilnahme bei Pius Parsch. Die Seele ist von Natur aus liturgisch (PPSt 5), Würzburg 2006, 85–89; A.

geschaltet werden (1). Dann erst kann die Wort-Gottes-Theologie von Parsch in vier Schritten skizziert werden (2). Abschließend sollen kurz einige Konsequenzen vorgestellt werden, die Parsch daraus gezogen hat (3), bevor ein Schlussfazit den Bogen ins Heute spannt (4).

1. Die liturgischen Predigten Parschs

Nachdem Pius Parsch bereits ab 1925 einzelne Predigtanregungen publiziert hatte,[15] gab er 1931 eine vierbändige Sammlung seiner *Liturgischen Predigten* zum Kirchenjahr heraus: Band 1 zum Weihnachtskreis, Band 2 zur Fastenzeit, Band 3 zu Ostern und Nachpfingstzeit, die in Band 4 nach Fronleichnam fortgesetzt wurde. Parsch betont im Vorwort, dass diese Bücher aus der Praxis in Klosterneuburg entstanden sind.[16] Tatsächlich wird bei etlichen Predigten das Entstehungsjahr angegeben (älteste Angabe ist 1923;[17] oftmals druckte er die Predigten der letzten Jahre ab). Auffälligerweise sind jene Predigten mit Jahresangabe, also die tatsächlich so (oder ähnlich) gehaltenen, wesentlich kürzer als die anderen. An jedem Sonntag ist eine „liturgische Unterweisung"[18] vorgeschaltet, die in kleiner Schrift abgedruckt der Vorbereitung des Predigers dient. Im vierten Band wird – was zuvor gelegentlich vorkam – den Predigten meist eine *Liturgiestunde* vorgeschaltet, die außerhalb des Gottesdienstes den Gläubigen ein tieferes Verständnis der liturgischen und biblischen Texte des entsprechenden Sonntags vermitteln soll.[19]

Im Jahr 1948 griff er das Thema der liturgischen Predigt erneut auf und gab eine zehnbändige Predigtsammlung – diesmal mit dem Titel

---

Redtenbacher, Was uns Pius Parsch heute sagt: Menschen zu Beteiligten machen. Von der liturgischen Bildung zur tätigen Teilnahme, in: Protokolle zur Liturgie 8 (2018/19) 88–99, hier: 90f.
15 Vgl. die Hinweise bei M. Benini, Die liturgische Predigt bei Pius Parsch, in: P. Parsch, LP 1, 14*f.
16 P. Parsch, Weihnachtskreis (Liturgische Predigten 1), Klosterneuburg 1931, 5.
17 Ebd., 51.
18 Ders., Ostern bis Nachpfingstzeit (Liturgische Predigten 3), Klosterneuburg 1931, 5.
19 Ders., Nachpfingstzeit (Liturgische Predigten 4), Klosterneuburg 1931, 5. Ausnahme bildet der 10. Sonntag nach Pfingsten ohne Liturgiestunde (vgl. ebd., 93–100).

im Singular: *Die liturgische Predigt. Wortverkündigung im Geist der Liturgischen Erneuerung* – heraus:
1. Grundlegung der liturgischen Predigt (1948)[20]
2. Die liturgische Evangelien-Homilie (1948)
3. Die Epistel-Homilie[21] (1951)
4. Die Mess-Homilie (1949)
5. Bildungswerte des Kirchenjahres (1949)
6. Das Kirchenjahr im Lichte der Gnade (1952)
7. Predigt in der Weihnachtszeit (1954)
8. Die liturgische Predigt im Osterkreis (1955)
9. Die liturgische Predigt der Nachpfingstzeit (1955)
10. Kurzpredigten für die Werktage des Jahres (1950; ²1963).

Ein elfter Band war geplant, wie Parsch in der dritten Auflage seiner *Messerklärung* (1950) erwähnt, doch ist dieser nicht herausgegeben worden.[22]

Was meint Parsch mit einer *liturgischen Predigt*? Im Vorwort zum ersten Band von 1931 und noch ausführlicher in seiner *Grundlegung der liturgischen Predigt* (1948) stellt er diese Frage selbst. Man könne zwei Dinge darunter verstehen: zunächst eine Predigt über die Liturgie, d. h. über die Messe, die Sakramente, den Kirchenraum etc. Auch wenn er das logischerweise wertschätzt, verstehe er unter einer liturgischen Predigt etwas anderes. Sie sei vielmehr eine, die aus den liturgischen Texten (darunter subsumierte er auch die Schriftlesungen) ihren „Stoff"[23] gewinnt und in die Messe nach der Evangelienverkündigung integriert ist. Das sei „der einzige richtige liturgische Ort für diese Predigtart"[24]. Es war damals möglich, die Predigt vor oder nach der Messe zu halten, wobei diese schlecht besucht war.[25] Parsch nennt in der Grundlegung seiner liturgischen Predigten folgende Definition: „Es ist eine Predigt, die zeitlich und örtlich in die Liturgie eingebaut, die auch inhaltlich und gedanklich von der Liturgie beeinflusst und geführt ist."[26]

---

20 Vgl. neu herausgegeben: ders., LP 1.
21 Parsch warnt, nicht zu glauben, die Episteln seien für das Volk zu schwierig: ders., LP 1, 55; vgl. auch ebd., 29.
22 Vgl. ders., Messerklärung im Geist der liturgischen Erneuerung. Neu eingeleitet von A. Heinz (PPSt 4), Würzburg 2006, 184.
23 Ders., LP 1, 21. Vgl. ebd., 23–33.
24 Ders., Weihnachtskreis, 6.
25 Vgl. ebd., 40f. (der Text stammt von 1936).
26 Ders., LP 1, 12; identisch in: Volksliturgie ²1952/2004, 392. Vgl. zur liturgischen (Kurz-)Predigt ebd., 391–409.

Parsch ist überzeugt, dass die Prediger sich umstellen müssen. Sie würden „nicht mehr, wie früher, moralistische und apologetische Themen"[27] bevorzugen, sondern „mehr positiv aufbauend predigen, das Dogma lebendig darlegen und besonders [...] aus der Liturgie und Bibel schöpfen"[28]. Parsch spricht auch von der *liturgischen Kurzpredigt* von fünf bis fünfzehn Minuten.[29] Er verweist auf das Kirchenrecht, das eine *brevis explanatio* in jeder Messe am Sonn- und Feiertag vorschreibt.[30] Bereits die amerikanischen Bischöfe hatten auf dem *Third Plenary Council* von Baltimore (1884) eine fünf- bis zehnminütige Predigt für die Sonn- und Festtage festgesetzt, was Pius X. (1903–1914) den brasilianischen Bischöfen im Jahr 1910 empfahl; von da dürfte dies in den CIC von 1917 (c. 1345) aufgenommen worden sein.[31] Parsch setzt auf dieser Linie noch etwas hinzu und empfiehlt, auch am Werktag täglich oder zumindest häufig eine Kurzpredigt einzuführen.[32] Zusammengefasst: Eine liturgische Predigt ist eine Predigt *in* und *aus* der Liturgie; sie ist selbst „ein Bestandteil der Liturgie"[33].

Obwohl Parsch meist den gängigeren Begriff *Predigt* gebraucht, verwendet er auch den spezifischeren Terminus *Homilie* für die Predigt in der Messfeier; in den Bänden 2 bis 4 der liturgischen Predigt steht *Homilie* auch im Titel. In einem liturgiehistorischen Überblick versucht Parsch, die Homilie von der Frühzeit bis ins Mittelalter als normative Form für heute zu untermauern. Bezüglich der von Parsch behaupteten direkten Abhängigkeit des christlichen Wortgottesdienstes vom jüdischen Synagogengottesdienst werden zwar heute zu Recht Zweifel angemeldet,[34] doch ist seine Aussage richtig, dass etwa Justin um 150 und die Kirchenväter „von Anfang an ‚liturgische Predigt'"[35] praktizierten. Diese Weise gelte es wiederzugewinnen. Das Evangelium dürfe nicht, wie Parsch häufig mahnt, als „Sprungbrett"[36] für ein bestimmtes Thema

---

27 Ders., Weihnachtskreis, 5.
28 Ebd.
29 Vgl. ders., LP 1, 34–46, hier: 35.41f.
30 Vgl. ebd., 42.
31 Vgl. P. Adamer, Predigtkunde. Ein Handbuch für die Praxis, Mainz 1937, 168.
32 Vgl. ebd., 40.
33 Ebd., 12.
34 Vgl. P. Parsch, LP 1, 14f.; ders., Die Epistel-Homilie (Die liturgische Predigt 3), Klosterneuburg/Wien 1951, 9; H. B. Meyer, Eucharistie. Geschichte, Theologie, Pastoral (GdK 4), Regensburg 1989, 117.
35 P. Parsch, LP 1, 16.
36 Ebd., 19.29.51 u. ö.; ders., LP 3, 15.

oder eigene Gedanken dienen, sondern müsse selbst ausgelegt werden. Parsch geht noch einen Schritt weiter und unterscheidet zwischen einer liturgischen und nicht-liturgischen Homilie. Freilich kann auch letztere schöne Gedanken des Evangeliums, die nicht in der Liturgie erfasst sind, gut auslegen, doch begründet Parsch den Vorzug der liturgischen Homilie ekklesiologisch: „[W]enn die Liturgie Sprachrohr und Kommentar der Kirche ist, dann kann mir die Liturgie helfen, den Schrifttext im Sinn und Geist der Kirche zu erklären. Und das ist vielleicht das vollkommenere"[37]. Er verweist auf den Mehrwert einer solchen liturgischen Homilie: „Ich persönlich habe die Erfahrung gemacht, dass die Liturgie den Schrifttext erst zum Leuchten bringt, dass sie aus dem Schrifttext die religiösen Lebenswerte heraushält, kurz, dass sie die eigentliche Führerin zu einer kirchlichen Homilie ist."[38]

Parsch sucht einleitend begrifflich zu differenzieren, wohl um sein Grundanliegen deutlich zu machen, den Bibeltext im Kontext der Liturgie auszulegen. Wie er in seinen Evangelienhomilien ausführt, geht er – wenn möglich – mit einem vierfachen Fokus vor. Zuerst legt er den buchstäblichen Sinn dar und dann den sog. kirchlichen Sinn, d. h. die Bedeutung der Perikope für die Kirche. Der liturgische Sinn ergibt sich durch die Frage, was die Liturgie durch die anderen Texte der Messe oder auch des Stundengebetes (Hl. Schrift und liturgische Texte) sagt. Das leitet ihn über zum eucharistischen Sinn des Evangeliums (dazu später mehr).[39]

Parsch hielt seinen Predigtstil bewusst einfach, weil er das Volk im Blick hatte. Im Vorwort der *Grundlegung der liturgischen Predigt* verteidigt er seine Predigten gegen Priester, die „von der Einfachheit der Gedanken und des Ausdrucks"[40] enttäuscht sein könnten, mit dem Hinweis: „man kann nie einfach genug predigen; Christus ist dafür unser Vorbild."[41] „Ich muß gestehen, ich bin kein rednerisches Talent, weder in formeller noch gedanklicher Hinsicht."[42] Ihm ginge es nicht darum, fertige kunstvolle Predigten vorzulegen, sondern Möglichkeiten und

---

37 Ders., Die liturgische Evangelien-Homilie (Die liturgische Predigt 2), Klosterneuburg/Wien 1948, 8.
38 Ebd., 8.
39 Vgl. ebd., 9.16f. u. ö. Vgl. auch W. Esser, Der Einfluß der liturgischen Erneuerung auf die Meßpredigt vor dem Erscheinen der Enzyklika „Mediator Dei" (MThS 13), München 1956, 161–163.
40 P. Parsch, LP 1, 7.
41 Ebd.
42 Ebd.

Stoffe zu präsentieren, die sich von der Liturgie her ergeben und die er aus seiner 25-jährigen Erfahrung gewonnen habe. Wie schon die vier Bände von 1931 sollten seine Predigten „nicht so sehr Vorlage als vielmehr Anregung zu selbständiger Ausarbeitung"[43] sein.

Um die Spezifika von Parsch herauszuarbeiten, ist ein Blick auf die Predigthandbücher seiner Zeit unerlässlich. Bezüglich der Schriftpredigt konstatiert Gottfried Bitter: „Die Predigtpraxis des 18. und (größtenteils auch) des 19. Jh. ist bibelfern"[44]. In der Tat wurde in Franz Kurzes Homiletikhandbuch von 1908 die Homilie als erste von mehreren „Arten und Form[en] der Predigt" beschrieben.[45] Parsch bestätigt das, wenn er schreibt, dass man um 1900 herum die Homilie wieder gelten ließ.[46] Für die Homilie setzte sich etwa Bischof Paul Wilhelm von Keppler (1852–1926) mit seinen eigenen Predigten und den Aufsätzen zur Geschichte der Predigt besonders ein.[47] Dasselbe Anliegen setzten unter anderem Adolf Donders (1877–1944), Domprediger und Professor für Homiletik in Münster, oder der Bonner Exeget Fritz Tillmann (1874–1953) fort.[48] Parsch nahm Tillmanns Homilien zu den Episteln und Evangelien wohl wegen seiner Wertschätzung der Liturgie in die knappe Liste empfohlener Literatur auf und kommentierte dazu: „Ein solcher Kommentar der Perikopen ist wertvoller als alle Predigtbücher!"[49] In Österreich nahm sich der Lin-

---

43 Ebd., 8.
44 G. Bitter (unter Mitarbeit von M. Splonskowski), Predigt VII: Katholische Predigt in der Neuzeit, in: TRE 1997, Bd. 27, 262–296, hier: 280. Bezeichnenderweise wird der Abschnitt über die Predigtreform zu Beginn des 20. Jahrhunderts unterteilt in „1. Predigterneuerung aus dem Geist der Bibel" und „2. Predigterneuerung aus dem Geist der Liturgie" („3. […] aus dem Geist der Theologie"); vgl. ebd., 280–283.
45 Vgl. F. Kurze, Handbuch der Homiletik. Mit einem Anhang: Predigtskizzen, Breslau 1908, 167–175.
46 Vgl. P. Parsch, LP 2, 7.
47 Vgl. J. B. Schneyer, Geschichte der katholischen Predigt, Freiburg/Br. 1969, 342; W. Esser, Einfluß, 31; zu Keppler: ebd., 35–54; P. W. von Keppler, Die Adventsperikopen exegetisch-homiletisch erklärt, Freiburg/Br. 1899; ders., Homiletische Gedanken und Ratschläge, Freiburg/Br. [u. a.] 1910; ders., Homilien und Predigten, Freiburg/Br. 1912.
48 Vgl. J. B. Schneyer, Geschichte, 342f.
49 P. Parsch, LP 1, 53. Vgl. F. Tillmann, Die sonntäglichen Evangelien im Dienste der Predigt erklärt. Mit einem Abriss der Geschichte und Theorie der Homilie von August Brandt, Düsseldorf ²1919 [¹1917], 49: „Kenntnis des katholischen Kirchenjahres, seines Inhaltes, seiner Ideen und Zwecke gehört mithin zu den Voraussetzun-

zer Domprediger Franz Stingeder (1863–1936) besonders der Schriftpredigt, vorzüglich der Homilie an.[50]

Gelegentlich wurde auch in Predigtwerken vor Parsch die Liturgie bewusst als Impulsgeberin für die Predigt verwendet, doch war das Anliegen der Liturgischen Bewegung noch nicht zum Durchbruch gekommen. Dies gilt etwa für Franz Hettinger (1819–1890), der die Liturgie v. a. als veredelnden, Anregung gebenden Rahmen der Predigt sah,[51] und auch Albert Meyenberg (1861–1934), der vor allem das Kirchenjahr für die Homilie fruchtbar machte.[52] Eine ausdrückliche Bezugnahme zur Liturgischen Bewegung kommt in Michael Pfliegers *Homilien der Zeit* zur Sprache, jedoch dienen sie mehr „vor der Messe als eine Art Prolog zur Einführung"[53]. Peter Adamer nahm in seinem Predigthandbuch aus dem Jahr 1937 die „Liturgie-Predigt"[54] auf und führte Parsch und besonders seine *liturgische Kurzpredigt* an, wobei er – anders als Parsch – mehr die Predigt *über* die Liturgie statt *aus* der Liturgie darstellte.

Auf diesem Hintergrund kommt die Besonderheit von Pius Parschs Predigtansatz umso deutlicher heraus. Sein Spezifikum war weder die Schriftpredigt an sich, noch die Verwendung von Themen aus der Liturgie oder die Kurzpredigt, sondern dass er bewusst die Liturgie als Kontext der Predigt örtlich, zeitlich und vor allem gedanklich einbezog, wie er es einleitend zur liturgischen Predigt festhielt.[55]

---

gen für eine allseitige und fruchtbare Würdigung der kirchlichen Schriftlesungen." Vgl. hierzu W. Esser, Einfluß, 54f.

50 Vgl. J. B. Schneyer, Geschichte, 345; bes. W. Esser, Einfluß, 54.56–58; F. Stingeder, Geschichte der Schriftpredigt. Ein Beitrag zur Geschichte der Predigt (PSt 2), Paderborn 1920.

51 Vgl. J. B. Schneyer, Geschichte, 18–20; F. Hettinger, Aphorismen über Predigt und Prediger, hg. von P. Hüls, Freiburg/Br. ^{2}1907 [^{1}1888].

52 Vgl. W. Esser, Einfluß, 21–24; A. Meyenberg, Homiletische und katechetische Studien im Geiste der Heiligen Schrift und des Kirchenjahres, Luzern ^{8}1925 [^{1}1903].

53 W. Esser, Einfluß, 68–70, hier: 70; vgl. M. Pflieger, Homilien der Zeit, Freiburg/Br. 1926. Karl Rieder hat ebenfalls bereits Ansätze einer liturgischen Homilie, die die Texte der Liturgie gelegentlich bewusst aufgreift (vgl. W. Esser, Einfluß, 58–62; K. Rieder, Des Herrn Wort. Das Kirchenjahr in katechetisch-liturgischen Homilien, Paderborn 1928).

54 P. Adamer, Predigtkunde, 142–144.

55 P. Parsch, LP 1, 19f.; identisch: ders., Volkliturgie^2, 395f.

2. Parschs Wort-Gottes-Theologie

Aus der Durchsicht der liturgischen Predigten und der oben angeführten Schriften von Pius Parsch ergeben sich vier Punkte, mit denen seine zahlreichen Aussagen zum Wort Gottes systematisiert werden können. An erster Stelle betont Parsch das Sprechen Gottes bzw. Christi durch das Wort, dem zweitens vonseiten des Menschen das aufmerksame Hören entspricht. Drittens wird die eingangs bereits genannte Sakramentalität des Wortes bei Parsch näher zu untersuchen sein wie auch viertens das Verhältnis von Wort und Eucharistie.[56]

2.1 Das Sprechen Gottes/Christi im Wort

Grundlegend ist für Parschs Erklärung des Wortgottesdienstes, dass Gott selbst in der Verkündigung des Wortes zu den versammelten Gläubigen spricht. „Machen wir uns die Bedeutung dieses Teiles klar; er heißt *Gotteswort*. Gott spricht zu uns. Er spricht zu uns in der Epistel, er spricht zu uns im Evangelium, er spricht zu uns in der Predigt."[57]

Bemerkenswert ist, dass auch die Predigt auf derselben Stufe steht wie die Schrifttexte. In allen drei „spricht im wahren und wirklichen Sinn Gott zu uns."[58] Diese Grundaussage entfaltet Parsch weiter. In der Einleitung seiner Epistelhomilien erklärt Parsch, dass man wie üblich zwischen dem menschlichen und dem göttlichen Verfasser differenzieren muss. Während manches daher zeit- und ortsgebunden ist, müsse man „die Epistel als Brief Gottes an unsere Gemeinde und an uns persönlich gerichtet sehen"[59]. Parsch macht bezüglich des Sprechers der Epistellesung außerdem deutlich:

„Es ist nicht der Apostel Paulus, schon gar nicht der Subdiakon. An Sonntagen ist es die Mutter Kirche, die mütterliche Mahnungen an uns ergehen lässt. An sogenannten Stationsgottesdiensten und Hei-

---

56 Vgl. auch M. Benini, Liturgische Bibelhermeneutik: Durch die Feier der Liturgie die Bibel verstehen. Eine Relecture von Pius Parschs Grundanliegen „Bibel und Liturgie", in: Protokolle zur Liturgie 8 (2018/2019) 49–87, hier: 60f.65–68.
57 P. Parsch, LP 1, 136f.
58 Ebd., 137.
59 Ders., LP 3, 11. Vgl. auch ders., LP 1, 348 (Gotteswort als „Brief aus der Heimat").

ligenfesten ist es meist der Heilige, der in der Epistel oder Lesung zu uns redet."[60]

Beispielsweise spreche die Gottesmutter am Fest der Unbefleckten Empfängnis in der Lesung aus dem Buch der Sprichwörter 8,22–35 selbst: „ihr Kinder, hört mich an." An Stationstagen predige der Heilige, so sei es etwa der hl. Petrus, der am Ostermontag – Stationskirche war St. Peter – in der Lesung aus der Apg eine Osterpredigt hält.[61]

Beim Evangelium erklärt Parsch die „Zeremonien"[62] wie die Verwendung von Leuchtern, Weihrauch, Evangeliar, die Prozession und die liturgische Rahmung mit den Antworten des Volkes, um das Sprechen Christi zu erschließen, um es gleichsam zu beweisen. Das ehrfürchtige Stehen verweise auf Christus. Nur ein Beispiel, bei dem er übrigens auch auf den kleinen Einzug in der byzantinischen und armenischen Liturgie hinwies:[63]

> „Was bedeutet dieser Zug? [...] Christus zieht im Symbol des Evangeliums durch das Gotteshaus. [...] Christus selbst ist es, der jetzt im Evangelium erscheint und zu uns spricht. [...] ‚Gloria tibi, Domine' – ‚Ehre sei dir, o Herr'. Wir reden also hier Christus als gegenwärtig an."[64]

In einem Predigtzyklus über die Messe heißt es:

> „Christus steht im Evangelium vor uns. Wie Christus im heiligen Opfer als Hoherpriester und Opferlamm vor uns erscheint, so setzt er auch in der Vormesse sein Lehramt fort, er spricht zu uns im Evangelium als Lehrer, der ebenso wie im Judenlande Worte des Lebens verkündet."[65]

Während Parsch an etlichen Stellen von der Gegenwart Gottes/Christi nur bei Lesung und Evangelium spricht, hebt er andernorts explizit die

---

60 Ebd., 140. Vgl. ebd.: „Brief Gottes oder der Kirche".
61 Vgl. ebd., 140f. Vgl. das Beispiel vom Ostermontag in: ders., Messerklärung, 179.
62 Ders., LP 1, 141; ders., Messerklärung, 175 u. ö.
63 Vgl. ebd., 176.
64 Ebd., 176f.; ders., LP 1, 142.
65 Ebd., 141.

Predigt hervor: „Auch in der Predigt spricht Gott zu uns. Die Predigt ist nicht Menschenwort dieses oder jenes Redners, sondern Gotteswort. Der Prediger leiht Gott die Zunge, seine Worte sind Gottesworte."[66] In der Erstausgabe seiner Volksliturgie unterstreicht er dies im Kapitel *Priester und Liturgie* sogar noch stärker:

> „Es spricht nicht Professor oder Dr. X., sondern es spricht Gott aus uns, wenn wir auf der Kanzel stehen und predigen. Wir sind Propheten im wahrsten Sinn des Wortes, Verkünder des Willens, der Gedanken und der Worte Gottes. ‚So spricht der Herr', diese Worte finden wir unzählige Male bei den Propheten; so müßte jeder Satz unserer Predigt schließen."[67]

Dass Parsch die Gegenwart Gottes in der Homilie scheinbar auf dieselbe Stufe stellt wie bei der inspirierten Schriftlesung, ja Priester und biblischen Propheten fast in eins setzt, wird man bei allem Engagement Parschs für die Homilie[68] gerade in dieser Direktheit auch kritisch anfragen können. Es entspricht allerdings weder der auch von Parsch geübten Kritik an manchen Predigten, noch hält es die Differenz zwischen inspiriertem Wort Gottes in der Schrift, das kirchlich rezipiert ist, und dem Wort des einzelnen Predigers aufrecht. Daher scheint Parsch hier ein gewisses Ideal zu beschreiben, da er ergänzt: „Wenn nun die Predigt Gottes Wort ist, dann folgt mit Notwendigkeit, daß der Prediger zur reinen Quelle des Gotteswortes gehen und aus ihr schöpfen muß, das ist die Heilige Schrift. [...] Die Hl. Schrift muss des Priesters bestes Predigtbuch sein."[69] Der Prediger solle „lernen, in seiner Predigt mit Worten der Hl. Schrift zu sprechen, seine Gedanken in Schriftworte zu kleiden, kurz, der Prediger soll in der Schrift denken, fühlen und leben"[70].

---

66 Ebd., 139. Vgl. explizit ders., Kurzpredigten für die Werktage des Jahres (Die liturgische Predigt 10), Klosterneuburg/Wien 1950, 599.
67 Ders., Volksliturgie ¹1940, 211. In der zweiten Auflage ist diese Direktheit etwas zurückgenommen: „[V]on der Kanzel spricht aber nicht der gelehrte Herr, sondern Christus spricht aus ihm. Der Heiland sagte ja: Wer euch hört, der hört mich." (Ders., Volksliturgie ²1952/2004, 188).
68 Parsch nennt die Predigt sogar vereinzelt den Höhepunkt der Vormesse (vgl. ders., LP 1, 39), auch wenn er sonst immer dem Evangelium den höchsten Rang zuspricht (vgl. z. B. ders., Messerklärung, 174).
69 Ders., Volksliturgie ¹1940, 211.
70 Ders., LP 1, 48.

Wenn dies gegeben ist, dann klingt in der Tat Gottes Wort durch die Predigt, ist Gott selbst zugegen und spricht die Zuhörer an.

An anderen Stellen nennt Parsch die Predigt einen „Dolmetsch"[71]. Gemeint ist nicht einfach nur ein Dolmetschen in die Volkssprache, sondern eine Übertragung in das Leben der Hörer.

Obwohl Parsch häufiger von der Gegenwart Gottes in der Lesung und der Präsenz Christi im Evangelium spricht,[72] differenzierte er nicht konsequent zwischen der Gegenwart Gottes und der Gegenwart Christi,[73] da er vielmehr die Tatsache der göttlichen Gegenwart bei der Verkündigung herausstellen wollte. Auch wenn es Parsch aufgrund seiner volksliturgischen Ausrichtung mehr um die affirmative, aus der Liturgie gewonnene Evidenz für die Gegenwart als um ausgefeilte theologische Argumente ging, fehlen sie bei ihm nicht. Er entnimmt seine theologische Begründung ebenfalls der Hl. Schrift.

Sie dokumentiert zugleich sein anamnetisches Verständnis der Wortverkündigung:

> „Im Lesegottesdienst spricht Gott wahrhaft und wirklich zu uns, er spricht genau so, wie einst Gott am Sinai zum Judenvolke sprach. Er spricht genau so, wie Christus am Berg der Seligkeiten oder vom Schifflein des Petrus zu den Volksscharen redete. Wenn ein großer Mann zu uns spricht, da ist es uns wie eine Offenbarung. Doch was ist der berühmteste Mann gegen den unendlichen Gott."[74]

Die liturgische Schriftverkündigung ist für Parsch klar ein Begegnungsgeschehen mit Offenbarungscharakter.

Dazu passt, dass er die göttliche Gegenwart im Wort auch mit der Inkarnation erklärt. „Es [das Wort Gottes] ist auch eine Inkarnation

---

71 Ebd., 17.39.
72 Vgl. z. B. ebd., 47.323.
73 Vgl. hierzu O. Nußbaum: Gegenwart Gottes/Christi im Wort der Schriftlesungen und zur Auswirkung dieser Gegenwart auf das Buch der Schriftlesungen, in: H. P. Neuheuser, Wort und Buch in der Liturgie. Interdisziplinäre Beiträge zur Wirkmächtigkeit des Wortes und Zeichenhaftigkeit des Buches, St. Ottilien 1995, 65–92; M. Benini, Bibelhermeneutik, bes. 357–369 (auch zur Frage nach der Gegenwart Christi in der alttestamentlichen Verkündigung oder in der Homilie).
74 P. Parsch, LP 1, 138. In diesem Zitat sind in nuce etliche Stichworte wie „Offenbarung", „Begegnung" oder die heilsgeschichtliche Begründung enthalten, die bei M. Benini, Bibelhermeneutik, 339–388 entfaltet werden.

Christi, des Logos, wenn Gott in der Schrift zu mir redet."[75] Bildhaft führt er aus: „Gott spricht zu mir, und seine Worte, seine Stimme ist bloß aufgefangen in den Körper der geschriebenen Buchstaben. Die Worte sind Leiber, hinter denen eine Seele lebt, zu dieser Seele muß ich vordringen."[76] Er verwendet dabei eine Formulierung, die mit jener des Origenes fast wörtlich übereinstimmt: „Denn wie es [das Wort Gottes] dort vom Schleier des Fleisches, so wird es hier von dem des Buchstabens verhüllt, sodass der Buchstabe gleichsam als das Fleisch angeblickt, der darin verborgene Sinn aber gleichsam als Gottheit verstanden wird."[77]

Parsch bedauert, dass diese liturgietheologischen Grundüberzeugungen bei Weitem nicht in der Praxis angekommen sind. Das Zitat zeigt auch die Parsch eigene Leidenschaft:

„Wir sind noch viel zu wenig überzeugt und durchdrungen, daß in der Epistel und im Evangelium Gott selbst zu uns spricht. Das sieht man an dem Husten, Räuspern, Schneuzen während der Lesung. Wenn wir diese Lesungen als lebendiges Wort Gottes, des Vaters der Lichter, ansehen würden, da müßten wir den Atem anhalten, wir würden mäuschenstill sein, so daß man eine Nadel fallen hörte. Dazu wollen wir uns nun auch erziehen."[78]

2.2 Die Bedeutung des Hörens

Da Parsch die Überzeugung leitet, dass wirklich Gott spricht, ist es nur konsequent, die Bedeutung des Hörens auf Seiten des Menschen zu unterstreichen. Im Grundaufbau der Messe ordnet er jedem Teil eine Handlung des Menschen zu. Zum Wortgottesdienst gehört das „Wir beten" (bis zum Tagesgebet) und das „Wir hören" (Epistel, Evangelium, Predigt). Die Opferfeier umfasst das „Wir geben" (Gabenbereitung), das „Wir opfern" (Hochgebet) und das „Wir empfan-

---

75 P. Parsch, Volksliturgie ¹1940, 261.
76 Ebd.
77 Origenes, In Lev. hom. 1, 1 (SChr 286, 66; M. Borret). Deutsche Übersetzung nach R. Gögler, Zur Theologie des biblischen Wortes bei Origenes, Düsseldorf 1963, 301; vgl. auch H. de Lubac, Geist aus der Geschichte. Das Schriftverständnis des Origenes, übertr. u. eingel. v. Hans Urs von Balthasar (Henri de Lubac, Gesammelte theologische Schriften 2), Einsiedeln 1968, 397.
78 Vgl. etwa P. Parsch, LP 6, 268f.

gen" (Kommunion).⁷⁹ Es ist zweifelsohne eine elementarisierende Erklärung, die die Grundvollzüge der Teilnehmer hervorhebt.

Parsch forderte daher auch die Verkündigung in der Volkssprache. Mindestens die Evangelienverkündigung sollte in der Sonntagsmesse auf Deutsch sein, forderte er auf der Seelsorgertagung 1936.⁸⁰ Es sei eine „Abirrung vom Sinn des Lesegottesdienstes, wenn in einer Stillfeier die Lesungen nicht den Teilnehmenden zu Gehör gebracht werden, wenn die Lesungen nur in einer dem Volk unverständlichen Sprache verkündet werden"⁸¹. In der Gemeinschaftsmesse las ein Lektor die Lesung auf Deutsch und der Priester verkündete das Evangelium in der Volkssprache vor der Predigt, nachdem er beides im Messbuch am Altar still auf Latein gelesen hatte.⁸² Wenn dies hier noch behelfsmäßig wirkt und scheinbar eine mindere liturgische Dignität hatte, war es ein Fortschritt im Vergleich zum Mitlesen der Übersetzung im Schott oder auf den in Klosterneuburg gedruckten Messtexten: Das „Wort Gottes soll ein lebendiges Wort sein, das vom Mund zum Ohr geht, also ein *gehörtes* Wort."⁸³ Nur in der Volkssprache war das Hören des Wortes Gottes möglich.

Es ging Parsch um die rechte Haltung beim Hören: Wie der Diakon vor der Verkündigung das Gebet „Reinige mein Herz und meine Lippen" spricht, so gelte es „für uns alle, mit Ehrfurcht, Bereitung und Reinheit das Gotteswort aufzunehmen."⁸⁴ „Wir sollen [in Epistel, Evangelium und Predigt] mit Ehrfurcht, Liebe und Freude dem Gotteswort lauschen"⁸⁵, fasst Parsch seinen Aufruf zusammen, denn durch die Liturgie wird uns Gottes Wort nahegerückt.⁸⁶

---

79 Vgl. ders., Messerklärung, 88.93f.; ders., LP 1, 128. Bemerkenswerterweise verwendet er in der Liturgischen Predigt und in der dritten Auflage der *Messerklärung* (anders als in den beiden vorausgehenden) das ekklesiale „Wir". Vgl. hierzu den Beitrag von P. Ebenbauer in diesem Band.
80 Vgl. P. Parsch, LP 1, 43. Vgl. zu dieser Tagung: K. Rudolf (Hg.), Predigt und Prediger in der Zeit. Referate der fünften Wiener Seelsorgertagung vom 7.–10. Jänner 1936, Innsbruck/Wien 1936.
81 P. Parsch, Messerklärung, 181.
82 Vgl. die Hinweise in: ebd., 182; ders., LP 1, 140; ders., Volksliturgie ²1952/2004, 33f. Vgl. auch R. Pacik, Aktive Teilnahme des Volkes an der Messe. Die von Pius Parsch entwickelten Modelle, in: HlD 58 (2004) 122–132.
83 P. Parsch, Messerklärung, 202.
84 Ders., LP 1, 141.
85 Ebd., 138. Vgl. auch ders., Messerklärung, 181: „Haben wir Ehrfurcht vor dem an uns gerichteten Worte Gottes!"
86 Vgl. ebd.

Dieses Hören ist keineswegs nur ein passives Rezipieren, sondern ein Akt der tätigen Teilnahme: „Wir sollen aktive Hörer sein (nicht bloße Zuhörer)"[87]. Deshalb will Parsch das *Deo gratias* nach der Lesung auch in der Gemeinschaftsmesse beibehalten wissen, da es Dankbarkeit ausdrückt[88] und „ein Vehikel der aktiven Teilnahme ist"[89]. Vor allem geht es ihm aber um eine innere Teilnahme und Aufnahme des Wortes. Daher zieht er den Vergleich mit der Gottesmutter: „Christus stellt ja seine Mutter in Parallele mit dem Menschen, der das Wort Gottes hört (empfängt) und bewahrt (trägt)."[90] „Durch Hören und Bewahren des Gotteswortes nehmen wir Christus in uns auf, wir werden Christusträger, Mutter Christi."[91] Wie Maria alle Worte behielt und bewegte (vgl. Lk 2,19), so solle „der Christ die Gottesworte in seiner Seele durch das Leben nachklingen lassen"[92].

Da Parsch klagt, dass die heutigen Menschen das Hören des Gotteswortes verlernt hätten,[93] schärft er die Aufgabe jedes Einzelnen ein, es aufmerksam aufzunehmen. Man müsse Gott für jedes überhörte Wort Rechenschaft ablegen:[94]

> „Mancher Herzensboden ist steinig, ist Weg, ist mit Dornen und Disteln überwuchert. Es bedarf einer besonderen Gnade, das Wort Gottes zu hören, die Gnade empfangen wir in der Taufe durch die Öffnung des Gehörs [Anspielung auf den Effata-Ritus]. Darum sagt Christus das ergreifende Wort: ‚Wer aus Gott stammt, hörte Gottes Worte; darum hört ihr sie nicht, weil ihr nicht aus Gott stammt.' (Joh. 8,47) Es spricht sich daher der Mensch sein Urteil, wenn er das Gotteswort hört oder nicht."[95]

---

87 Ders., LP 1, 182; vgl. ebd., 140.
88 Vgl. ebd.
89 Ders., Messerklärung, 173. Parsch weist auch auf das Aufstehen und das kleine Kreuzzeichen beim Evangelium als weitere Akte der Tätigkeit der Gläubigen hin (vgl. ders., LP 1, 143). Vgl. hierzu R. Pacik, „Aktive Teilnahme" – zentraler Begriff in Pius Parschs Werk, in: W. Bachler/R. Pacik/A. Redtenbacher (Hg.), Pius Parsch in der liturgiewissenschaftlichen Rezeption. Klosterneuburger Symposion 2004 (PPSt 3), Würzburg 2005, 31–52.
90 P. Parsch, Volksliturgie [1]1940, 261.
91 Ders., LP 1, 138. Vgl. auch ebd., 224: „täglich hören und bewahren"; ders., LP 6, 268.
92 Ders., LP 1, 143 im Zusammenhang mit dem „Zwischengesang".
93 Vgl. ebd., 139.
94 Vgl. ebd., 140.
95 Ebd., 138.

2.3 Die Sakramentalität des Wortes

Im einleitenden Zitat hat Parsch die Sakramentalität des Wortes als seine große Entdeckung beschrieben. Damit verbindet er neben dem Aspekt der göttlichen Gegenwart im Wort auch die Wirksamkeit des Wortes. Was heute performativer Charakter genannt wird,[96] bezeichnet Parsch als „sakramentale Kraft"[97] des Wortes; es heilige den Tag und das Leben.[98] Parsch spricht von der Sakramentalität des Wortes häufig im Kontext der Predigt: „Die Schrift gibt der Predigt Kraft, Autorität, Weihe und das, was ich öfters angedeutet habe, Sakrament."[99] Auf einer Seelsorgertagung ermunterte er seine Zuhörer zur *liturgischen Kurzpredigt* mit den Worten: „Glauben wir doch auch an die sakramentale Wirksamkeit des Gotteswortes!"[100] An anderer Stelle: „Beachten wir doch auch, daß die Worte der Hl. Schrift sakramentale Wirkung besitzen, sie geben nicht bloß Belehrung, sondern Gnade, Entsühnung, Heiligung."[101]

Für die Sündenvergebung durch das Wort verweist er auf das Stillgebet *Per evangelica dicta deleantur nostra delicta* nach der Evangelienverkündigung.[102] Auf die Gnadenwirkung des Wortes legt Parsch besonderen Wert und überschreibt eine Predigt mit „Gnade und Gotteswort"[103]: Mit Blick auf die Taufe, der die Verkündigung des Wortes vorausgehen muss, ist das Wort Gottes für Parsch der „Same, der das Pflänzlein der Gnade erzeugt"[104]; es sei „bei der Zeugung zum Gotteskind wesentlich"[105]. Da durch die Taufe zwar das „Gnadenkleid" gegeben werde, aber „die Schwächen der erbsündlichen Natur"[106] bleiben, brauche es das Wort als „Arznei für die volle Gesundung des begnadeten Menschen. […] Nicht bloß die Eucharistie, auch das Gotteswort soll unser Leben lang uns Nahrung und Medizin für unser Gnadenleben sein"[107]. Dieses Zitat führt bereits zum nächsten Punkt seiner Wort-Gottes-Theologie.

---

96 Vgl. hierzu M. Benini, Bibelhermeneutik, 379–388.
97 P. Parsch, LP 1, 224.
98 Vgl. ebd.
99 Ders., Volksliturgie ¹1940, 211.
100 Ders., LP 1, 43; identisch ebd., 343f.
101 Ebd., 48.
102 Vgl. ebd.
103 Vgl. ders., LP 6, 264–270.
104 Ebd., 268.
105 Ebd.
106 Ebd.
107 Ebd.

2.4 Wort und Sakrament/Eucharistie

An zahlreichen Stellen hebt er die Bedeutung von *Gotteswort und Sakrament* hervor: „In jeder Eucharistiefeier empfangen wir zwei große Güter: Gotteswort und Sakrament. Das sind die zwei Begegnungen Gottes: er kommt zu uns im heiligen Wort und im Leib des Herrn. Es sind zwei Kommunionen, die des Hörens und die des Genusses."[108] Mehrfach spricht er ähnlich von einer „zweifachen Kommunion", die zur angemessenen bzw. wesensgemäßen Teilnahme an der Messfeier notwendig ist.[109]

Dabei greift er die Metapher der beiden Tische auf, die er bei Thomas von Kempen († 1471)[110] findet und die durch das Zweite Vatikanum[111] noch höhere Beachtung finden sollte: „Wir [...] denken kaum mehr daran, daß in der Meßfeier die zwei Tische stehen: der Tisch des

---

108 Ders., Messerklärung, 87.
109 Vgl. ders., Christliche Renaissance. Referat auf dem Ersten Deutschen Liturgischen Kongreß in Frankfurt/Main vom 20. bis 22. Juni 1950, in: J. Wagner/D. Zähringer (Hg.), Eucharistiefeier am Sonntag. Reden und Verhandlungen des Ersten Deutschen Liturgischen Kongresses, Trier 1951, 183–195, hier: 192f.: „Das Volk muß, wenn es wesensgemäß an der Messe teilnimmt, eine zweifache Kommunion empfangen: die Kommunion des Hörens und des Mundes. Das ist wesenhafte Aktivität an der Meßfeier." Vgl. ders., LP 6, 266: „Wir empfangen also bei jeder Messe eine zweifache Kommunion: die Kommunion des Hörens und die Kommunion des Mundes, die Kommunion des Gotteswortes und die Kommunion des Gottesbrotes." Vgl. auch ders., LP 4, 29 und 6, 348: „Doppelkommunion".
110 Vgl. mit Zitat ders., Messerklärung, 89 (Thomas von Kempen, De Imitatione Christi 4, 11); ders., Bibelstunde, 77.
111 Vgl. H. P. Neuheuser, Das Bild vom Tisch des Wortes und des Brotes. Kernaussagen der Liturgiekonstitution zum Verhältnis von Wortliturgie und Eucharistiefeier, in: ders., Wort und Buch in der Liturgie. Interdisziplinäre Beiträge zur Wirkmächtigkeit des Wortes und Zeichenhaftigkeit des Buches, St. Ottilien 1995, 133–169, bes. 139–153 (zu den patristischen und mittelalterlichen Quellen dieses Bildes ebd., 148–153). Die Liturgiekonstitution handelt noch von zwei Tischen (vgl. SC 48 und 51), während *Dei Verbum* 21 und *Perfectae caritatis* 6 den einen Tisch nennen und *Presbyterorum Ordinis* 18 „vom zweifachen Tisch, der Heiligen Schrift und der Eucharistie" spricht. *Ad Gentes* 6 erwähnt die doppelte Nahrung durch das Wort und das eucharistische Brot. – Vgl. hierzu auch J. Wohlmuth: Tisch des Wortes – Tisch des Brotes, in: ders., An der Schwelle zum Heiligtum. Christliche Theologie im Gespräch mit jüdischem Denken (Studien zu Judentum und Christentum), Paderborn 2007, 263–279, bes. 273: „Es klingt fast so, als wolle das Konzil auch nur von *einem* Tisch sprechen, um Wort und Sakrament ganz eng zusammenzubinden."

heiligen Wortes und der Tisch des heiligen Brotes; die beiden sind einander nebengeordnet: beide sind Begegnungen mit Christus."[112]

Wie verhalten sich die beiden Tische zueinander? An anderer Stelle führt Parsch aus, dass in der Eucharistiefeier

> „die zwei großen und einzigen Quellen zugeführt [werden], das Gotteswort und die Eucharistie. Ich möchte fast sagen, diese beiden Mittel der Gnade sind gleichgeordnet; beide sind Nahrung und Arznei der Gnade; das eine mehr für die Erkenntnis und den Willen, das andere mehr für das Sein und Leben."[113]

Bei aller Betonung der Bedeutung des Wortes und der Gleichordnung als Gnadenmittel, was sicher auch daher rührt, dass das Wort viel zu wenig wahrgenommen wurde,[114] findet man bei Parsch auch Aussagen, die ein inneres Voranschreiten vom ersten zum zweiten Teil der Messe hervorheben. Mit dem Bild eines altchristlichen Gotteshauses vergleicht er die Vormesse mit einer Vorhalle und die Opfermesse mit dem Heiligtum: „Wie eine Vorhalle den Übergang von der Straße zum Gotteshaus bildet, so will die Vormesse vom Leben der Welt zum Heiligtum des Opfers überleiten. [...] Die Opfermesse bildet das Heiligtum, hier wird das ‚Wort' Fleisch, hier wird das Wort zur Tat."[115]

Um die Verbindung der beiden Messteile untereinander und die Verknüpfung mit dem Leben bewusst zu machen, kommt nach Parsch der Predigt als „Brücke"[116] besondere Bedeutung zu: „Das Wort der Lesung und der Predigt wird Fleisch im Opfergottesdienst. Die Predigt wird durch die Eucharistie mit Gnade betaut. Die Predigt verbindet das Gotteswort mit dem Opfer und führt hinüber ins Leben; die Predigt knüpft Schrift, Eucharistie und Leben zusammen."[117]

Da die Lesungen nicht nur der Belehrung dienen, sondern laut Parsch auch „Gleichnisse und Bilder der Opferhandlung"[118] sind, will er in seinen liturgischen Predigten (bes. explizit im zweiten Band) den eucharistischen Sinn der Evangelien verdeutlichen. Das Evangelium er-

---

112 P. Parsch, Volksliturgie ²1952/2004 233; vgl. ders., Volksliturgie ¹1940, 212; ders., LP 1, 178f.
113 Ders., LP 6, 266.
114 Vgl. Parschs oben angeführte Klage aus ebd., 268f.
115 Ders., LP 1, 212, identisch mit ders., Messerklärung, 92f.
116 Ders., LP 1, 17.
117 Ebd., 18; vgl. ebd., 39.
118 Ebd., 17.

kläre oft die Messe und ihre Gnadenwirkung bzw. sei ein Bild für das, was in der Eucharistie erfüllt werde. Wenn etwa am dritten Adventssonntag der Täufer ausruft: „Mitten unter euch steht der, den ihr nicht kennt" (Joh 1,26), so zieht hier Parsch eine Linie zu Christus, der sich in Brot und Wein hüllt.[119] Außerdem verweist er auf die Kommuniongesänge, die dem Evangelium entnommen sein können und so eine aktualisierende eucharistische Deutung des Evangeliums nahelegen. Er schreibt:

> „Evangelium und Eucharistie bedingen sich gegenseitig. Wie wird doch das Evangelium leuchtend und vergegenwärtigt, wenn es von der Eucharistie bestrahlt wird. Nur ein Beispiel: Am Guten-Hirten-Sonntag singen wir bei der Kommunion: ‚Ich bin der gute Hirt, ich kenne meine Schafe und die Meinen kennen mich!' Wird da das Gleichnis vom guten Hirten nicht in der Eucharistie höchste Wirklichkeit? Ja, wie erhält doch die Hl. Schrift in der Messe eine wunderbare Weihe und im folgenden Opfer erschauernde Wirklichkeit."[120]

In der Predigt zum vierten Sonntag nach Ostern führt Parsch einen interessanten pneumatologischen Gedanken aus:

> „Der Hl. Geist ist es, der das Gotteswort erzeugt, er spricht durch die Propheten, er spricht durch die Apostel und Evangelisten zu uns. *Gotteswort ist Geisteswort.* Der Hl. Geist ist es aber auch, der uns das Gotteswort aufschließt, verständlich macht, der uns für das Gotteswort auch empfänglich macht."[121]

Ausgehend vom Jesuswort, der Geist werde „die Welt überführen (und aufdecken), was Sünde, Gerechtigkeit und Gericht ist" (Joh 16,8), das die Liturgie an jenem Sonntag im Evangelium verkündete und als Kommunionantiphon vorsah, erklärt Parsch, dass der Geist beim Menschen Sünde und Gerechtigkeit voneinander scheide mit dem Mittel des Wor-

---

119 Vgl. ders., LP 2, 9.17.21 u. ö., hier: bes. 34f.
120 Ders., Volksliturgie ²1952/2004, 233; vgl. dasselbe Beispiel in ders., Messerklärung, 178; ders., LP 2, 17; ders., Bildungswerte des Kirchenjahres (Die liturgische Predigt 5), Klosterneuburg/Wien 1949, 176 (vgl. allgemein ebd., 7).
121 Ders., LP 6, 269. Vgl. knapp zum Geist als Verfasser der Hl. Schrift ders., LP 3, 11; vgl. auch ders., LP 1, 142: „aus dem Diakon spricht [bei der Evangelienverkündigung] der Hl. Geist."

tes (Evangelium) und der Eucharistie (Kommunionantiphon): „Der Hl. Geist aber ist Urheber und Spender der Gnade. In seinen beiden Händen hält er das Gotteswort und die Eucharistie, mit denen er das Scheidungswerk, aber zugleich das Wunderwerk der Gnade vollbringt."[122] Den Geist Gottes sieht Parsch als einigendes Band von Wort und Eucharistie.

2.5 Zwischenfazit

Es ging Parsch nicht in erster Linie darum, *expressis verbis* eine Wort-Gottes-Theologie zu entwickeln oder zu reflektieren. Man muss sich schließlich die Gattung der Schriften Parschs und ihre Zielgruppe vor Augen führen. Er schrieb keine theologischen Traktate für ein dogmatisches Handbuch, sondern wollte möglichst einfach und verständlich vermitteln, was er innerlich erlebt und für sich auch theologisch reflektiert hat. Es ist bemerkenswert, dass er seine theologischen Begründungen aus der Bibel und aus der Liturgie ableitet oder damit illustriert (etwa das Wort aufnehmen und bewahren wie Maria[123]). Insofern sind Bibel und Liturgie nicht nur äußerliche Anliegen, die er popularisiert hat. Sein unermüdlicher Einsatz für Bibel und Liturgie ist vielmehr praktische Konsequenz seiner eigenen Erfahrungen und theologischen Einsichten, seiner Wort-Gottes-Theologie.

Nun sollen in einem kurzen dritten Punkt zwei weitere Konsequenzen genannt werden, die Parsch aus der Wort-Gottes-Theologie für die Praxis gezogen hat.

---

122   Ebd., 270. Vgl. zur pneumatologisch-epikletischen Dimension des Wortes Gottes M. Benini, Bibelhermeneutik, 416–421.
123   Vgl. auch M. Benini, Maria, Gottes Wort und Liturgie. Homilie anlässlich der Verleihung des Pius-Parsch-Preises 2019 am Hochfest der Unbefleckten Empfängnis Mariens, in: Protokolle zur Liturgie 9 (2020/2021) 270–275.

3. Parschs Konsequenzen aus seiner Wort-Gottes-Theologie

3.1 Der Ambo in St. Gertrud

Ambonen sind in der Liturgischen Bewegung relativ selten, weil die Aufmerksamkeit dem freistehenden Altar galt, um den herum die *circumstantes* sich versammeln konnten.[124] 1926 wurde eine Amboanlage in Maria Laach eingerichtet, auf die Parsch in seiner Messerklärung verwies.[125]

Vor allem hat er bei der Umgestaltung von St. Getrud 1935/36 zusammen mit dem Architekten Robert Kramreiter (1905–1965) einen Ambo geschaffen, der als solcher schon die Bedeutung der Bibel in der Liturgie hervorhebt. Anders als eine Kanzel stand er bewusst in der Nähe zum Altar, weil ja die Predigt Teil der Liturgie war:

„Die neue Kirchenkunst geht jetzt immer mehr von der alten Kanzel ab, die wie ein Schwalbennest hoch oben im Schiff der Kirche eingebaut war. Der pathetische Predigtton vieler Prediger geht auf diese Art Kanzeln zurück, weil sie zu wenig Kontakt mit den Gläubigen haben. Nun soll ein Predigtstuhl nach unserem Geiste zwei Eigenschaften haben: er muß nahe dem Altar stehen und darf nicht allzu hoch über den Köpfen der Hörer sein. Die Predigt gehört zur Liturgie der Messe, daher ist die räumliche Verbindung mit dem Altar wünschenswert."[126]

Ein niedrigeres Lesepult diente für Epistel und Graduale, das größere für Evangelium und Predigt. Parsch beschreibt dies so:

„[W]enn das Alleluja gesungen wird, geht die Evangelienprozession durch die Kirche, voran die Kreuzfahne, vier Fackelträger, zwei Leuchterträger, zwei Ministranten und der Priester mit dem hocherhobenen Evangelienbuch, zuerst seitlich nach rückwärts, um

---

124 Vgl. zum Ambo in der Liturgischen Bewegung und besonders in Klosterneuburg: M. Benini, Der Ort der Wortverkündung in der Liturgischen Bewegung, in: Das Münster 74 (2021) 48–53. Vgl. auch ders., Der Ambo – „Tisch des Gotteswortes" (SC 51), in: S. Kopp/J. Werz (Hg.), „Zeichen und Symbol überirdischer Wirklichkeit". Liturgische Orte und ihre künstlerische Gestaltung. FS F. Koller, Regensburg 2019, 25–33.
125 Vgl. P. Parsch, Messerklärung, 173.
126 Ders./R. Kramreiter, Neue Kirchenkunst im Geist der Liturgie. Eingeleitet von Rudolf Pacik (PPSt 9), Würzburg 2010 [Nachdruck d. Ausg. Wien-Klosterneuburg 1939], 30. Vgl. knapp auch P. Parsch, Messerklärung, 302.

durch den Mittelgang zum Ambo zu ziehen. Der feierliche Zug unter dem Gesang des Alleluja besagt, dass Christus im Symbol des Evangeliums durch die Kirche zieht und zum Ambo aufsteigt. Der Priester steht auf dem Ambo, die sechs Lichter umkreisen diesen im Bogen, er verkündet unter Glockengeläute das Evangelium, darauf hält er die Predigt."[127]

3.2 Parschs Überlegungen zur Reform der *Vormesse*

Eine weitere Folge seiner Wort-Gottes-Theologie sind auch konkrete Reformwünsche[128] für die sogenannte Vormesse. Bei der hohen Wertschätzung für die Schrift in der Liturgie konnte Parsch mit diesem Begriff nicht zufrieden sein. In den ersten beiden Auflagen seiner Messerklärung nannte er den ersten Hauptteil noch *Vormesse*, in der dritten Auflage allerdings schon *Wortgottesdienst* oder *Wortfeier* (obwohl der Begriff *Vormesse* weiterhin im Text auftaucht).[129] Parsch gebraucht auch den Begriff *Wortmesse*, denn diese stehe „ebenbürtig neben der Mahlmesse"[130].

Wie bereits ausgeführt, war Parsch die Verkündigung in der Volkssprache und die Integration der Predigt in die Messfeier ein wichtiges Anliegen.[131] Ebenso wünschte er eine reichere Auswahl besonders wegen der häufigen Wiederholung der Communetexte der Heiligen,[132] eine bessere Auswahl vor allem der Episteln,[133] und die Wiederherstellung von drei Lesungen bei der Messe.[134]

---

127 Ders./R. Kramreiter, Kirchenkunst, 33f. Der Text findet sich identisch in P. Parsch, Volksliturgie ¹1940, 36f. Bilder sind abgedruckt bei ders./R. Kramreiter, Kirchenkunst, 39f.
128 Vgl. hierzu auch R. Pacik, Die Enzyklika „Mediator Dei" als Anstoß für Pius Parsch, in: A. Redtenbacher (Hg.), Liturgie lernen und leben – zwischen Tradition und Innovation. Pius-Parsch-Symposion 2014 (PPSt 12), Freiburg/Br. 2015, 98–120, hier: 114–120.
129 Vgl. A. Heinz, Einführung zur Neuausgabe, in: P. Parsch, Messerklärung, 7–24, hier: 18; Vgl. für „Wortgottesdienst" z. B. ebd., 85.87.92, für „Wortfeier" z. B. ebd., 169.197; vgl. ebd., 182: „die Vormesse wirklich zum Wortgottesdienst zu machen". Vgl. ders., LP 1, 139: „Die Vormesse ist Wortgottesdienst."
130 Ders., LP 6, 266.
131 Vgl. ders., Messerklärung, 181–184.
132 Vgl. ebd., 183f.
133 Vgl. ders., LP 3, 17.315.
134 Vgl. ders., Messerklärung, 184.

4. Schlussfazit

Vergleicht man diese Forderungen mit der heutigen Liturgie, sind sie gänzlich umgesetzt. Kann man damit Pius Parsch ad acta legen oder einfach als historische Gestalt erforschen, die letztlich aber vergangen bleibt? Die Antwort lautet sicher: Nein.

Zwar sind die Einzelanregungen durch die Liturgiereform erfüllt, doch das Anliegen um die Predigtqualität und seine Wort-Gottes-Theologie sind aktuell geblieben. Ein Blick in die Praxis der Pfarreien bestätigt schnell, dass eine Vernachlässigung des Wortes (Stichwort: ausgelassene zweite Lesung, Antwortpsalm) und seiner Ästhetik (Prozession, Evangeliar, Leuchter, Weihrauch) auf eine mangelnde Rezeption der Wort-Gottes-Theologie zurückgeht. Die liturgietheologische Auseinandersetzung mit der Liturgischen Bewegung und ihren Protagonisten wie Pius Parsch ist auch heute lohnend.

Natürlich ist vieles der Gedanken Parschs weitergeführt worden, was hier abschließend nur angedeutet werden kann. Die Gegenwart Christi im Wort hat SC 7 klar aufgenommen. War der Artikel über die Gegenwartsweisen Christi bereits in der Enzyklika *Mediator Dei* von Pius XII. enthalten,[135] ist der Zusatz zum Wort neu. Die Frage der Gegenwart Christi in der Predigt, von Parsch klar befürwortet, wurde auf dem II. Vatikanischen Konzil am Rande kontrovers diskutiert, weil in einem Entwurf auch die Homilie ergänzt, im Enddokument aber wieder gestrichen wurde: „Gegenwärtig ist er [Christus] in seinem Wort, da er selbst spricht, wenn die heiligen Schriften in der Kirche gelesen und ausgelegt [et explicantur] werden."[136]

Die Enzyklika *Mysterium fidei*[137] (1965), die *Pastorale Einführung in das Messlektionar* (1981)[138] und noch deutlicher das *Homiletische Direk-*

---

135 Vgl. Pius XII., Enzyklika *Mediator Dei* 20 (AAS 39 [1947] 528).
136 SC 7. Vgl. M. Benini, Bibelhermeneutik, 367.
137 Vgl. Paul VI., Enzyklika *Mysterium fidei* 37: „Auf eine andere Weise zwar, aber ganz wirklich ist er seiner Kirche gegenwärtig, wenn sie predigt, da das Evangelium, das verkündet wird, das Wort Gottes ist, und nur im Namen und in der Autorität Christi, des fleischgewordenen Wortes Gottes, unter seinem Beistand, verkündet wird." (AAS 57 [1965] 753; H. Rennings/M. Klöckener [Hg.], Dokumente zur Erneuerung der Liturgie, Bd. 1: Dokumente des Apostolischen Stuhls 1963–1973, Kevelaer 1983, Nr. 434).
138 Vgl. Pastorale Einführung in das Meßlektionar gemäß der Zweiten Authentischen Ausgabe des Ordo lectionum Missae (veröffentlicht in: Die Messfeier – Dokumentensammlung. Auswahl für die Praxis, Bonn [11]2009 [Arbeitshilfen 77] 191–241)

torium (2015) sprechen hingegen auch von der Gegenwart Christi in der Homilie.[139] Letzteres Dokument hätte mit der Betonung des liturgischen Kontexts für die Homilie Parsch ebenso große Freude bereitet wie etwa die Aussage von Papst Franziskus in *Evangelii Gaudium*, dass die Predigt „einen geradezu sakramentalen Charakter"[140] habe. Es wäre eventuell noch genauer zu prüfen, ob der Gedanke der Sakramentalität der Predigt, von der Parsch aufgrund der Sakralität der Schrift und der Einbindung in die Liturgie spricht, etwas Originäres von Pius Parsch war.[141] Sicher ist die Betonung der Liturgie für die Homilie eines seiner Charakteristika.

Bezüglich des Hörens des Wortes, das Parsch auch aus seelsorglicher Motivation so betont hat, ließe sich an den ganzen Bereich der Intertextualität und Rezeptionsästhetik anknüpfen, was hier freilich nur als Stichwort genannt werden kann.[142] Die Sakramentalität des Wortes wurde, wie bereits erwähnt, in *Verbum Domini* ebenso würdigend herausgestellt wie die Verbindung von Wort und Sakrament.[143]

24: „Christus selbst ist ja stets gegenwärtig und wirkt, wo immer die Kirche sein Wort verkündet." Dabei wird auf Dokumente verwiesen, die von der Gegenwart Christi bei der Verkündigung außerhalb der Liturgie sprechen: auf das Missionsdekret des II. Vatikanums *Ad Gentes* 9; Paul VI., *Mysterium fidei* (vgl. vorausgehende Anmerkung); Paul VI., *Evangelii nuntiandi* 43 (AAS 69 [1976] 33f.).

139 Vgl. Kongregation für den Gottesdienst und die Sakramentenordnung, Homiletisches Direktorium 4: „Christus ist gegenwärtig [...] in der Predigt seines Dieners, durch den Christus der Herr, der vor langer Zeit in der Synagoge in Nazaret geredet hat, nun sein Volk unterweist." Vgl. auch M. Benini, Hilfsmittel für Prediger. Zum neuen Homiletischen Direktorium, in: Gottesdienst 49 (2015) 53–55, hier: 54.

140 Franziskus, Apostolisches Schreiben *Evangelii Gaudium* an die Bischöfe, an die Priester und Diakone, an die Personen geweihten Lebens und an die christgläubigen Laien über die Verkündigung des Evangeliums in der Welt von heute (VApS 194), Bonn 2013, 135–144, hier: 142 (vgl. zur Predigt ebd., 135–144). Vgl. auch Kongregation für den Gottesdienst und die Sakramentenordnung, Homiletisches Direktorium 4: „In Anbetracht ihres liturgischen Charakters hat die Homilie auch eine sakramentale Bedeutung."

141 W. Esser, Einfluß, 150f. verweist zur Sakramentalität der Predigt auch auf etliche andere Autoren, doch sind deren Beiträge geringfügig nach Parschs erster Erwähnung dieses Gedankens abgefasst worden. Vgl. bes. E. Walter, Eucharistia, das Sakrament der Gemeinschaft, Freiburg/Br. 1939, 42f. Damit soll freilich nicht behauptet werden, dass die anderen Autoren unmittelbar von Parsch beeinflusst worden sind.

142 Vgl. M. Benini, Bibelhermeneutik, 260–270.426–433.

143 Vgl. Benedikt XVI., *Verbum Domini* 56; M. Benini, Bibelhermeneutik, 354–402.

Es ließe sich in diesem Zusammenhang etwa auch auf die von Lothar Lies entwickelte Verbalpräsenz hinweisen.[144]

All diese Punkte machen deutlich, dass die Gedanken von Parschs Wort-Gottes-Theologie – ohne hier eine direkte Linie postulieren zu wollen – in der theologischen Reflexion weitergeführt werden und auch kirchenamtlich aufgenommen worden sind.[145] Dafür und für sein daraus sich speisendes Lebenswerk *Bibel und Liturgie* kann man Parsch nur hohe Anerkennung zollen.

---

144 Vgl. L. Lies, Verbalpräsenz – Aktualpräsenz – Realpräsenz. Versuch einer systematischen Begriffsbestimmung, in: ders. (Hg.), Praesentia Christi. FS J. Betz, Düsseldorf 1984, 79–100; Wiederabdruck in: ders., Mysterium fidei. Annäherungen an das Geheimnis der Eucharistie, Würzburg 2005, 83–107.
145 Vgl. auch M. Benini, Bibelhermeneutik: Durch die Feier der Liturgie die Bibel verstehen. Eine Relecture von Pius Parschs Grundanliegen „Bibel und Liturgie", in: Protokolle zur Liturgie 8 (2018/2019) 49–87.

Einflüsse aus Ost und West

Von Kiew nach Klosterneuburg.
Ostkirchliche Einflüsse auf Pius Parsch

Daniel Seper

Neben den großen Themen, mit denen Pius Parsch oft in Verbindung gebracht wird, und den Orten, Gruppen und Personen, die ihn beeinflusst haben, gibt es einen Faktor, der noch nicht systematisch untersucht wurde und dem sich daher der folgende Beitrag widmen möchte: den ostkirchlichen Einflüssen auf Parsch. Es handelt sich dabei im Übrigen nicht nur um eine Prägung, die Parsch von Zeitzeugen bis herauf zu Wissenschaftlern unserer Zeit attestiert wird,[1] sondern er selbst schreibt in der *Volksliturgie*:

> „Noch eine Episode hat auf mich einen nachhaltigen Einfluß geübt: Im letzten Halbjahr des Weltkrieges war unser Regiment in Kiew, der Hauptstadt der Ukraine, stationiert. Die vielen goldkuppeligen Kirchen dieses ‚russischen Roms' machten auf mich großen Eindruck, das Mönchsleben, der feierliche Gottesdienst, z. B. in der Osternacht, zog mich mächtig an."[2]

Der Klosterneuburger Chorherr wurde also von den Traditionen der Ostkirche beeinflusst. Wer mag es ihm verdenken, hat er doch im Alter von etwa 30 Jahren, einem prägenden Lebensabschnitt, über mehrere Jahre als Feldkurat auf vornehmlich ostkirchlichem Gebiet gewirkt, gut ein halbes Jahr davon in Kiew. „Die Erfahrungen dieser Zeit prägten ihn für immer"[3], hielt ein Biograph von Parsch fest. Ein anderer Autor

---

[1] Vgl. N. Höslinger, Der Lebenslauf von Pius Parsch, in: ders./T. Maas-Ewerd (Hg.), Mit sanfter Zähigkeit. Pius Parsch und die biblisch-liturgische Erneuerung (SPPI 4), Klosterneuburg 1979, 13–78, hier: 26; N. W. Kopf, Liturgiereform und Volksfrömmigkeit. Eine empirische Untersuchung im Bereich der dem Augustiner Chorherrenstift Klosterneuburg inkorporierten Pfarren, Bd. 1 [unveröff. Dissertation Universität Wien], 1983, 9, Anm. 9. Siehe ferner entsprechende Aussagen von Parschs Zeitzeugen wie etwa: Interview von M. Scala mit H. Seelos, 28. April 2010 [Archiv PPI].
[2] P. Parsch, Volksliturgie. Ihr Sinn und Umfang (PPSt 1), Würzburg 2004, 18.
[3] R. Pacik, Pius Parsch (1884–1954), in: B. Kranemann/K. Raschzok (Hg.), Gottes-

schrieb, dass es „[e]ine interessante Forschungsfrage wäre, dem Einfluss der ostkirchlichen Liturgie, die Parsch in Kiew so lebendig erlebt hatte, in seinem Schrifttum nachzuspüren"[4]. Zur Beantwortung will der vorliegende Aufsatz nun einen ersten Beitrag leisten.

Für die Gliederung bietet sich der klassische Dreischritt Sehen – Urteilen – Handeln an: Dafür soll zuerst in den Blick genommen werden, wo Parsch während des Ersten Weltkrieges stationiert war und was er dort gesehen und erlebt hat. Dann versuchen wir herauszufinden, wie er seine Wahrnehmungen – vor allem in Bezug auf die liturgische Praxis der Ostkirchen – reflektiert hat, bevor im dritten Schritt aufgezeigt werden soll, wie ihn dies in seinem Denken und Handeln beeinflusst haben könnte. Zum Schluss werden einige Punkte benannt, wie sich diese Erfahrungen Parschs in seinem liturgischen Handeln, theologischen Denken und in seiner Liturgietheologie niederschlagen.

1. Parsch als Militärseelsorger

Zunächst folgen wir den Spuren des Militärseelsorgers Parsch und gehen kurz die wichtigsten Stationen auf der Marschroute ab, die das k. u. k. Infanterieregiment Nr. 93, dem Parsch zugeteilt war, vorgab, bevor wir schließlich mit Parsch in Kiew einen längeren Halt einlegen.[5] Dies zeigt, wo Parsch wie lange war und was er vor allem in Kiew, aber auch andernorts gesehen und mitbekommen hat. Dazu soll besonders Parsch selbst zu Wort kommen.

1.1 In der Bukowina

Im Juni 1915 ging es für Parsch über Ungarn zunächst in die Bukowina, das österreichische Kronland zwischen Rumänien, Ungarn, Galizien und dem Russischen Reich. Von dort aus schrieb er dem Prälaten des

---

dienst als Feld theologischer Wissenschaft im 20. Jahrhundert. Deutschsprachige Liturgiewissenschaft in Einzelporträts, Bd. 2 (LQF 98), Münster 2011, 886–900, hier: 887.
4 A. Redtenbacher, Der Einfluss von Pius Parsch in der Liturgiekonstitution des II. Vatikanischen Konzils, in: HlD 67 (2013) 230–245, hier: 232, Anm. 13.
5 Vgl. zum Folgenden: N. Höslinger, Lebenslauf, 26–38.

Stiftes Klosterneuburg, Joseph Eduard Kluger, in einer seiner ersten von vielen weiteren Feldpostkarten: „Heute möchte ich Ihnen sagen, wie schön ich meinen 7. Primiztag [18. Juli] verbrachte: Früh habe ich nach langer Zeit (14 Tage) Meße gelesen (mit griech[isch] kath[olischen] Meßkleidern)"[6], beschreibt Parsch seine ersten Kontakte mit dem Byzantinischen Ritus bzw. zumindest mit dessen Paramenten.

Wenige Monate später führten die Wirren des Krieges die „93er" zusammen mit Parsch für kurze Zeit an die Südfront nach Görz, bevor sie wieder in die Bukowina zurückkehrten. Die Weihnachtsfeiertage 1915 verbrachte der Feldkurat gemeinsam mit den Soldaten im Zug, wo er in einem Waggon die Messen zu feiern hatte. Parsch bekam dann nicht nur die Hauptstadt der Bukowina, Czernowitz, zu sehen, sondern auch umliegende Dörfer. In den Gottesdiensten der ruthenisch-unierten Kirche, wie man damals zu sagen pflegte, konnte er „das Bestreben des Volkes, mit der Handlung des Priesters in Fühlung zu bleiben", beobachten. Das zeigte sich für Parsch darin, dass „z. B. beim Paternoster [...] das Volk halblaut das Vaterunser"[7] betete.

1.2 In Galizien

Im Juli des Jahres 1916 ging es für Parsch weiter in das nördlich gelegene Kronland Galizien. Auf die militärstrategischen Gründe und die Einzelheiten des Krieges, die zur Verlegung des 93. Regiments führten, kann an dieser Stelle nicht näher eingegangen. Jedenfalls waren die Russen zuvor in die Bukowina und in Galizien eingefallen und übernahmen Czernowitz. Parsch hatte dabei den Krieg hautnah miterlebt. Es gab aber auch ruhigere Zeiten, die er für wissenschaftliche Arbeiten nützte und für die Aushilfe als Seelsorger in den drei Ortschaften Slivky, Porohy, Jesnien, die keinen Pfarrer hatten. Er feierte dort Gottesdienste von der Taufe bis hin zu Begräbnissen. Im November 1916 konnte er dem Klosterneuburger Prälaten dann wieder von einer weiteren Begegnung mit der ostkirchlichen Tradition berichten:

„Es geht recht gut weiter. Gestern hatte ich ein Begräbnis von 2 Soldaten, dabei eine längere Ansprache; heute ein Großseelsorgstag: 4

---
6 P. Parsch, Feldpostkarte an den Prälaten [Joseph Eduard Kluger] vom 26. Juli 1915 [Archiv PPI].
7 Ders., Kriegstagebuch, zit. n.: N. Höslinger, Lebenslauf, 29f.

Feldmessen = 4 Predigten. Dabei überraschte man mich in der Stellung mit 2 neuen, wunderschönen Altären. Gepredigt über Eucharistie als Speise. – Mangels an Hostien mußte ich die 4. Meße mit einer gesäuerten Hostie des gr[iechisch] kath[olischen] Ritus lesen."[8]

Parsch nähert sich dem Byzantinischen Ritus weiter an: Zuerst verwendete er dessen Paramente, jetzt berichtet er davon, auf das in den Ostkirchen gebräuchliche gesäuerte Brot zurückzugreifen.

1.3 In Czernowitz

Nach mehreren Monaten an verschiedenen Orten in Galizien kommt Parsch im November 1917 zurück in die Bukowina, zuerst in das Dorf Kuczurmare und später, Anfang 1918, in die Hauptstadt Czernowitz. Am 10. Dezember schreibt Parsch: „Unvermittelt kam der Winter nach einem schönen trockenen Herbst. Gestern Sonntag mußte ich schon die Meße in der griech[isch] orient[alischen] Kirche lesen."[9] Die Kontakte mit der Ostkirche werden also intensiver, zumindest jene, von denen der Feldkurat berichtet.

Neben dem Byzantinischen Ritus begegnet er nun zusätzlich dem Armenischen Ritus: „Hier in Czernowitz wohnen wir; […] [u]ns allen hat es besser in einem Dorf gefallen, in einer warmen Bauernstube. Ich lese Meße in der schönen armenisch kath[olischen] Kirche. Mir geht's gut, wenn ich auch friere. Herzl. Gruß Pius"[10], schreibt Parsch seinem Oberen. In seinem Tagebuch hält er am Folgetag, dem 20. Februar 1918, fest:

„Vormittags besuchte ich den armen[isch] katholischen Pfarrer, in dessen Kirche ich Meße lese, habe sehr interessante Einzelheiten erfahren: seit 600 Jahren sind in Bukowina eingewanderte kath[olische] Armenier, die noch zum Teil armenisch sprechen. Sie sind

---

8   P. Parsch, Feldpostkarte an den Prälaten [Joseph Eduard Kluger] vom 12. November 1916 [Archiv PPI].
9   Ders., Feldpostkarte an den Prälaten [Joseph Eduard Kluger] vom 10. Dezember 1917 [Archiv PPI].
10 Ders., Feldpostkarte an den Prälaten [Joseph Eduard Kluger] vom 19. Februar [1918] [Archiv PPI].

sehr religiös; in Czernowitz sind c[a.] 600 Seelen, die Meße ist ein Gemisch von römischer u[nd] armenischer Liturgie, in armenischer Sprache äußerlich sehr ähnlich unserer Meße"[11].

Auch wenn Parsch nicht sehr sensibel über die lateinischen Einflüsse auf den Armenischen Ritus schreibt, so gereicht ihm die noch gegenwärtig oft kritisierte Latinisierung des Armenischen Ritus, die sich unter anderem im Kirchenbau niederschlägt, zum Vorteil, kann er doch ohne große Probleme regelmäßig in der – wie er schreibt – „schönen armenisch-katholischen Kirche" würdig Eucharistie feiern.[12]

1.4 In Kiew

Im Frühling des Jahres 1918, genauer gesagt am Sonntag, dem 21. April, „in den ersten Nachmittagsstunden kam der Transport in Kiew an"[13]. Kiew war – wie sich schon zeigte – nicht die einzige, aber die letzte Station von Parschs Einsatz als Feldkurat und steht daher exemplarisch für seinen Kontakt mit den Kirchen des Ostens. Zudem hat die Stadt selbst eine herausragende Bedeutung für die Orthodoxie und trägt von alters her den Beinamen „Jerusalem des Ostens". Auch Parsch war sich dessen bewusst und bezeichnete Kiew, wie zu Beginn bereits zitiert wurde, als das „russische Rom"[14].

Eine der ersten Erinnerungen, die Parsch schildert, lautet:

„Wir sind in Kiew! – Noch sind die Eindrücke zu wenig geklärt, als daß ich etwas Ausführliches über den Charakter der Stadt sagen könnte. Es ist eine Großstadt u[nd] hat, glaube ich, viel von Paris gelernt. [...] – Es sind hier 4 röm[isch] kath[olische] Kirchen; in

---

11 Ders., Kriegstagebuch, Bd. 6: 3. VI. 1918–28. III. 1918, Eintrag vom 20. Februar 1918 [Archiv PPI]. Das Kriegstagebuch von Pius Parsch wird mit einer Einleitung von L. Lerch in der Reihe PPSt veröffentlicht. Die Aufzeichnungen von Parsch wurden von Dr. Herta Peball und Ilse Wolfbeisser ehrenamtlich transkribiert.
12 Vgl. ders., Feldpostkarte an den Prälaten [Joseph Eduard Kluger] vom 24. Februar [1918] [Archiv PPI].
13 Ders., Kriegstagebuch, Bd. 7: 8. IV. 1918–18. XI. 1918, Eintrag vom 21. April 1918 [Archiv PPI]. An dieser Stelle sei Daniel Galadza gedankt, der sein Wissen zur griechisch-katholischen Kirche in der Ukraine mit dem Verfasser teilte. Auf ihn gehen auch die Zuordnungen der von Parsch besuchten Kirchen zurück.
14 P. Parsch, Volksliturgie, 18.

der einen, wo ich Meße lese, scheint der beste Geist zu herrschen; eine wunderschöne Kirche, alles in größter Ordnung u[nd] sehr würdig. Es sollen hier 60.000 Katholiken wohnen."[15]

Mit diesen Worten berichtet Parsch dem Klosterneuburger Propst zunächst von der römisch-katholischen St. Nikolaus-Kathedrale. Sein Tagebuch gibt sodann Auskunft über weitere Erlebnisse und Erfahrungen in Kiew, auf die in den folgenden Abschnitten eingegangen werden soll.

1.4.1 Kontakte mit der Ukrainisch-Orthodoxen Kirche

Parsch verlässt das bereits bekannte Territorium katholischer Ostkirchen und erkundet auch die orthodoxen Kirchen Kiews, wo er gerade die Karwoche und das Osterfest miterleben kann. Lassen wir ihn am besten selbst zu Wort kommen und erfahren aus seinem eigenen Mund, welche Eindrücke er über den Großen Mittwoch der Heiligen Woche, den 1. Mai 1918, für sich festhielt:

„Nachmittags besuchte ich die Kirche vom Michaelskloster, ein reiches Kloster; Es war gerade Gottesdienst, ich stelle mir vor etwa die Trauermette, morgen haben sie Gründonnerstag; 2 Chöre sind zu beiden Seiten des Altars, bestehend aus Mädchen u[nd] Knaben, die auch Kutten tragen. Der Gesang ist mehrstimmig u[nd] sehr schön, weihevoll: Ein Priester hörte Beichte, sie haben keinen Beichtstuhl, der Priester sitzt vor einem Pult, der Poenitent steht tief verneigt zum Priester, der seine Stola über das Haupt des Beichtenden legt; nach der Beichte zahlt er dem Priester einen Betrag; das ist etwas, was mir nicht gefällt, überall sitzt ein Mönch, der Geld nimmt; in der Kirche, die reich geschmückt ist, alles starrt vor Gold u[nd] Silber, in allen Ecken sind Bilder, vor denen Lichter brennen, Leute knien, sie küßen Erde u[nd] Bilder; Links vom Hochaltar ist der berühmte Sargofag [!] mit Gebeinen der Hl. Barbara; der Mönch, der dabei steht, erklärte mir, daß das Haupt der Heiligen in Rom sei, das übrige hier. Die Leute küßen die überzogenen Reliquien u[nd] laßen sich von einem Kronreifen berühren.

---

15 Ders., Feldpostkarte an den Prälaten [Joseph Eduard Kluger] vom 24. April [1918] [Archiv PPI]; vgl. ders., Kriegstagebuch, Bd. 7: 8. IV. 1918–18. XI. 1918, Eintrag vom 22. April 1918 [Archiv PPI].

> Wie ich höre, ist das ein berühmter Wallfahrtsort; die Hl. Barbara ist die Patronin der Verliebten, verhindert Eifersucht, führt die Liebenden zusammen, beseitigt die Hindernisse (Widerstand der Eltern). Die jungen Männer kommen von weit her u[nd] bringen ihren Mädchen Bilder der Hl. Barbara. – Der Mönch nannte mir einen Priester, der deutsch versteht, den will ich besuchen."[16]

Parsch liefert einen spannenden Einblick nicht nur in die Liturgie, die er mitfeiern konnte, sondern auch in das geschäftige Treiben im Kirchenraum und religiöse Praktiken dort. Seine Beschreibungen geben grundsätzlich wertfreie Beobachtungen wieder, die er anschließend kurz beurteilt. Die von Parsch erwähnten Reliquien der heiligen Barbara befinden sich heute übrigens in der Wladimirkathedrale, wohin sie nach der Zerstörung der Hauptkirche des Michaelsklosters in den 1930er-Jahren überführt wurden. Diese Kiewer Kathedrale hatte Parsch damals natürlich schon aufgesucht: „[...] wunderschön, ein Muster, daß sich die ruß[ische] Kirche auch der Moderne anpaßen kann ohne ihr Wesentliches einzubüßen"[17], lautet seine Einschätzung.

Im Michaelskloster lernte Parsch einen ehemals griechisch-katholischen Priester kennen, der nach seiner Flucht aus Galizien orthodox geworden war. Parsch ließ sich von ihm die Liturgien der Karwochen erklären. Vom Seelsorger, der sich in seine Heimat zurücksehnte, erfuhr er aber auch: „[...] die Priester hier haben versäumt das Volk durch gute Predigten in der Glaubenslehre zu unterrichten, daher ist ihr Glaube mehr Aberglauben, äußerlich u[nd] mechanisch; in Galizien ist das schon anders."[18]

Einer der Mönche des Michaelsklosters lud Parsch ein, „dem nächtlichen Ostergottesdienst in der Sofienkathedrale beizuwohnen"[19]. Dieser Einladung kam Parsch nach und er beschreibt die Liturgie, die wohlgemerkt in der Nacht gefeiert wurde, was für den Römischen Ritus zu dieser Zeit noch nicht möglich war, mit folgenden Worten:

> „Um 11 Uhr ging ich hin, 12 Uhr begannen die Zeremonien, ich blieb bis ½ 4 u[nd] da waren sie noch nicht zu Ende; gefallen hat

---

16 Ders., Kriegstagebuch, Bd. 7: 8. IV. 1918–18. XI. 1918, Eintrag vom 1. Mai 1918 [Archiv PPI].
17 Ebd., Eintrag vom 4. Mai 1918 [Archiv PPI].
18 Ebd., Eintrag vom 2. Mai 1918 [Archiv PPI].
19 Ebd.

mir der Chorgesang, 3 Chöre, die oft abwechseln, die Caeremonien waren würdig, der Diakon scheint überall seinen Stolz darin zu setzen, einen tiefen Baß zu haben; der Pontifex u[nd] 2 Assistenten trugen die Mitra, sonst assistierten noch etwa 6 Priester, ein Diakon u[nd] ein Subdiakon."[20]

Parschs Schilderung in seinem Tagebuch ist wieder faktenbasiert, recht kurz, neutral, objektiv, er gibt auch hier wieder, was er sieht, und verwendet für die Beschreibung die Terminologie des Römischen Ritus. Die Länge der Liturgie und die Anzahl der Mitwirkenden scheinen ihm eine Erwähnung wert. Etwas subjektiver berichtet er über die mitgefeierte Osternacht seinem Oberen:

„Sonntag hatten die Rußen Ostern, ich habe dem nächtlichen Ostergottesdienst beigewohnt: von 12 Uhr – bis ½ 4 u[nd] da war er noch nicht zu Ende, unbegreiflich, wie sie so lange aushalten können u[nd] alle Caeremonien sind endlos; die Meße hat ein endloses Präambulum; die Leute hören nur immer einen Teil der Meße. Aber die Caeremonien sind recht würdig u[nd] der Chorgesang wunderschön. 3 Chöre wechseln einander ab. Der Diakon setzt seinen Stolz in einen tiefen Baß."[21]

Ob nur die nächtliche Stunde Parsch den Gottesdienst so lang empfinden ließ, bleibt offen. Nachhaltiger könnte in ihm aber die Erfahrung gewirkt haben, die Ostervigil auch wirklich als nächtliche Feier zu begehen – ein Wunsch, den er später des Öfteren geäußert und schließlich verwirklicht hat.[22] Dabei muss allerdings berücksichtigt werden, dass der nächtliche Gottesdienst, den Parsch in Kiew mitgefeiert hat, wohl nicht einfach dem entspricht, was in St. Gertrud schon früher und im gesamten Römischen Ritus dann nach der Reform der Karwoche ab den 1950er-Jahren als „Osternacht" gefeiert wurde. Es handelte sich dabei nämlich wohl um den Orthros der Chrysostomus-Liturgie, während

---

20 Ebd., Eintrag vom 4. Mai 1918 [Archiv PPI].
21 Ders., Feldpostkarte an den Prälaten [Joseph Eduard Kluger] vom 8. Mai [1918] [Archiv PPI].
22 Vgl. ders., Ostern und unser Volk!, in: BiLi 1 (1926/27) 193–196; ders., Volksliturgie, 50.58; T. Maas-Ewerd, Pius Parsch und die Erneuerung der Osterfeier, in: N. Höslinger/T. Maas-Ewerd (Hg.), Mit sanfter Zähigkeit. Pius Parsch und die biblisch-liturgische Erneuerung (SPPI 4), Klosterneuburg 1979, 215–239.

das eigentliche Pendant zur römischen Osternacht im Byzantinischen Ritus eine Vesper mit alttestamentlichen Lesungen und die Basilios-Liturgie wäre. Dieser Gottesdienst ist dem Typikon entsprechend zwar für den Samstagnachmittag vorgesehen, wird oft aber auch schon in der Früh gefeiert. Der Mitternachtsgottesdienst, von dem Parsch spricht, entspräche dann eher der Messfeier am Ostersonntag. Dass Gottesdienste verschiedener Riten stets schwierig und nicht immer eindeutig zu vergleichen sind, darf dabei also nicht außer Acht gelassen werden.

Neben dieser für Parsch so zentralen Erfahrung des nächtlichen Gottesdienstes – und Parsch baut bekanntermaßen vor allem stark auf seine eigenen Erfahrungen – berichtet er auch vom Besuch weiterer kirchlicher Sehenswürdigkeiten, denn: „Kirchen gibt es in Kiew eine Unmasse; in unserem Viertel wimmelt es von Türmen, ich übertreibe nicht"[23].

Der Klosterneuburger Chorherr hielt mit den Mönchen des Michaelsklosters Kontakt und traf sich mit einigen regelmäßig: „[I]ch trank bei ihnen Tee u[nd] radebreche Rußisch, so gut ich kann"[24]. Parsch suchte also in Kiew neben seinen Aufgaben als Militärseelsorger die Anbindung an eine klösterliche Gemeinschaft. Dass es sich hierbei um ein orthodoxes Kloster handelt, macht es besonders, denn zu dieser Zeit war es wohl alles andere als selbstverständlich, als Katholik mit den damals von vielen noch als „Schismatikern" angesehenen orthodoxen Christen zu verkehren.

Parsch hatte bei seinen Streifzügen durch Kiew noch die Gelegenheit, die sogenannte Zehntenkirche, die der Entschlafung der Gottesmutter geweiht ist, zu besichtigen, die 1928 durch die Sowjets zerstört und nicht wiederaufgebaut wurde.[25] Auch vom Besuch der Andreaskirche, die an dem Ort steht, an dem der Apostel Andreas ein Kreuz aufgestellt haben soll, berichtet Parsch.[26] Nur kurz erwähnt er – zumindest in den dem Verfasser zugänglichen Teilen seines Tagebuches – das berühmte Kiewer Höhlenkloster: „sehr interess[ant] ist die La[v]ra – das berühmte Höhlenkloster; die 1. La[v]ra des ganzen Orients"[27], so die Bemerkung Parschs.

---

23 P. Parsch, Feldpostkarte an den Prälaten [Joseph Eduard Kluger] vom 8. Mai [1918] [Archiv PPI].
24 Ders., Feldpostkarte an den Prälaten [Joseph Eduard Kluger] vom 1. September [1918] [Archiv PPI].
25 Vgl. ders., Kriegstagebuch, Bd. 7: 8. IV. 1918–18. XI. 1918, Eintrag vom 2. Mai 1918 [Archiv PPI].
26 Ebd.
27 Ders., Feldpostkarte an den Prälaten [Joseph Eduard Kluger] vom 13. Mai [1918] [Archiv PPI].

Daniel Seper

1.4.2 Kontakte mit der Griechisch-Katholischen Kirche

Es gab in Kiew aber nicht nur orthodoxe Christen und Christinnen und solche, die früher in Gemeinschaft mit Rom waren, sondern auch eine Gemeinde, die noch griechisch-katholisch war: „ein kleines, niedliches Holzkirchlein ganz im Stil der galizischen Kirchen"[28], schildert Parsch es und schreibt weiter: „am Hochaltar [war] das Allerheiligste im Ciborium ausgesetzt. Wenige Besucher waren da; den Pfarrer konnte ich nicht sprechen"[29]. Dass in einer Kirche des Byzantinischen Ritus das Allerheiligste zur eucharistischen Anbetung ausgesetzt wurde, war für Parsch keiner weiteren Anmerkung wert. Aus ostkirchlicher Perspektive ist das aber wohl ein Beispiel für Latinisierung par excellence. Im Typikon der Ukrainisch-Griechisch-Katholischen Kirche finden sich Rubriken, die die Verwendung einer Monstranz für die Prozession am Karfreitag und Ostersonntag regeln.[30]

Den griechisch-katholischen Seelsorger traf Parsch dann doch noch bei anderen Besuchen der Kirche. So hält er in seinem Tagebuch fest:

> „Abends nach Besuch des Lazareths [!] ging ich in die unierte Kirche u[nd] wohnte der Maiandacht bei, es war ganz schön besucht: ein schöner Gottesdienst: das Allerheiligste wurde auf dem Marienaltar getragen u[nd] die Gebete sang das Volk mit dem Priester, dann las er ihnen ein Evangeliumstück vor – unsere Segenandacht sollte auch etwas belebt werden."[31]

---

28 Ders., Kriegstagebuch, Bd. 7: 8. IV. 1918–18. XI. 1918, Eintrag vom 4. Mai 1918 [Archiv PPI].
29 Ebd.
30 Vgl. I. Dolnyzkyj, Typikon der ruthenisch katholischen Kirche, Lemberg 1899, 446 [Karfreitag], 458 [Ostersonntag]; D. Galadza, Die griechisch-katholischen Kirchen und die liturgische Erneuerung. 50 Jahre nach *Sacrosanctum Concilium*, in: H.-J. Feulner/A. Bieringer/B. Leven (Hg.), Erbe und Erneuerung. Die Liturgiekonstitution des Zweiten Vatikanischen Konzils und ihre Folgen (Österreichische Studien zur Liturgiewissenschaft und Sakramententheologie 7), Wien 2015, 95–117, hier: 99. Die griechisch-katholische Barbarakirche in Wien besitzt übrigens eine Monstranz mit einer für das gesäuerte Brot angepassten Lunula, die aber wohl schon lange keine Verwendung mehr findet.
31 P. Parsch, Kriegstagebuch, Bd. 7: 8. IV. 1918–18. XI. 1918, Eintrag vom 7. Juni 1918 [Archiv PPI].

Es ist zu bezweifeln, dass Parsch die Art und Weise des Gottesdienstes, also eine kombinierte eucharistische Marienandacht, unbedingt nachahmen wollte, aber diese Gottesdienstform, die Andacht, bei der die Gläubigen mit dem Priester gemeinsam singen, schien ihn anzusprechen. Und noch etwas konnte er von dort berichten: „die Leute kommen gern in die Kirche, [der Pfarrer] hielt jetzt täglich Maiandacht, auch Predigt, die Leute hören sehr gern Predigt"[32]. Ob nun genau diese Erfahrung den Klosterneuburger Chorherren nachhaltig geprägt hat, sei dahingestellt, zumindest aber fühlte er sich auch in Kiew bestätigt in seiner Forderung, die Predigt aufzuwerten.

1.4.3 Kontakte mit der Römisch-Katholischen Kirche

Der Vollständigkeit wegen seien noch die Begegnungen Parschs mit der Römisch-Katholischen Kirche vor Ort kurz erwähnt. Der Klosterneuburger Chorherr pflegte Kontakt mit dem Seelsorger, mit dem er ein Sprach-Tandem bildete, und hielt dazu fest: „Ich habe heute einen Kooperator der Alexanderkirche besucht u[nd] lerne bei ihm rußisch, er bei mir deutsch. Vormittag arbeite ich recht fleißig."[33]

Über die Präsenz der Katholischen Kirche des Lateinischen Ritus in der Ukraine schreibt Parsch: „Das kath[olische] Leben ist hier sehr rege u[nd] opferwillig; die kath[olischen] Polen haben hier eigene Schulen, Gymnasien, sogar eine Universität (ob alle Fakultäten?)", und zieht aus seinen Beobachtungen gleich praktische Konsequenzen: „Hier besteht eine große Not an Meßwein. Ich werde demnächst den H. Kellermeister um ein paar Liter angehen."[34]

---

32 Ders., Kriegstagebuch, Bd. 7: 8. IV. 1918–18. XI. 1918, Eintrag vom 10. Juni 1918 [Archiv PPI]. Dass die Maiandacht im Juni gefeiert wurde, lässt sich durch die unterschiedlichen Kalender erklären.
33 Ders., Kriegstagebuch, Bd. 7: 8. IV. 1918–18. XI. 1918, Eintrag vom 4. Juni 1918 [Archiv PPI].
34 Ders., Feldpostkarte an den Prälaten [Joseph Eduard Kluger] vom 13. Mai [1918] [Archiv PPI].

1.5 Rückkehr

Nach all den Erfahrungen und Begegnungen in Kiew, von denen hier nur ein Ausschnitt wiedergegeben wurde, verließ Parsch die Stadt nach gut einem halben Jahr am Abend des 13. Oktober 1918 und kam im November schließlich in seiner Heimat an:[35] „Er kehrte zwar arm ins Stift zurück", am Rückweg über Serbien verlor Parsch seine gesamte Habe einschließlich vieler Schriften, „aber reich an Erfahrungen, Anregungen, neuen Ideen und Plänen"[36], schrieb Norbert Höslinger in einer biographischen Darstellung Parschs, in der übrigens der Kiewer Aufenthalt eine nur sehr kurze Episode darstellt.

2. Reflexion der Erfahrungen

Nachdem die zentralen Begegnungen von Pius Parsch mit den Traditionen der Ostkirchen vor allem anhand seiner eigenen Schilderungen vorgestellt wurden, erfolgt in einem nächsten Schritt der Versuch herauszufinden, wie der Augustiner-Chorherr seine Erfahrungen im Nachhinein beurteilt hat: Was hat er dazu gesagt, wie im Nachhinein darüber geschrieben? Wie hat er die vorgefundene Praxis – hier vor allem die liturgische Praxis der unterschiedlichen Ostkirchen – eingeordnet und reflektiert?

In der *Volksliturgie* benennt Parsch zwei Erkenntnisse, die er im Rahmen der Feldseelsorge im Weltkrieg gewinnen konnte: Zum einen lernte er die Bedeutung der Bibel kennen, zum anderen forderte er ein, dass die Liturgie dem Volk wieder aufgeschlossen werde: „durch Verstehen und Teilnahme"[37]. Diese Einsicht verdankt sich nicht zuletzt dem ostkirchlichen Einfluss.

---

35 Vgl. ders., Kriegstagebuch, Bd. 7: 8. IV. 1918–18. XI. 1918, Eintrag vom 23. Oktober 1918 [Archiv PPI].
36 N. Höslinger, Lebenslauf, 37.
37 Vgl. P. Parsch, Volksliturgie, 251.

2.1 Heilige Schrift

Die Rede vom Tisch des Wortes Gottes und dem Tisch des Leibes Christi geht schon auf Kirchenväter der ersten Jahrhunderte zurück.[38] In Erinnerung gerufen hat die Bedeutung der Heiligen Schrift im liturgischen Kontext vor dem Zweiten Vatikanum auch schon Parsch, wenn er beispielsweise schreibt:

> „In der griechischen Kirche thront die Hl. Schrift als Symbol Christi auf dem Altar. Wir Abendländer denken kaum mehr daran, daß in der Meßfeier die zwei Tische stehen: der Tisch des heiligen Wortes und der Tisch des heiligen Brotes; die beiden sind einander nebengeordnet: beide sind Begegnung mit Christus. Evangelium und Eucharistie bedingen sich gegenseitig."[39]

Auffällig ist, dass Parsch als Vorbild gerade auf die liturgische Praxis der Ostkirchen verweist. Während für die „Abendländer", wie Parsch sie nennt, in der Vergangenheit durchaus ein Ungleichgewicht zwischen der Begegnung mit Christus im Wort und im gewandelten Brot bestand – bezeichnend dafür war der Begriff „Vormesse" für jenen Teil, der heute als Wortgottesdienst gilt –, erkennt er in der ostkirchlichen Tradition eine größere Wertschätzung für die Heilige Schrift, die im wörtlichen und im übertragenen Sinn auf dem Altar thront. Das Evangeliar, das beim kleinen Einzug in feierlicher Prozession durch die Kirche getragen wird, verbleibt ja auch beim eucharistischen Teil der Göttlichen Liturgie am Altar.

Eine weitere ostkirchliche Inspiration lässt sich bei den liturgischen Diensten ausmachen. Parsch verweist wiederholt auf den Byzantinischen Ritus, wenn er die Bedeutung des Lektorenamtes hervorhebt. In diesem Dienst, der auch in der sogenannten Betsingmesse zum Einsatz kam, erkennt er eine wichtige „Verbindung und Brücke zwischen Priester und Volk"[40]. Dabei kam es allerdings zu einer Bedeutungsverschiebung: Im Byzantinischen Ritus fungierte der Lektor, der damals auch geweiht war, als Lektor und Kantor und trug Psalmen, alt- und

---
38 Vgl. SC 51; DV 21, dazu: J. Ratzinger, Kommentar zur dogmatischen Konstitution über die göttliche Offenbarung *Dei Verbum*, in: LThK², Erg.-Bd. 2, 572.
39 P. Parsch, Volksliturgie, 232f.; vgl. dazu den Beitrag von M. Benini in diesem Band.
40 P. Parsch, Volksliturgie, 377; vgl. ebd., 381.

neutestamentliche Lesungen und Hymnen vor. Er war vor allem in den täglichen nicht-eucharistischen Gottesdiensten wichtig. In St. Gertrud hatte der Lektor hingegen die Aufgabe, bei der Messfeier vorzubeten und die lateinischen Elemente in die Volkssprache übersetzt den Mitfeiernden zugänglich zu machen. Dieser Laiendienst fungierte in gewisser Weise also als Kommentator und Dolmetscher.[41]

2.2 Aktive Teilnahme

Eines der Hauptanliegen des Klosterneuburger Chorherren, nämlich das gläubige Volk wieder aktiv am Gottesdienst teilnehmen anstatt es nur beizuwohnen zu lassen, führte Parsch selbst, wie bereits erwähnt, auf seine Erfahrungen als Feldkurat zurück.[42]

Dabei spielt aber wohl nicht nur das Erleben der ostkirchlichen Gottesdienste eine Rolle, sondern auch die tagtäglichen Erfahrungen als Militärseelsorger in dieser Zeit. Parsch wurde durch den direkten Vergleich folgende Diskrepanz vor Augen geführt: Auf der einen Seite die Gottesdienste, die er mit einfachsten Mitteln mit den Soldaten zu feiern hatte, die an der Front anderes im Kopf hatten, wenig bis gar nichts von der Messe verstanden und sich dementsprechend auch nicht auf sie einließen, und auf der anderen Seite die feierlichen Göttlichen Liturgien in den prächtigen Kirchen Kiews, aber auch Gottesdienste in den Dörfern in Galizien und der Bukowina. Dies ließ Parsch über sich selbst schreiben: „Da stieg ein neuer Gedanke in mir auf, der allerdings erst nach einigen Jahren zur Reife kam: die aktive Teilnahme des Volkes."[43]

Parsch hatte beobachtet, wie das Volk gewisse Teile des eucharistischen Gottesdienstes wie beispielsweise das Credo oder das Vaterunser mitgebetet oder mitgesungen bzw. mit dem Priester gemeinsam gebetet oder gesungen haben, so wie es der slawischen Tradition entspricht und vor allem in der heutigen Ukraine üblicher als anderswo war. Mit dem Nebeneinander von Klerus und Laien in der Messfeier des Römischen Ritus im Hinterkopf stellte es etwas Besonderes dar. Dabei müsste sich eine der zentralen Befürchtungen, die gegen eine Einbindung des Volkes vorgebracht werden, nach Ansicht von Parsch gar nicht bewahrheiten, denn:

---

41 Vgl. etwa ebd., 32–36.
42 Vgl. ebd., 251.
43 Ebd., 17f.

"Wer die griechische Messe genau verfolgt, wird sehen, wie fein der Unterschied eingehalten ist zwischen Priester und Volk, und wie das Volk doch die ganze Feier hindurch aktiv teilnimmt, ohne in die Belange des Priesters einzugreifen. Die Besorgnis, als würde durch starke Betonung der aktiven Teilnahme die priesterliche Würde leiden, ist ganz unbegründet."[44]

Die aktive Mitfeier der Messe würde also nicht unbedingt eine Nivellierung der unterschiedlichen Ämter und Dienste bedeuten, entwarnt Parsch die Kritiker. Auch wenn jeder in der Liturgie eine, seine Aufgabe wahrnimmt, könne doch eine gemeinsame Feier entstehen.

2.3 Exkurs: Volksliturgische Tagung zur aktiven Teilnahme des Volkes 1928

Das Vorbild für die aktive Teilnahme, das Parsch in der Liturgie der Ostkirchen erkannte, war für ihn so wichtig, dass er es auch in sein liturgisches Apostolat aufnahm. Es ist wohl kein Zufall, dass Parsch bei seiner Zweiten Volksliturgischen Tagung, die 1928 in Klosterneuburg unter dem Titel „Die aktive Teilnahme des Volkes an der Liturgie" stattfand, an den Beginn die Beschäftigung mit der „griechischen Meßfeier", also der Göttlichen Liturgie im Byzantinischen Ritus, stellte.

Er hob dabei die Göttliche Liturgie als Ideal für die aktive Teilnahme des Volkes hervor, die auch er anstrebte. In der byzantinischen Liturgie „wird das Volk von Anfang bis Ende beschäftigt, sozusagen stets in Atem gehalten, jedoch ohne überlastet zu werden. Deshalb liebt das Volk der Ostkirchen auch so heiß seine Liturgie"[45], schrieb Parsch. Abgesehen von der doch sehr pathetischen Formulierung am Ende ist auffällig, dass Parsch hier von der Beschäftigung des Volkes schreibt. Heute würde man das wohl nicht mehr so formulieren, aber für die Ausgangslage von Parsch war es schon eine Verbesserung, wenn die Gläubigen nicht einfach nur die Messe absaßen, sondern zumindest dem Anlass entsprechend beschäftigt wurden.[46]

---
44   Ebd., 113.
45   [Ders.], Bericht über die II. volksliturgische Tagung in Klosterneuburg, in: BiLi 2/23–24 (1928) 428–450, hier: 431.
46   Vgl. ebd.

Wichtig hält er dabei die „Verteilung der Rollen für die Mitwirkenden"[47]. In der byzantinischen Liturgie sieht er auf der einen Seite Priester und Diakon, auf der anderen Seite den Chor und das Volk, wobei in älteren liturgischen Büchern zwischen den letztgenannten gar nicht unterschieden wurde und man statt „Chor" einfach „Volk" schrieb. Dabei nimmt der Diakon die Rolle eines Bindeglieds ein, der zwischen den beiden Bereichen vermittelt und das Volk durch den Gottesdienst führt. So könnten die Gläubigen aktiv an den Handlungen und Gebeten des Priesters teilnehmen. Der Chor fungiert als Interpret und Dolmetsch, er begleitet durch die Feier. Und auch wenn der Priester der eigentliche Opferer bleibt, so opfert das Volk doch mit ihm mit, nimmt so aktiv am Gottesdienst teil und trägt die gesamte Liturgie – selbst die Anaphora – mit. Auch wenn dabei das Volk manche Gebete der Göttlichen Liturgie gar nicht hört und mitbeten kann,[48] sieht das Parsch nicht weiter kritisch, denn: „Es ist dies eine überaus feine Linie der griechischen Liturgie, daß sie diese herrlichen, wichtigen amtsliturgischen Priestergebete genau bestimmt und ihm vorbehält."[49]

Auch hier muss wieder an den Vergleichspunkt, die römische Messe seiner Zeit, erinnert werden. Im Byzantinischen Ritus sind Volk und Priester unterschiedlich beteiligt, haben je eigene Aufgaben, aber feiern gemeinsam Eucharistie. Auch während der Priester in der Göttlichen Liturgie still betet, singen oder beten die Gläubigen unter der Führung des Diakons. Darüber hinaus gibt es auch Teile der Göttlichen Liturgie, die von Priester und Volk gemeinsam oder im Wechsel vollzogen werden. So findet aktive Teilnahme zum einen unmittelbar, zum anderen vermittelt durch den Diakon mittelbar statt.

Wichtige Voraussetzungen dafür, dass diese Formen aktiver Teilnahme überhaupt erst möglich sind, sah Parsch darin, dass die byzantinische Liturgie mehr feststehende, gleichbleibende Elemente aufweise. „Was einmal gelernt und eingeschult ist, bleibt für das Leben lang"[50], merkt er dazu an. Zentrales Charakteristikum sei aber die Verwendung der Volkssprache in der Liturgie – wenn auch in einer sakralen Form, die nicht mehr die gegenwärtige Landessprache, aber mit ihr verwandt ist, und daher zugänglicher ist als das Lateinische etwa dem Österreicher.

---

47 Ebd.
48 Vgl. ebd., 431f.
49 Ebd., 432.
50 Ebd., 432.

Neben dem Vortrag von Parsch, dessen zentrale Aussagen hier für unsere Fragestellung zusammengefasst wurden, konnten die Teilnehmer und Teilnehmerinnen der Zweiten Volksliturgischen Tagung in St. Gertrud nach entsprechender Vorbereitung auch eine Göttliche Liturgie im Byzantinischen Ritus mitfeiern, zu der ein Geistlicher, dessen Namen Parsch zwar nicht erwähnt, bei dem es sich aber wohl um Myron Hornykewytsch gehandelt haben muss, mit dem Chor aus der griechisch-katholischen Pfarre St. Barbara in Wien kam.[51] „Die Teilnehmer der Tagung hatten sich bald in Text und Melodie der Volksakklamationen zur aktiven Teilnahme eingefunden"[52], konnte Parsch feststellen. Außerdem war es ihm eine Anmerkung wert, dass es nur zu diesem Anlass ausnahmsweise die Kommunion unter beiden Gestalten gab.

Das „alte vorbildliche Beispiel [für] die Art und Bedeutung der aktiven Volksteilnahme" war dadurch „klarer und näher geworden"[53], urteilt er abschließend, bevor er in seinem Tagungsbericht auf die Defizite des Römischen Ritus hinweist, die sich gerade im Vergleich noch deutlicher zeigen. Das Volk werde in der „Priesterliturgie" durch Chor und Ministranten vertreten und sitze die Messzeit ab, anstatt aktiv teilzunehmen, lautet zusammengefasst seine Kritik.[54]

Der Vollständigkeit und Fairness wegen sei aber auch erwähnt, dass Parsch bei dieser Gelegenheit – wenn auch sehr sanft – so manche Praktiken der Ostkirchen eines negativen Urteils unterzieht. So vermisst er beispielsweise in der Göttlichen Liturgie einen Opfergang (den man ja in St. Gertrud bis heute pflegt), er kritisiert aber auch, dass in den ostkirchlichen Gottesdiensten die Predigt einen zu geringen Stellenwert einnehme. Zudem befremdete ihn der Geldhandel, den er in manchen Kirchen beobachten konnte.

3. Umsetzung der Erkenntnisse

Nach dem Sehen und Urteilen fehlt nun noch der dritte Schritt, das Handeln: Was von dem, das Parsch bei seinen Begegnungen mit den Ostkirchen erlebt und reflektiert hat, hat ihn in seinem pastoralen, li-

---

51 Vgl. ebd., 432.
52 Ebd., 433.
53 Ebd.
54 Vgl. ebd., 435f.

turgischen, volksliturgischen Wirken nachhaltig beeinflusst? Welche Erkenntnisse aus der Erfahrung mit der Liturgie der Ostkirchen hat er umgesetzt oder zumindest umzusetzen versucht?

3.1 Ermöglichung aktiver Teilnahme

Es ist nichts Neues: Das große Anliegen von Parsch bestand darin, dem ganzen Volk die aktive Teilnahme am Gottesdienst zu ermöglichen. Die ganze Gemeinde trägt die Liturgie mit und ist auch auf der Handlungsebene eingebunden. Aktive Teilnahme schloss für ihn nicht nur verstehende Zuhörer mit ein, sondern verlangte aktive Mitfeiernde.

Das Ideal dafür, das seiner Ansicht nach diesen Wunsch bewahrt hatte, erkannte er in der gottesdienstlichen Praxis der ersten sechs Jahrhunderte. In der alten Kirche wäre die Messfeier „ein heiliges Spiel, in dem die ganze Gemeinde mit dem Klerus mitwirkte"[55]. Dies manifestierte sich für Parsch darin, dass Lesungen und Predigt in der Volkssprache waren und man (vier) Prozessionen mit Gesängen, Gebeten, mit Geben und Empfangen kannte. Parsch war überzeugt: „Es war ein wirkliches Mitbeten, Mitsingen, Anhören, Geben, Mitopfern und Empfangen des Volkes."[56] Das Gebet des Volkes war Gebet der Kirche und umgekehrt.[57] Wie in den Jahrhunderten danach die Liturgie immer mehr privatisiert und klerikalisiert wurde, muss hier nicht näher ausgeführt werden.[58]

3.2 Sprache

Um dieser Entwicklung entgegenzuwirken, müssten die Gläubigen in mehreren Schritten wieder an die aktive Teilnahme herangeführt werden: Ein erstes Ziel wäre nach Parsch eine passive Teilnahme, indem die Gläubigen durch Übersetzungen zumindest einmal verstehen, worum es in der Liturgie geht. Dafür ist die Sprache von zentraler Bedeutung. Parsch machte sich dafür stark, diese Kluft zwischen der Sprache des Volkes und des Gottesdienstes irgendwie zu schließen, da er in der

---
55 Ebd., 436.
56 Ebd.
57 Vgl. ebd., 436f.
58 Vgl. ebd., 437–439.

lateinischen Kirchensprache das zentrale Hindernis für die aktive Teilnahme sah. In den Ostkirchen hingegen kenne man nicht eine einheitliche Kirchensprache, erinnert Parsch: Die Griechen feiern bis heute auf Griechisch, die Syrer auf Syrisch usw. „Jedes Volk kann seine Liturgie in seiner Sprache feiern"[59], hält er fest. Zwar seien die Sprachen sakral geworden und hätten sich nicht mit den lebendigen Sprachen mitentwickelt, aber sie seien noch immer näher am Volk als in der Lateinischen Kirche. So lud Parsch zu einem Gedankenspiel nach dem Was-wäre-wenn-Prinzip ein: Wenn die germanischen Länder vom Osten missioniert worden wären, so feierten wir heute vielleicht die griechische Liturgie auf Althochdeutsch. Oder wenn die Germanen früher Christen geworden wären, dann gäbe es heute gar eine eigene deutsch geprägte Liturgie. Da nach Parschs Einschätzung die Liturgie als Volkswerk stark mit dem Denken eines Volkes verbunden und deswegen eine übernationale Liturgie schwierig sei, wurde und blieb das Lateinische dem Volk fremd. Deswegen sei seiner Ansicht nach die Reformation im deutschsprachigen Raum so erfolgreich gewesen und wurde die lateinische Liturgie so leicht aufgegeben. Im Osten aber, in Russland etwa, habe die Liturgie das „Volk vom Abfall bewahrt"[60], formuliert es Parsch. Er bringt den Gegensatz zwischen Ost und West auf den Punkt: „Der Russe liebt seine Liturgie heiß, sie ist dort ein Stück Volksgut."[61] Dem deutschen Katholiken hingegen sei seine Liturgie „schwer und fremd"[62]. Parschs Einsatz für die Volkssprache oder zumindest für eine dem Volk verständliche Sprache entspringt also nicht einfach einer träumerischen Idee oder ist ein frommer Wunsch an die Zukunft ohne Bezug zur Realität. Vielmehr nährt er sich aus dem Beispiel der ostkirchlichen Liturgien, die ihm beweisen, dass es möglich ist, dem Volk auch sprachlich den Zugang zum Gottesdienst zu ermöglichen. Damit wäre der erste Schritt, eine passive Teilnahme, umschrieben.

---

59 Ebd., 448.
60 Ebd., 449; vgl. dazu auch: ders., Volkssprache in der Liturgie, in: BiLi 10 (1935/36) 113f.
61 [Ders.], Bericht, 449.
62 Ebd.; vgl. ebd., 447–449.

3.3 Rollenverteilung

Damit begnügte sich Parsch aber nicht. Die Messe, die er gern mit einem Schauspiel vergleicht, also ein heiliges Schauspiel gewissermaßen, kenne unterschiedliche Rollen. Während der Priester in der Hauptrolle ist, übernimmt das gläubige Volk andere Rollen, natürlich ohne dadurch die besondere Stellung des Priesters anzutasten. Auch für diesen Punkt seines volksliturgischen Apostolats versuchte Parsch sich aus der byzantinischen Liturgie Inspiration oder besser Schützenhilfe zu suchen. Dort fände sich nämlich ein sehr feiner Unterschied zwischen Priester und Volk. Das Volk nehme die ganze Feier hindurch aktiv teil, ohne in die Aufgaben des Priesters einzudringen.[63] Daher konnte er seine Mitbrüder im priesterlichen Amt, allen voran aber auch sich selbst, beruhigen: Die priesterliche Würde leidet nicht unter der aktiven Teilnahme des Volkes.[64]

So führte für ihn der Weg von der verlorenen Teilnahme des Volkes am Gottesdienst über die passive hin zu einer aktiven Teilnahme. Parsch begnügte sich nicht mit diesen Forderungen, sondern er verstand sich selbst „stets [als] Praktiker und niemals [als] Theoretiker und Systematiker"[65] und setzte seine Überzeugungen auch in die Tat um und konnte sich dabei unter anderem auf altehrwürdige Traditionen der Ostkirchen berufen.

4. Einflüsse auf eine liturgische Theologie von Parsch

Parsch war aber wohl nicht nur Praktiker, sondern er hat sich auch mit dem notwendigen theoretischen Fundament auseinandergesetzt und aus der Praxis seine Schlüsse gezogen. Er war nicht nur Liturge, sondern auch Theologe und beschäftigte sich notwendigerweise mit systematischen Fragen und den Grundlagen der Liturgie. Dabei betrieb er aber eher liturgische Theologie als Theologie der Liturgie und ging stets von der konkreten Feier und der rituellen Erfahrung des – in diesem Fall byzantinischen – Gottesdienstes aus.[66] Auch in seinem liturgietheologischen

---

63 Vgl. ebd., 442.
64 Vgl. ebd., 439–443.
65 Ders., Volksliturgie, 12.
66 Vgl. C. Roth, Theologie der Liturgie und/oder liturgische Theologie? Pius

Nachdenken zeigt er sich vom ostkirchlichen Geist inspiriert. Die Ansätze, die sich bei Parsch in diese Richtung ausmachen lassen, sollen hier nur angedeutet werden und verdienen eine eigene Untersuchung.

So verweist Parsch etwa auf die Christen im Osten, wenn es darum geht, das Kirchenjahr sakramental zu verstehen und zu leben und Gottes Gnade so in unsere Zeit eintreten zu lassen. Dazu schreibt er:

> „Am stärksten noch erfaßt die sakramentale Zeit die Ostkirche. Wer ein Osterfest oder auch Weihnachtsfest in Rußland oder Galizien mitgemacht hat, der weiß, wie die Christen von der geheiligten Zeit vollständig umgewandelt werden. An der Front haben die Russen die Unseren umarmt und reichlich beschenkt, die sie tags zuvor beschossen haben."[67]

Auch Parsch macht sich für eine liturgische Formung der Zeit stark und fordert in seiner *Volksliturgie* mehrmals so etwas wie ein liturgisches Zeitgefühl ein.[68] Die Beachtung des Zusammenhangs von Zeit und Gottesdienst spiegelte sich ebenso bei der Frage nach dem angemessenen Zeitpunkt für die Feier der Osterliturgie wider. Die Erfahrung des nächtlichen Gottesdienstes in Kiew, auf die bereits hingewiesen wurde, hat Parsch darin bestärkt, in St. Gertrud die Osternacht noch vor ihrer Reform in der Nacht zu begehen.

Bei einem früheren Klosterneuburger Symposion wurde schon darauf aufmerksam gemacht, dass Parschs Liturgietheologie – ähnlich wie jene von Joseph Ratzinger – neben der Mysterientheologie von Odo Casel auch eine kosmisch-eschatologische Dimension stark macht: Gottesdienst in Verbindung mit der himmlischen Kirche und die ganze Schöpfung umfassend.[69] Die Verbindung mit der himmlischen Kirche versuchen besonders die Kirchen des Ostens in der Feier der „Göttlichen Liturgie" zu verwirklichen. Dies illustriert der bekannte Bericht, den die Gesandten Wladimir, dem Großfürsten der Kiewer Rus, überbrachten, als sie vom Erleben der byzantinischen Liturgie in der Hagia Sophia zurückkamen:

Parsch und sein Standort innerhalb der Liturgietheologie, in: A. Redtenbacher (Hg.), Liturgie lernen und leben – zwischen Tradition und Innovation. Pius Parsch Symposion 2014 (PPSt 12), Freiburg/Br. 2015, 81–97, hier: 95.
67 P. Parsch, Volksliturgie, 437.
68 Vgl. ebd., 135.340f.; C. Roth, Theologie, 93.
69 Vgl. C. Roth, Theologie, 83.

„Und wir wissen nicht: Sind wir im Himmel gewesen oder auf der Erde; denn auf Erden gibt es einen solchen Anblick nicht oder eine solche Schönheit; und wir vermögen es nicht zu beschreiben. Nur das wissen wir, daß dort Gott bei den Menschen weilt."[70]

Das könnte von Parsch stammen, hat doch er vom Erleben der Göttlichen Liturgie ähnlich geschwärmt. Auch dieses Verständnis von aktiver Teilnahme, die sich nicht in einem Aktivismus erschöpft, sondern tiefer geht und noch vor der sinnlich wahrnehmbaren Mitfeier ansetzt, hat Parsch wohl aus der Erfahrung der „göttlichen" (!) Liturgie aus dem Osten mitgebracht. Noch vor dem Versuch, alle zu beschäftigen – was ja im Grunde selbst zu einer Ablenkung vom eigentlichen Gottesdienst führen kann –, geht es Parsch um eine aktive Teilhabe am Mysterium, das in der Eucharistie gefeiert wird. Später wird auch *Sacrosanctum Concilium* diesen Aspekt von Liturgie wieder in Erinnerung bringen, wenn dort in Artikel 8 festgehalten wird: „In der irdischen Liturgie nehmen wir vorauskostend an jener himmlischen Liturgie teil, die in der heiligen Stadt Jerusalem gefeiert wird, zu der wir pilgernd unterwegs sind"[71]. Das kann durchaus als spezifischer Beitrag von Parsch angesehen werden, den er aus dem Osten in den Westen eingebracht hat, wenn er auch nicht der einzige war.

Inwieweit Parschs Denken zudem von einer eucharistischen Ekklesiologie geprägt ist, wie wir ihr in der östlichen Theologie begegnen, die die Kirche vor allem durch die Feier der Eucharistie verwirklicht sieht, und ob dies ebenfalls als ostkirchlicher Einfluss eingestuft werden kann, verdient ebenfalls weitere Beschäftigung.[72]

5. Die Idee für Messtexte

Noch etwas ist zu nennen, das Pius Parsch aus Kiew mitgenommen hat, das bisher aber unerwähnt blieb, obwohl es sein volksliturgisches Wirken weltweit bekannt gemacht und ihm eine im Vergleich zu anderen

---

70 Nestorchronik, übers. v. L. Müller (Forum Slavicum 56), München 2001, 987 [45f.].
71 SC 8.
72 Vgl. C. Roth, Theologie, 93; vgl. dazu den Beitrag von R. Meßner in diesem Band.

Zentren der Liturgischen Bewegung spezielle Note verliehen hat. So geht nämlich die Idee, die Gebete und Lesungen der Messfeier dem Volk durch gedruckte Übersetzungen zugänglich zu machen, also die Idee für die Messtexte, auf eine Begegnung in Kiew zurück. Dort hat er nämlich den bekannten Ethnologen und Steyler Missionspriester Wilhelm Schmidt getroffen, der damals ebenfalls als Militärgeistlicher im Einsatz war. Die beiden Ordensmänner unterhielten sich darüber, wie man den ihnen anvertrauten Soldaten die Messe verständlich machen könne.

„Da entwickelte er mir einen Plan, den er nach dem Kriege verwirklichen werde: Er wolle Hochamtshefte herausgeben, in denen von einem Sonn- oder Festtag der Wechsel- und der stehende Text gemeinsam enthalten sind. Er begründete diesen Plan damit, daß die Katholiken eben nicht wissen, was bei einem Hochamt vorgeht."[73]

Parsch erkannte selbst: „Diese Unterredung war für meine weitere Entwicklung im höchsten Grade bedeutungsvoll."[74] Bekanntlich blieb es nicht bei der Idee. Nach Ende des Krieges meldete sich Schmidt bei Parsch und knüpfte an die Kiewer Begegnung an, sodass zu Ostern 1919 das erste Heft erscheinen konnte. „Gern stellte ich mich für die Verbreitung der Hefte zur Verfügung"[75], schrieb Parsch. Die Idee stammte also von P. Schmidt, der Umsetzung nahm sich später Parsch an – und das, wie wir wissen, recht erfolgreich. Mit den Ostkirchen selbst hat dies freilich wenig zutun, aber die Messtexte-Idee stammt sozusagen aus Kiew und konnte deswegen hier nicht einfach unterschlagen werden.

6. Übersetzung der Chrysostomus-Liturgie

Schließlich soll noch auf eines, das die bestehende Verbindung von Parsch zu den Ostkirchen nach dem Krieg bestätigt, an dieser Stelle hingewiesen werden. Auch wenn Parsch die byzantinische Liturgie als Vorbild in puncto Liturgiesprache anführt, so hat er dennoch auch dort

---
73 P. Parsch, Volksliturgie, 18f.
74 Ebd.
75 Vgl. ebd.

noch Verbesserungsmöglichkeiten erkannt. Zusammen mit dem schon erwähnten griechisch-katholischen Pfarrer von St. Barbara, Myron Hornykewytsch,[76] mit dem ihn eine enge Freundschaft verband, hat Parsch nämlich ein Büchlein mit der Göttlichen Liturgie des heiligen Johannes Chrysostomus herausgegeben, das neben einer deutschen Übersetzung der griechischen und kirchenslawischen Texte zusätzlich Erklärungen für die Eucharistiefeier im Byzantinischen Ritus enthielt.[77] Auch bei dieser Publikation bestand das Ziel dem Vorwort entsprechend darin, „den Gläubigen die Möglichkeit zu bieten, dem Fortgang der hl. Handlung besser zu folgen"[78].

7. Resümee

Zum Abschluss sollen die Ausführungen zusammengefasst und einige zentrale Punkte hervorgehoben werden. Auf offen gebliebene und durch die Beschäftigung mit der Thematik neu entstandene Fragen kann hier nur verwiesen werden, verdienen sie doch eine eigenständige Untersuchung. So erscheint nämlich der Vergleich von Parsch mit einem anderen prominenten Vertreter der Liturgischen Bewegung, dem belgischen Benediktiner Lambert Beauduin, der im April 1925, also wenige Jahre nach Parsch, die Westukraine besucht und seine Eindrücke festgehalten hat, durchaus lohnend zu sein.

Des Weiteren dürfte die Beschäftigung mit dem ostkirchlichen Blick auf die Liturgische Bewegung im Westen interessante Erkenntnisse hervorbringen. Gerade orthodoxe Vertreter der Liturgischen Theologie wie Alexander Schmemann sahen die Errungenschaften der Liturgischen Bewegung darin, nicht primär theologisch-systematisch vorgegangen zu sein, sondern zunächst für die notwendigen Bedingungen für die Entfaltung einer Liturgischen Theologie zu sorgen, indem die Liturgie

---

76 Vgl. H. P. Gstrein, Griechisch-katholisches Exil in der Salvatorgasse, Hall in Tirol, 1950–1959 (Sonderdruck), in: A. Zanesco (Hg.), Forum Hall in Tirol. Neues zur Geschichte der Stadt, Hall 2017, 1–41, hier: 13. An dieser Stelle sei Heinz Gstrein sowie John Reves für Informationen zur Person Hornykewytschs gedankt.
77 Die Göttliche Liturgie unseres heiligen Vaters Johannes Chrysostomus, übers. v. M. Hornykevitsch, Klosterneuburg/Wien ²1935 [¹1928].
78 M. Hornykevitsch, Vorwort [zur ersten Auflage 1928], in: Die Göttliche Liturgie, 5.

und ihr Erleben als das Zentrum der gesamten Kirche erkannt wurden.[79]

Zudem könnte man der Frage nachgehen, welche Rolle der Assistent von Pius Parsch, Josef Casper, der eine besondere Affinität zur ostkirchlichen Liturgie hatte und selbst zum griechisch-katholischen Priester geweiht wurde, für die anhaltende Begeisterung Parschs für den Byzantinischen Ritus gespielt hat.[80]

Neben den offenen Punkten, die andernorts zu erörtern sind, ist bei all dem bisher Genannten zu hinterfragen, ob wirklich nur die ostkirchliche Liturgie als Vorbild galt oder ob nicht vielmehr andere Faktoren ausschlaggebend waren. Jedenfalls aber bildete die Liturgie der Ostkirchen zumindest eine zentrale Inspiration, wie Parsch selbst ja diesen Einfluss bestätigt. Feststeht ebenfalls, dass er diese Erfahrungen mit dem östlichen Christentum gemacht hat, die ihn zum Teil bewusst, zum Teil unbewusst geprägt haben.

Ausschlaggebend war sicher, dass er bei seinem Einsatz als Feldkurat mit zwei aufeinanderprallenden Welten konfrontiert war: Auf der einen Seite die Gottesdienste als Feldkurat unter einfachsten Verhältnissen mit Soldaten, die wenig aufgeschlossen waren für das Religiöse[81], die aber, wie die meisten anderen Gläubigen, ganz einfach keinen Zugang zur kirchlichen Liturgie hatten. Auf der anderen Seite erlebte er die prächtigen Göttlichen Liturgien in den glänzenden Kathedralen Kiews, von denen er noch Jahrzehnte später den Gemeindemitgliedern in St. Gertrud vorgeschwärmt hat.[82] Er erlebte, wie selbstverständlich

---

79 Vgl. A. Schmemann, Introduction to Liturgical Theology (Library of Orthodox Theology 4), New York ²1975, 12.
80 Vgl. J. Kittel, Casper, Josef, in: Biographisch-Bibliographisches Kirchenlexikon, Bd. 18, Herzberg 2001, 256–267; J. Casper, Weltverklärung im liturgischen Geiste der Ostkirche, Freiburg/Br. 1939. Zur problematischen politischen Gesinnung Caspers siehe: L. Scherzberg, Zwischen Partei und Kirche. Nationalsozialistische Priester in Österreich und Deutschland (1938–1944) (Religion und Moderne 20), Frankfurt/M. 2020, 181–184.
81 Parschs Urteil über die Soldaten fällt mehr als ernüchternd aus: „[D]ie meisten haben keine höheren Interessen (nur Alkohol, Spiel, Weib) […]." P. Parsch, Kriegstagebuch, zit. n.: N. Höstlinger, Lebenslauf, 29.
82 „[D]ie Liturgie […] in Russland[, w]ie er da den orthodoxen Gottesdienst erlebt hat, mit der Pracht […] und dann […] ist er heimgekommen und hat sich gedacht, er muss das umsetzen. […] Er hat ja gesagt, er hat das erlebt im Ersten Weltkrieg, wie er die russische Osternacht […] miterlebt hat. Das war für ihn das prägende Erlebnis, wie schön Liturgie sein kann." Interview von M. Scala mit H. Seelos, 28. April 2010 [Archiv PPI].

die gläubigen Christen im Osten den Gottesdienst mitvollziehen. Gerade vor dem Hintergrund des Krieges, der Erfahrungen an der Front, der täglichen Mühsal als Soldatenseelsorger glänzt die Göttliche Liturgie noch einmal stärker.

Das Ideal verblasste für Parsch nicht; noch zehn Jahre später präsentierte er bei der Zweiten Volksliturgischen Tagung 1928 die byzantinische Liturgie als Vorbild für aktive Teilnahme. Immer wieder betonte er dabei, dass es ihm nicht darum ginge, die Unterscheidung zwischen speziellem und allgemeinem Priestertum zu nivellieren, sondern darum, dass die Gläubigen die Messe mitvollziehen und mitfeiern. So wie auch der Priester dies tut, aber jeder auf seine eigene Weise.

Es mag aus heutiger Sicht überraschen, dass Parsch gerade auf die ostkirchliche Liturgie als Vorbild für eine *participatio actuosa* verweist, wie er sie sich auch im Westen wünschen würde.[83] Die byzantinische Liturgie ist zunächst nicht so priesterzentriert wie es der Römische Ritus seiner Zeit war und sie wird stärker von der gesamten Gemeinde, vom Chor sichtbar und hörbar mitgefeiert. Gleichzeitig muss berücksichtigt werden, dass Parsch wohl ein verklärtes, idealisiertes Bild der Göttlichen Liturgie im Sinne einer ostkirchlichen Romantik hatte, das auf seinen subjektiven und selektiven Erfahrungen beruht. Heute wie damals kommt und kam es in der byzantinischen Liturgie vor, dass die Gläubigen mit anderen Dingen beschäftigt sind als der Mitfeier der Eucharistie. Heute, etliche Jahrzehnte nach dem Zweiten Vatikanum, finden sich wohl nur wenige westliche Liturgiewissenschafterinnen oder Liturgen, die es wagen würden, gerade die byzantinische Liturgie als ein Beispiel für aktive Teilnahme zu nennen. Das hängt natürlich auch mit den geänderten Voraussetzungen zusammen sowie einem gewandelten und noch immer im Wandel befindlichen Verständnis von Teilnahme. Was für Parsch vor dem Hintergrund des Römischen Ritus damals ein Vorbild war, für das könnten sich Liturgiereformer heute nur schwer erwärmen. Heute würde man der byzantinischen Liturgie andere Stärken zuschreiben, wie die Bewahrung von Tradition und Frömmigkeit, und sie anders bewerten, obwohl die byzantinische Liturgie ja bekanntlich nicht reformiert wurde, sondern sich nur die Perspektive,

---

83 Vgl. dazu aus ostkirchlicher Perspektive: D. Galadza, „Open your mouth and attract the Spirit": St Theodore the Stoudite and Participation in the Icon of Worship, in: Church Music and Icons: Windows to Heaven, hg. v. I. Moody/M. Takala-Roszczenko, Joensuu 2015, 441–455; V. Larin, „Active Participation" of the Faithful in Byzantine Liturgy, in: St Vladimir's Theological Quarterly 57/1 (2013) 67–88.

unser Blick darauf, geändert hat. In Anlehnung an das Leitwort der Kartäuser könnte man mit Blick auf die bewahrende Kraft in den Ostkirchen sagen: Orthodoxia stat dum volvitur orbis.

Aber vielleicht ist es gerade diese Beständigkeit, die damals schon Parsch fasziniert hat und nicht nur sein Vergleich mit der römischen Liturgie seiner Zeit. Es ist nicht ausgeschlossen, dass der Byzantinische Ritus auch heute noch eine Inspiration sein kann für die Liturgie des Westens, wenn es etwa darüber nachzudenken gilt, wie den Menschen die Liturgie (wieder) zugänglich gemacht wird – eine Herausforderung, die nicht nur Parsch, sondern auch heute Menschen umtreibt. Oder für die Frage, wie der Gottesdienst wirklich von allen mitvollzogen und -gefeiert werden kann. Vielleicht kann der Osten so über den Umweg und die Vermittlung von Parsch auch heute noch eine Inspiration für den Westen sein.

Parsch hat damals in der Orthodoxie etwas vorgefunden, das er in seiner eigenen Tradition vermisst hat. Genau dieses Potential hat bis heute, selbst wenn seit den ersten Begegnungen Parschs mit den Liturgien des Ostens nun schon über 100 Jahre vergangen sind, nichts an Aktualität verloren: Dass wir mit derselben Offenheit wie Parsch der ostkirchlichen Liturgie begegnen, um dort etwas (wieder neu) entdecken zu können, das im Westen fehlt.

Bibel, Liturgie und Gnade.
Pius Parsch und die liturgische Bewegung in den evangelischen Kirchen

Dorothea Haspelmath-Finatti

1. Einführung

> „Nun aber leuchtet das Dreigestirn hell vor uns: Gnade, Liturgie und Bibel. Diese drei bedingen sich und sind aufeinander zugeordnet. Jetzt, von der Gnade aus, ist uns die Liturgie die sakramentale Welt, in der wir uns bewegen, und die Bibel ist uns das Lehrbuch der Übernatur."

So schreibt Pius Parsch in seiner Standortbestimmung „Wo stehen wir?" in der von ihm gegründeten Zeitschrift *Bibel und Liturgie.*[1] Im Laufe seiner theologischen Entwicklung war für Pius Parsch die grundlegende Bedeutung der Gnade für das christliche Leben immer klarer geworden. An die Stelle der Gesetzesfrömmigkeit, so fordert er, muss die Gnadenfrömmigkeit treten. Eine Theologie aber, die die göttliche Gnade in dieser Wiese in den Mittelpunkt stellt, muss in heutiger Zeit an die Theologie Martin Luthers und der anderen Reformatoren erinnern. Hier drängt sich die Frage auf: Hat Parsch seine Hauptanliegen im Gespräch mit der evangelischen Theologie entwickelt?

Pius Parsch hat zwar vielfach davon berichtet, wie ihn die ostkirchlichen Liturgien, die er besonders während des Ersten Weltkrieges in Kiew erlebt hatte, beindruckt und beeinflusst haben. Dagegen wissen wir zwar von einigen Begegnungen mit evangelischen Kirchenvertretern, nicht aber von evangelischen Einflüssen auf Parschs theologische Entwicklung.

Wenn Parsch im Laufe seines Lebens in der evangelischen Theologie Ähnlichkeiten zu seinem eigenen Denken entdeckt hat, so hat er doch niemals von evangelischen Vorbildern berichtet. In seiner Gnadentheologie wusste er sich vielmehr ausdrücklich dem Werk des katholischen

---

1 P. Parsch, Wo stehen wir? in: BiLi 17 (1949/50) 1–4, hier: 2.

Theologen Matthias Scheeben verpflichtet.[2] Die nicht zu leugnenden Ähnlichkeiten mit der evangelischen Theologie könnten ihn deshalb sogar überrascht haben. Bibel, Liturgie und Gnade – diese Anliegen standen bekanntermaßen auch für Martin Luther und die Reformation im Mittelpunkt. Dass es hier eine Parallele gibt, besagt jedoch nichts über Einflüsse oder Abhängigkeiten.[3] Sind die Ähnlichkeiten schlicht dem Zufall zu verdanken, oder kann es andere Gründe für solche Zusammenklänge geben? Die neuere liturgische Theologie mit ihrer Einbeziehung der Neurowissenschaften könnte hier einige Antwortperspektiven eröffnen.

Das in diesem Band dokumentierte Symposion stellte sich der Frage, welches der besondere Beitrag von Pius Parsch zur Theologie und zum Leben der Kirche ist und was seiner Theologie vielleicht eine Alleinstellung gibt. Als mögliche Antwort schlägt dieser Buchbeitrag vor, Pius Parsch als einen Theologen der *theologia prima* zu würdigen. Pius Parsch gründete seine Theologie in seiner praktischen Arbeit, zunächst als Seelsorger im Ersten Weltkrieg und später über lange Zeit in der Gemeinde St. Gertrud. In dieser Arbeit als Priester in einer konkreten Gemeinde erfuhr er sich der Liturgie, der Bibel, und damit der Gnade, verpflichtet. Der Begriff der *theologia prima* kennzeichnet die liturgische Feier als den primären Ort der Theologie. Während die akademische Theologie die praktische liturgische Arbeit oft übersieht oder als zweitrangig betrachtet, kennzeichnet der Begriff der *theologia prima* die tatsächlich gefeierte Liturgie als den Ort der göttlichen Wirksamkeit und deshalb als den primären Ort der Theologie.

Der Blick auf Berührungspunkte zwischen der Theologie Pius Parschs, Martin Luthers und der evangelischen liturgischen Bewegung des 20. Jahrhunderts kann diese These befestigen und gleichzeitig einen Beitrag zu der Frage nach der theologischen Bedeutung Parschs und seiner Bewegung für die „Weltkirche"[4] leisten.

Pius Parsch lebte selbst ein von der Liturgie geprägtes Leben. Er verstand sein theologisches Wirken und Nachsinnen aus der gelebten Li-

---

2 Vgl. M. J. Scheeben, Natur und Gnade. Versuch einer systematischen, wissenschaftlichen Darstellung der natürlichen und übernatürlichen Lebensordnung im Menschen, Mainz 1861; ders., Die Herrlichkeiten der göttlichen Gnade nach P. Eusebius Nieremberg SJ, Freiburg/Br. 1862.
3 Vgl. den Beitrag von U. Schumacher in diesem Band.
4 Vgl. den Titel des hier dokumentierten Symposions: „Das liturgische Bewusstsein der Weltkirche geformt" (Ratzinger).

turgie heraus, wobei für ihn die Bibel ihren originären Ort innerhalb der Liturgie hat.[5] Liturgisch-biblisches Leben ist für Parsch der Ort, an dem sich die Gnade zeigt und als Gabe erfahrbar werden kann. Mit den Worten heutiger ökumenischer Theologie ausgedrückt: Der Gottesdienst der Kirche mit Wort und Sakrament ist der Ort, an dem Rechtfertigung erfahrbar werden kann.[6]

Dieser Beitrag zum Tagungsband gibt zunächst Einblicke in die liturgische Bewegung in den evangelischen Kirchen, bevor er sich einigen Parallelen zwischen den Biographien und Theologien Pius Parschs und Martin Luthers zuwendet, um schließlich mit Hilfe einiger Erkenntnisse aus der gegenwärtigen liturgischen Theologie und Neurobiologie die These zu befestigen: Pius Parsch stellte die Gnade in den Mittelpunkt seiner liturgisch-biblischen Theologie und erwies sich so als ein Theologe der *theologia prima*.

2. Die liturgische Bewegung in den evangelischen Kirchen[7]

Dass es im evangelischen Raum liturgische Bewegungen gab und gibt, ist noch immer nicht überall bekannt. Den evangelischen Kirchen wird oft zugeschrieben, dass sie über der Betonung der Bibel und dem intellektuellen Zugang zum Glauben die leiblichen und rituellen Dimensionen des Lebens übersehen oder verleugnen. In vielen Fällen ist diese Zuschreibung durchaus berechtigt und entspricht auch der Selbstwahrnehmung. Dennoch ist die gegenwärtige Gestalt der evangelischen Kirchen nicht ohne den Einfluss liturgisch bewegter Kreise, die schon seit dem 19. Jahrhundert wirksam waren, zu verstehen.

Die evangelische Liturgiewissenschaft unterscheidet zwei Phasen, die „ältere" – ausgehend von der Universität Straßburg – und die „jüngere" liturgische Bewegung, die sich in Folge des Ersten Welt-

---

5 Vgl. den Beitrag von M. Benini in diesem Band.
6 Vgl. D. Haspelmath-Finatti, Theologia Prima. Liturgische Theologie für den evangelischen Gottesdienst (APTLH 80), Göttingen 2014.
7 Diesen Abschnitt habe ich besonders der Arbeit der Berliner Liturgiewissenschaftlerin Katharina Wiefel–Jenner zu verdanken. Ihre Ausführungen finden sich in: K. Wiefel-Jenner, Die jüngere liturgische Bewegung in der evangelischen Kirche des 20. Jahrhunderts, in: A. Redtenbacher (Hg.), Liturgie als Gnade und Rechtfertigung. Pius Parsch und die Liturgische Bewegung in ökumenischer Perspektive (PPSt 14), Freiburg/Br. 2018, 68–105.

kriegs entfaltete.⁸ Ein wichtiges erstes Zentrum war hier die Universität Marburg.

An der liturgischen Bewegung im evangelischen Raum waren, wie auch im katholischen, sowohl Einzelpersonen als auch liturgische Zentren beteiligt. Wenn dies zunächst eher Universitäten waren und keine Klöster, so haben sich gerade durch den Einfluss der liturgischen Bewegungen eine Vielzahl von evangelischen klösterlichen Gemeinschaften und Kommunitäten gebildet, die bis heute wirksame Zentren des liturgischen Lebens sind.

2.1 Rudolf Otto

Zu den frühen Vertretern der jüngeren liturgischen Bewegung zählte der Religionswissenschaftler Rudolf Otto (1869–1937). Er war nicht nur evangelischer Theologe, sondern auch Politiker und zeitweise preußischer Abgeordneter. Er wirkte als Professor in Göttingen, Breslau und Marburg. Ausgedehnte Reisen führten ihn in den Nahen und Fernen Osten und nach Afrika. Auf diesen Reisen entwickelte er ein Interesse an den Weltreligionen, besonders am Hinduismus. So erscheint es nicht verwunderlich, dass Otto sein Hauptwerk mit dem Titel „Das Heilige"[9] versah. Das Buch wurde von seinem Erscheinen an viel gelesen und erlebte bis 1936 nicht weniger als 25 Auflagen. Das Hauptaugenmerk dieses Buches liegt auf Phänomenen religiösen Erlebens. Otto führt die Begriffe des *Numinosum*, *Tremendum* und *Fascinosum* ein, die bis heute gebraucht werden, um religiöse Phänomene zu beschreiben.[10]

Religiöses Erleben als Erfahrung des Mysteriums ist für Otto grundsätzlich irrational, also nicht rational. Es wird aber durch die rationalen Aspekte einer Religion kommunizierbar. Solche Kommunikation ermöglicht einen kollektiven Zugang zum Religiösen: „So wird die Begegnung mit dem Heiligen auch kollektiv erlebbar und damit auch liturgisch gestaltbar"[11]. Von hier aus begibt sich Otto, der vom Fach her systematischer Theologe war, in das Gebiet der Liturgik. Er greift be-

---
8 Schon hier zeigt sich eine Parallele zu dem liturgischen Aufbruch bei Parsch, der ja auch maßgeblich von den Erlebnissen des Krieges beeinflusst war.
9 R. Otto, Das Heilige. Über das Irrationale in der Idee des Göttlichen und sein Verhältnis zum Rationalen, Breslau 1917.
10 Vgl. K. Wiefel-Jenner, Die jüngere liturgische Bewegung, 72.
11 Ebd., 72.

sonders in den eucharistischen Teil des Gottesdienstablaufes ein und ersetzt das Abendmahl durch ein dramatisch gestaltetes *heiliges Schweigen*, den sogenannten „Schweigenden Dienst". Deutlich wird, dass Otto das Schweigen hier sakramental versteht. Wiefel–Jenner erläutert: „Für den ‚Schweigenden Dienst' verweist Otto auf das Vorbild der Quäker. Erkennbar ist aber auch der Versuch, Zen-Meditation in den Rahmen von evangelischer Liturgie zu überführen."[12]

Das Grundanliegen Ottos war es, den religionslosen Menschen seiner Zeit wieder einen Zugang zum Religiösen zu ermöglichen. Die Gemeinde müsse sich am Gottesdienst aktiv beteiligen.[13] Neben dem Sonntagsgottesdienst fördert er die Stundengebete, die auch von Laien geleitet werden sollen.[14] Dazu arbeitet Otto an der Gestaltung des Kirchenjahres. Er entwickelt eine eigene Leseordnung, die das Erleben des Heiligen befördern soll. Ottos liturgische Arbeit wird konkret in den Gottesdiensten in der St.-Jost-Kapelle in Marburg erfahrbar. Studierende aus aller Welt kommen, um bei Otto zu studieren und die Liturgien zu erleben.[15]

Ottos Liturgie des *Schweigenden Dienstes* hat sich allerdings nicht durchsetzen können. Mit dem Einbringen interreligiöser Erfahrungen in die Liturgik war er seiner Zeit wohl voraus. Die Förderung der Beteiligung der Gemeinde, des Stundengebetes und der Feier des Kirchenjahres verbinden sein Wirken aber mit dem der vielen anderen liturgisch Bewegten, nicht nur im evangelischen Raum.

2.2 Die hochkirchliche Bewegung

Prominentester Vertreter der sogenannten „Hochkirchlichen Vereinigung" war Friedrich Heiler (1892–1967). Heiler war römisch-katholisch aufgewachsen und hatte sich in Schweden der lutherischen Kirche angeschlossen. Er ist aber Zeit seines Lebens nicht offiziell konvertiert. Im Zentrum der hochkirchlichen Bewegung stand von Anfang an das Bemühen um die Erneuerung der Kirche. Die Liturgiereform war hier nicht selbst das Ziel, sondern das notwendige Mittel: Es ging um die Erneuerung der Kirche vom Gottesdienst her.[16] Schon am Namen der

---

12 Ebd., 73.
13 Das Motiv der *participatio actuosa* findet sich also auch im evangelischen Raum.
14 Vgl. K. Wiefel-Jenner, Die jüngere liturgische Bewegung, 74.
15 Vgl. ebd., 75.
16 „Man stellte dem Gottesdienst das tägliche Gebet an die Seite, indem man ein

Bewegung lässt sich ablesen, dass hier das englische *Oxford Movement* mit dem Bemühen um eine „High-Church" Pate stand.[17]

Obwohl es manchen Vertretern der Vereinigung mehr um eine nur innerprotestantische Reform und um größere Freiheit zur Gottesdienstgestaltung ging, setzte sich mit Friedrich Heilers Anliegen der gesamtkirchlich ausgerichtete Flügel der Bewegung mit seiner Sehnsucht nach einer ‚evangelischen Katholizität' und nach der *una sancta* durch.[18] Der Gottesdienst war der Ort, an dem sich die eine Kirche realisieren sollte. In der Mess-Ordnung von 1939 sind Einflüsse sowohl aus der katholischen wie auch aus der ostkirchlichen Tradition zu sehen: Es finden sich eine Epiklese (bezogen auf die Gaben und die Gemeinde), die Chrysostomos-Fürbitten in der Form der Ektenie mit angefügten Bitten für die Verstorbenen sowie das Credo ohne das *Filioque*.[19] Liturgische Gewänder in den Farben des Kirchenjahres lösten den schwarzen Talar ab. Es wurde Weihrauch verwendet; es wurde üblich zu knien und sich zu bekreuzigen.

Die aktive Beteiligung der Gemeinde an der Liturgie war für die Messgestaltung zwar wichtig, im Mittelpunkt stand aber, so Wiefel-Jenner, doch die Gestalt des ordinierten Liturgen, der als herausgehobener Vertreter der Kirche handelt.[20]

Die hochkirchliche Vereinigung bemühte sich um die Wiedereinführung des Bischofsamtes in apostolischer Sukzession. Hiermit begab sie sich an den Rand dessen, was innerhalb der evangelischen Kirche zu akzeptieren war. Aber auch aus Sicht der römisch-katholischen Kirche zeigte sich hier die Gefahr einer Grenzüberschreitung.[21]

Dennoch hat die hochkirchliche Bewegung hat die ökumenische Bewegung nachhaltig befruchtet, wie Wiefel-Jenner zusammenfassend schreibt:

„Das Verständnis von Katholizität mit dem Blick sowohl auf die Ostkirche als auch nach Rom und das Wissen darum, dass die Ein-

---

evangelisches Brevier erarbeitete. Man fragte nach der Gestaltung der Gottesdienste, sowohl unter ästhetischem Blickwinkel als auch von den Texten her. Man holte das Abendmahl in den Gottesdienst zurück." K. Wiefel-Jenner, Die jüngere liturgische Bewegung, 77.
17 Vgl. ebd., 78.
18 Vgl. ebd., 77.
19 Vgl. ebd., 80.
20 Vgl. ebd., 83.
21 Vgl. ebd., 82.

heit der Kirche von der Feier des lebendigen Christus im Mahl her gedacht werden muss, hat den Weg zu den ökumenischen Annäherungen gebahnt, wie sie 1982 in der Lima-Erklärung [...] zum Ausdruck kommen."[22]

2.3 Die Berneuchener

Es ist die Gruppe der sogenannten „Berneuchener", von der bis heute die größte Wirkung auf die evangelische und ökumenische Liturgieentwicklung ausgeht. Die Berneuchener haben ihren Namen von dem Rittergut Berneuchen etwa 100 km nordöstlich von Berlin. Hier fanden von 1923 bis 1927 die Tagungen der zunächst noch losen Gruppe von Pfarrern und Akademikern statt.[23] Die wichtigsten Initiatoren, wie Wilhelm Stählin und Karl Bernhard Ritter, waren auch Vertreter der Jugend- und Wandervogelbewegung. Sie fragten besonders danach, wie die Kirche die großstädtische Jugend erreichen kann.[24] Auch sie stellten die Frage nach dem Gottesdienst als Frage nach der Kirche.[25]

Die jährlichen Treffen der Berneuchener führten 1926 zur Publikation einer Reihe von Aufsätzen von bekannten Zeitgenossen, u. a. etwa Paul Tillich, im *Berneuchener Buch*.[26] Als ein grundlegendes Motiv für die Krise der Kirche wurde der zu geringe „Formwille" der evangelischen Kirche herausgestellt. Diese Analyse brachte den Verfassern den Vorwurf des „Katholisierens". Die Themen des Buches ähnelten denen der Jugendbewegung: Es ging um Begriffe wie „Leben," „Leib" und „Lebendigkeit". Leibliche Vollzüge, wie das „Stehen, Sitzen, Schreiten"[27] werden hier als Symbol verstanden, als „durchscheinend"[28] für die Offenbarung.[29] Die Sprache der Essays war ebenso wie die der späteren

---

22 Ebd., 83.
23 Vgl. ebd., 84.
24 Vgl. ebd., 85.
25 Auch Parsch legte Wert darauf, dass es bei seinen liturgischen Anliegen um die Erneuerung der Kirche ging. Vgl. P. Parsch, Wo stehen wir?, 1f.
26 Vgl. K. Wiefel-Jenner, Die jüngere liturgische Bewegung, 85.
27 Ebd., 87.
28 K. B. Ritter, Das Berneuchener Buch. Nach einem Menschenalter XVIII, in: Quat. 22 (1957/1958) 111.
29 Wenn Pius Parsch in seinem Hermsdorfer Vortrag von der Notwendigkeit der Sakramente spricht, geht es ihm auch darum, dass äußere leibliche Vollzüge die gött-

Veröffentlichungen der Bewegung leidenschaftlich. Der Vorwurf zu „katholisieren" begleitete die Berneuchener von Anfang an. Die Schriften von Romano Guardini wurden aufmerksam wahrgenommen. Was folgte, war eine Mischung von Anerkennung und Abgrenzung im Verhältnis zum Katholizismus. Bis zur Mitte des 20. Jahrhunderts war die Beziehung zwischen den Kirchen ja noch nicht von ökumenischen Bestrebungen bestimmt. Aus der Perspektive des 21. Jahrhunderts ist es nicht mehr leicht nachzuvollziehen, was es damals für Theologen bedeutete, in der je anderen Kirche verwandte oder wertvolle Gedanken und Vollzüge zu entdecken. Pius Parsch musste mit dem Vorwurf leben, evangelischem Gedankengut zu nahe zu kommen. Stählin und Ritter mussten sich gegen den Vorwurf des Katholisierens wehren.

1931 wurde aus der Berneuchener Bewegung heraus die Michaelsbruderschaft gegründet. In der Gründungsurkunde bekennt sich die Bruderschaft zum Kampf für eine Kirche, die ihren Auftrag im Sinne des Evangeliums erfüllt.[30] Überall dort, wo von nun an Pfarrer wirkten, die den Berneuchenern und der Michaelsbruderschaft nahestanden, veränderte sich das gottesdienstliche Leben der Gemeinden. Wiefel-Jenner schreibt: „Die Abendmahlshäufigkeit stieg, die Karwoche und Osternacht wurden nach Vorlagen der Bruderschaft gestaltet, Tagzeitengebete und Wochenschluss prägten das Gemeindeleben"[31]. Die Berneuchener arbeiteten am Kirchenjahr, am Tagzeitengebet, an der Abendmahlsordnung.

2.4 Die Kirchliche Arbeit Alpirsbach

Ausgangspunkt für die kirchliche Arbeit Alpirsbach waren die sogenannten Singwochen, die von 1933 an in dem gleichnamigen Ort im Schwarzwald von einem Kreis von Theologen und anderen Interessierten gestaltet wurden.[32] Gregorianischer Gesang, Stundengebete, Abendmahlsfeiern und theologische Vorträge prägten diese Tagungen. Für die theologische Ausrichtung dieser Singwochen war die dialektische Theo-

---

liche Wirksamkeit erfahrbar werden lassen. Vgl. J. Schmiedl, Pius Parsch und die Anfänge der ökumenischen Bewegung, in: A. Redtenbacher (Hg.), Liturgie als Gnade und Rechtfertigung. Pius Parsch und die Liturgische Bewegung in ökumenischer Perspektive (PPSt 14), Freiburg/Br. 2018, 9–22, hier: 16.
30 Vgl. K. Wiefel-Jenner, Die jüngere liturgische Bewegung, 89.
31 Ebd., 90.
32 Vgl. C. Albrecht, Einführung in die Liturgik, Göttingen 1983, 37.

logie mit Karl Barth prägend. Für die Alpirsbacher war die Gregorianik die ideale Kirchenmusik, weil Wort und Ton hier ganz aufeinander bezogen sind und der Text im Verhältnis zur Musik nicht in den Hintergrund tritt.[33] Ihre Arbeit an der Gregorianik und am Kirchenlied ist bis heute wichtig für die Entwicklung ökumenisch gefeierter Stundengebete und neuer Gesangbücher.

Es gab also eine Reihe von Grundanliegen, die Pius Parsch mit den liturgisch Bewegten aus den evangelischen Kirchen verband. Allen ging es um eine kirchliche Erneuerung durch eine neue Aufmerksamkeit für die Liturgie. Nach dem Zweiten Weltkrieg erschienen viele Menschen, und besonders viele Jüngere, als der Kirche entfremdet. Eine Liturgie, die die Menschen aktiv, nämlich leiblich und geistig, mit einbezieht, sollte den Weg zurück in die Kirche erleichtern. Die evangelischen Theologen sprachen von dem Willen zur liturgischen Form, von Leib, Leben und Lebendigkeit und der Öffnung hin zur Offenbarung. Pius Parsch sprach von Bibel und Gnade. Innerhalb beider Kirchen wurden wichtige Grundanliegen der je anderen wieder neu als zum Eigenen gehörend entdeckt.

3. Bibel, Liturgie und Gnade bei Parsch und Luther[34]

Das Stundengebet verband auch Pius Parsch mit Martin Luther. Obwohl ihre Lebensdaten vier Jahrhunderte auseinander lagen, haben diese beiden Theologen doch vieles gemeinsam. Beide entschieden sich als junge Männer für das Klosterleben, das vom Rhythmus des Stundengebetes geprägt war. Hier waren *Bibel und Liturgie*[35] eng miteinander

---

33 Vgl. ebd., 38.
34 Hierzu ausführlicher: D. Haspelmath-Finatti, Liturgie, Bibel und Gnade bei Martin Luther und Pius Parsch, in: A. Redtenbacher (Hg.), Liturgie als Gnade und Rechtfertigung. Pius Parsch und die Liturgische Bewegung in ökumenischer Perspektive (PPSt 14), Freiburg/Br. 2018, 51–62.
35 So der Name der Zeitschriftenreihe, die Pius Parsch 1926 gründete. Vgl. auch die programmatische Äußerung von Andreas Redtenbacher: „Bibel und Liturgie: Denn wenn die Liturgie feiert, was die Bibel als Heilsgeschichte verkündet, können beide aufeinander nicht verzichten" (A. Redtenbacher, Hinführung: Pius Parsch und die Liturgie – 60 Jahre nach seinem Tod, in: ders., Liturgie lernen und leben – zwischen Tradition und Innovation. Pius Parsch Symposion 2014, Freiburg/Br. 2015, 12–18, hier: 16).

verbunden, denn zum Stundengebet gehört ja das Singen der Psalmen.[36] Beide, Pius Parsch und Martin Luther, begannen bald nach ihrem Klostereintritt mit dem intensiven Studium der Psalmen.

Luthers Lieblingspsalmvers hieß: *Non moriar, sed vivam et narrabo opera Domini* (Psalm 118,17). Er kannte den Vers in der Form auswendig, in der er in der Osterliturgie gesungen wird.[37] Er komponierte eine eigene Motette zu eben diesen Psalmworten.[38]

Auch Pius Parsch hatte zu diesem Psalmvers eine besondere Beziehung. In seinen *Liturgischen Predigten* erwähnt er ihn mehrfach in der Fassung, wie er zum Offertorium, auf Deutsch, gesungen wurde.[39] Mit diesem Vers aus Psalm 118 begründete auch er die zentrale Rolle der Gnade Gottes für die Glaubenden: Es ist die Gnade Gottes, die bewirkt, dass Gottes Volk die Hölle nicht sehen muss, sondern Rettung erfahren wird und die großen Werke der göttlichen Gnade loben.[40]

Luthers besondere Vorliebe für Psalm 118,17 fügt sich in eben diese Beobachtung ein: Es ist die Kraft Gottes, die Rettung schafft und bewirkt, dass Menschen als Gerettete die Rettungstaten Gottes verkündigen. Rechtfertigung ist ein Akt, der von Gott ausgeht und Menschen rettend verändert, so dass sie zu Verkündigern und Verkündigerinnen werden. Bemerkenswert ist hier: Rechtfertigung und Heiligung, oder die Theologie der Gnade, finden sich sowohl für Pius Parsch als auch für Martin Luther zuerst im Alten Testament. Sie begegnet beiden zuerst in den Psalmen.

---

36 Zu Luthers Zeit verdrängten allerdings Texte zu den Heiligen-Tagen oft einen Teil der vorgesehenen Psalmen. Vgl. A. Odenthal, „Totum psalterium in usu maneat", in: D. Korsch/V. Leppin, Martin Luther – Biographie und Theologie, Tübingen 2010, 69–117.
37 „Sein Lieblingswort aus dem Psalter [...] hat Luther nach Auskunft des Matthaeus Ratzeberger auf der Feste Coburg 1530 an die Wand geschrieben und die gregorianische Intonation im achten Psalmton darüber notiert". Ebd., 81.
38 J. Block, Verstehen durch Musik: Das gesungene Wort in der Theologie. Ein hermeneutischer Beitrag zur Hymnologie, Tübingen/Basel 2002, 36.
39 Vgl. P. Parsch, Das Kirchenjahr im Lichte der Gnade (Die liturgische Predigt 6), Klosterneuburg/Wien 1952, 140.148.
40 „Wir aber singen [...] das Lied der siegreichen Gnade: ‚Die Rechte des Herrn wirket Kraft' [...]. ‚Ich werde nicht sterben, sondern leben' – ich werde nicht mit dem Unkraut der Ungnade im Ofen der Hölle verbrannt werden und sterben, sondern in der Scheune des Himmels ewig leben und dann die Großtaten der Gnade preisen" (P. Parsch, Kirchenjahr, 148). Parsch verwies dabei auf die Gnadentheologie des Matthias Joseph Scheeben, der er sich in besonderer Weise verpflichtet fühlte. Vgl. den Beitrag von U. Schumacher in diesem Band.

Parsch entwickelt aus dem neuen Verstehen von Bibel und Liturgie eine Gnadentheologie, die in ihrer Radikalität derjenigen Martin Luthers nicht nachsteht. Für Parsch sind Menschen in ihrer Beziehung zu Gott ganz und gar Empfangende, und dies betrifft auch die Kirche. Parsch legt dar, dass das „wahre Gesicht" der Kirche weder in ihrer Organisation noch in ihrer Hierarchie zu finden ist. Die wahre Kirche ist die Gemeinschaft derer, die die Gnade empfangen. Es ist die Gnade allein, die die Kirche konstituiert. Parsch schreibt dazu: „Gäbe es auf der ganzen Erde keine Bischöfe, Priester, keine Christen, wohl aber auf einer einsamen Insel zwei begnadigte Menschen, so wären diese die Kirche. Die Gnade allein erzeugt also Kirche."[41]

Für beide, Luther und Parsch, war es die Verwobenheit von biblischen Studien und liturgischem Leben, die sie dazu führte, die zentrale Bedeutung der Gnade zu entdecken und daraus eine Theologie der rettenden und heiligenden Gnade Gottes zu entwickeln.

4. Pius Parsch und die evangelische Theologie

Wie wir gesehen haben, gibt es eine Reihe von Parallelen zwischen den Biographien und den theologischen Entwicklungen der beiden Theologen Parsch und Luther. Auch die geschichtlichen Bedingungen für ihr Lehren und Predigen hatten durchaus Vergleichbares. Die Bibel wurde in den Kirchen beider nicht sehr viel gelesen. Es gab jeweils einen verbreiteten Ruf nach „aktiver Beteiligung" und nach dem Gebrauch der Landessprache in der Liturgie und den biblischen Lesungen. Beide, Parsch und Luther, reagierten auf dieses Bedürfnis und sorgten in ihren Kirchen nicht nur für praktische Reformen, sondern leidenschaftlich auch für die Verbreitung einer grundlegenden Theologie der Gnade.

Pius Parsch hat die Parallele zwischen den geschichtlichen Voraussetzungen seiner eigenen Zeit und der Zeit der Reformation durchaus erkannt: In seiner Rezension zu Joseph Lortz' zweibändiger Reformationsgeschichte schreibt er sogar:

„Die liturgische Bewegung ist vielfach die Erfüllung der berechtigten Anliegen der Reformation. Ja unsere Bewegung ist die *katholische Reformation*. Und wenn man die kirchlichen Verhältnisse

---

41 P. Parsch, Kirchenjahr, 17.

und Zustände vor der Reformation betrachtet, so waren sie gerade das, was wir bekämpfen, jedoch auf die Spitze getrieben."[42]

Ohne von den Forschungsergebnissen des 21. Jahrhunderts im Bereich der liturgischen Theologie der Neurowissenschaften zu ahnen, entdeckte Pius Parsch die Verwobenheit von liturgischen und biblischen Dimensionen des gelebten Glaubens als Gottes gnadenhaft erlösende, heilende und heiligende Gabe. In seiner Rezension zu Lortz' Reformationsgeschichte schreibt er:

„Es hat vielleicht früher an der nötigen Begründung gefehlt, warum wir denn Bibel und Liturgie pflegen und fördern. [...] Wir hatten ursprünglich instinktiv den Weg zu Bibel und Liturgie gefunden; nun aber erkannten wir, dass hinter diesen etwas ganz Großes liegt, [...] die Gnade und die Gnadenfrömmigkeit. [...] Nun sprechen wir nicht gern von einer Bewegung, von liturgischer oder volksliturgischer oder Bibelbewegung; diese Ziele sind uns zu eng, zu wenig weit. Wir sprechen von einer *christlichen Renaissance*, von einer gesamtkirchlichen Erneuerung."[43]

Hier wird deutlich: Parsch entdeckt nicht nur die Bibel zu einer Zeit, in der die evangelische liturgische Bewegung die Liturgie entdeckt. Parsch entdeckt als das dritte und wichtigste Glied dieser Dreiheit die Gnade. Er entdeckt die von ihm sogenannte Gnadenfrömmigkeit, also ein Leben, das den Zuspruch der Gnade immer neu und bewegend aus der Liturgie und der Bibel erfährt.

Dagegen erscheint das Motiv der Gnade in der liturgischen Bewegung der evangelischen Kirchen gar nicht als ein hervorgehobenes Thema. Pius Parsch ist als katholischer Theologe hier näher bei Luther und der Rechtfertigungslehre als viele Vertreter der evangelischen liturgischen Bewegung. Sowohl für Parsch als auch für die evangelischen Theologen galt aber: Es ging ihnen nicht um die Liturgie an sich; es ging ihnen viel mehr um die Erneuerung der Kirche aus der Liturgie heraus.

Wenn sich Pius Parsch mit den Hauptgedanken seiner Theologie nicht weit entfernt von lutherischem Gedankengut fand, so hat er dies nicht intendiert; auch gab es keinerlei Abhängigkeit seiner Theologie

---

42 P. Parsch, Rezension zu: J. Lortz, Die Reformation in Deutschland, 2 Bde., Freiburg/Br. 1939/40, in: BiLi 14 (1939/40) 100.
43 P. Parsch, Wo stehen wir?, 1f.

von der reformatorischen. Dennoch sah Parsch sich dem Vorwurf ausgesetzt, evangelische Gedanken zu vertreten.

Die Kontakte mit Vertretern der evangelischen liturgischen Bewegung müssen sich mit der Zeit tatsächlich verstärkt haben. Für einen offenen ökumenischen Austausch zwischen katholischen und evangelischen Theologen gab es allerdings schon in der Zwischenkriegszeit Hindernisse. Von den Kirchenleitungen aus wurde ökumenisches Engagement entweder kritisch betrachtet oder sogar verboten. Und in der Zeit des Nationalsozialismus konnten ökumenische Begegnungen zunächst noch verdeckt stattfinden, wie die Hermsdorfer Konferenz 1934. Bald waren sie aber gar nicht mehr möglich. Sie wurden als Einigungsbestrebungen zwischen den Kirchen und deshalb als staatsfeindlich angesehen.

Pius Parsch gehörte zu den Mitinitiatoren der Hermsdorfer Konferenz, zu der sich Ende Mai 1934 reformorientierte Theologen – und mindestens eine Theologin – trafen. Parsch war maßgeblich an der Vorbereitung der Tagung beteiligt. Er schlug vor, die Bibel zur Grundlage des Gesprächs zu machen. Damit konnte er sich allerdings nicht durchsetzen.[44] Damit wird aber noch einmal deutlich, wie sehr die Bibel Grund- und Leitmotiv für Parschs Theologie war. Es war ihm darüber hinaus ein Anliegen, nicht allzu „gelehrte Vorträge"[45] zu halten, sondern einmal das zu betonen, was schon verbindet.[46]

Parschs Vortrag ist in der Form der Mitschrift der Protokollantin, der evangelischen Theologin Renate Ludwig, erhalten. Parsch sprach hier über den Zusammenhang von Gnadenlehre, Ekklesiologie und Sakramentenlehre. Er hob dabei besonders die Bedeutung der Sakramente hervor, durch die das göttliche Leben den Gläubigen gegeben wird.[47] Die Kirche ist für Parsch ein Organismus, den er mit biblischen Bildern wie dem vom Weinstock und vom Leib Christi beschreibt.[48] In der Liturgie wird die Aufgabe der Kirche als Leib Christi deutlich, nämlich durch die Sakramente der Gnade zu dienen.[49] Bibel und Liturgie sind miteinander verbunden.

---

44 Vgl. J. Schmiedl, Pius Parsch, 16.
45 J. Ernesti, Ökumene im Dritten Reich (KKTS 77), Paderborn 2007, 62.
46 Vgl. J. Schmiedl, Pius Parsch, 16.
47 Vgl. B. Dahlke/S. Kopp, Interkonfessionelle Begegnung und Liturgische Bewegung. Zu einigen Aufbrüchen in der Zwischenkriegszeit, in: A. Redtenbacher (Hg.), Liturgie als Gnade und Rechtfertigung. Pius Parsch und die Liturgische Bewegung in ökumenischer Perspektive (PPSt 14), Freiburg/Br. 2018, 23–50, hier: 32.
48 Vgl. J. Schmiedl, Pius Parsch, 16.
49 Vgl. ebd., 17.

5. Geistig und leiblich handeln: Liturgische Theologie und Neurobiologie

Seit einigen Jahrzehnten wird innerhalb der liturgischen Theologie, und zwar im internationalen und ökumenischen Rahmen, die Liturgie als der hervorgehobene Ort betrachtet, an dem Wort und Liturgie als geistige und leibliche Aspekte des Glaubens miteinander verwoben sind und wo Gottes Selbstoffenbarung als transformierende Gegenwart und Gabe erfahren werden kann. Einige Theologen haben schon das Gespräch mit den Neurowissenschaften aufgenommen und die Ergebnisse dieses Austauschs sowohl in die Systematische Theologie wie auch in die Liturgische Theologie aufgenommen.

Die Neurowissenschaften beschäftigen sich intensiv mit dem Verhältnis von geistigen und leiblichen Aspekten des Lebens, von Gehirn und Körper. Inzwischen können sie mit einer Reihe von Studien belegen: Geistige und leibliche Handlungen haben dort, wo sie miteinander verbunden sind, wie etwa in den verschiedenen Bereichen der Kunst, heilende Wirkungen für die Einzelnen, für Gruppen von Menschen und von hier aus für die Umwelt. Gemeinsames Singen etwa kann Herzrhythmen beruhigen und spontanes prosoziales Verhalten auslösen.[50]

Es lässt sich folgern: Liturgische Handlungen können heilend wirken und als zurechtbringende Gabe und als Gnade erfahren werden. Liturgische Handlungen, wie etwa das Singen, geschehen einerseits im komplexen Zusammenhang der Evolution des Menschen und seiner Mitwelt, andererseits sind sie nur innerhalb des ebenso komplexen Zusammenspiels von Gehirn, Gesamtkörper und Umwelt zu verstehen.[51] Menschen finden sich mit ihren Handlungen innerhalb eines Geschehens, das ihnen vorausgeht, in welches ihre Impulse und Entscheidungen eingewoben sind.

Für Pius Parsch und Martin Luther zeigten sich die Bibel und die Liturgie als aufeinander bezogen und miteinander verwoben. Beide leb-

---

50 Vgl. D. Haspelmath-Finatti, *Homo cantans*: On the Logic of Liturgical Singing, in: NTT Journal for Theology and the Study of Religion 73 (2019) 191–203.
51 Zu dem Austausch zwischen Neurowissenschaften, Evolutionsbiologie und Theologie haben etwa der evangelische systematische Theologe Markus Mühling und der römisch-katholische Liturgiewissenschaftler Giorgio Bonaccorso Entscheidendes beigetragen; vgl. M. Mühling, Resonances: Neurobiology, Evolution and Theology. Evolutionary Niche Construction, The Ecological Brain and Relational-Narrative Theology (RThN 29), Göttingen 2014 und G. Bonaccorso, Critica della ragione impura. Per un confronto tra teologia e scienza, Assisi 2016.

ten ein von Liturgie geprägtes Leben als Mönche und Priester. Beide eröffneten die Bibel und die Liturgie den Menschen ihrer Zeit. Beide entdeckten neu die Gnade in ihrer Wirksamkeit als Zentrum des Glaubens. Beide erlebten ihren Weg als Theologen als ein Hineingezogenwerden in die Entdeckung dieser Zentralität heilsamer Gnade Gottes. Beide bewirkten tiefgreifende und kirchliche Veränderungen mit weltweiten Auswirkungen. Die Bedeutung von Pius Parsch, gerade als Wegbereiter für die Reformen der Zweiten Vaticanums, ist wahrscheinlich noch nicht genügend erforscht.

6. Ein Theologe der *theologia prima* mit weltkirchlicher und ökumenischer Weitsicht

Mit Hilfe dieser neuen Erkenntnisse aus dem Gespräch zwischen der liturgischen Theologie und den Neurowissenschaften lässt sich an dieser Stelle ein neuer Blick auf die Frage werfen, woher die Ähnlichkeiten zwischen Pius Parschs eigener Theologie und der Martin Luthers kommen könnten, wo doch Pius Parsch seine Theologie ohne die reformatorischen Einflüsse entwickelt hat.

Parsch spricht selbst an einer Stelle von einer theologischen Entwicklung, deren Themen er sich nicht gesucht hatte, in der er sich vielmehr selbst vorfand. Er schreibt ja: „Wir hatten ursprünglich instinktiv den Weg zu Bibel und Liturgie gefunden."[52] Mit dem Wort „instinktiv" deutet er an, dass er seine Lebensthemen, Bibel und Liturgie, als etwas ihm und seiner Bewegung Gegebenes betrachtet. Auch der Begriff „Bewegung" weist auf ein Bewegtsein hin, das die Beteiligten nicht selbst initiiert haben, in das sie sich vielmehr hineingezogen sehen. Die liturgische Theologie wird in diesem Zusammenhang von der transformierenden göttlichen Kraft sprechen, die in der Liturgie erfahrbar werden kann. Die Neurobiologie wird von der Evolution sprechen, innerhalb derer sich nicht nur einzelne Menschen, sondern auch menschliche Gemeinschaften und die anderen Arten zu größerer Kooperation hin entwickeln. Von hier aus ließe sich auch ein Licht auf die Frage werfen, warum Pius Parsch, Martin Luther und die evangelische liturgische Bewegung an ähnlichen Themen gearbeitet haben, ohne dass diese Ähnlichkeiten jeweils allen Beteiligten bekannt waren. Wenn Menschen für

---

52 P. Parsch, Wo stehen wir?, 1.

ihre Entwicklung im Zusammenhang mit der ganzen Schöpfung geistige, leibliche und gemeinschaftliche Vollzüge brauchen, wenn ihnen diese Bedingungen als Bedingungen der Evolution vorausgehen, dann könnten uns davon ausgehend unsere menschlichen „instinktiven" Handlungen in einem neuen Licht erscheinen.

Parsch sprach von dem instinktiven Weg zu Bibel und Liturgie, der ihn zur Erkenntnis der Gnade führte. Er hat viel mehr als die Vertreter der evangelischen Liturgischen Bewegung die Gnade als zentrales Thema der Liturgie verstanden. Gerade, indem Pius Parsch die Liturgie – und mit ihr die Bibel – als den Ort der göttlichen Gnade beschrieb, erwies er sich als ein Theologe der *theologia prima*.

Parsch entdeckte und entwickelte viele brennende Themen seiner Zeit, darunter die Bibel, die Mitfeier der Liturgie in der Volkssprache, das Erleben der göttlichen Gnade durch die Sakramente und die Liturgie, und dies alles als Gnade und nicht als Gesetz.

Damit nahm er einerseits Grundmotive der Reformation und der Theologie Martin Luthers auf, ohne zunächst noch davon zu wissen. Im Laufe der Zeit erwies sich ihm sein Anliegen nicht nur als eines zur Erneuerung der eigenen Kirche, sondern zugleich als ein zutiefst ökumenisches. Das Zweite Vaticanum hat nach seiner Lebenszeit viele seiner Anliegen aufgenommen und in die Weltkirche eingeführt.

Neue Perspektiven auf Pius Parsch und sein liturgietheologisches Denken – Resümee und Ausblick

Benedikt Kranemann

Die Beiträge des vorliegenden Bandes eröffnen wie schon die Vorträge der zugrundeliegenden Tagung neue Sichtweisen auf Pius Parsch und sein Werk, wo man schon der Meinung war, über Parsch sei alles gesagt. Sie werfen viele neue und weiterführende Fragen auf und erschließen neue Forschungsperspektiven. Die in vier Schritten erfolgende Annäherung an das Thema – historische Verortung, Ekklesiologie, Messfeier, Einflüsse aus Ost und West – ist sinnvoll, impliziert sie doch von vornherein, dass Parsch die Verortung, die historische Kontextualisierung, braucht. Es ist zudem eine kluge Entscheidung, sich der Theologie bei Parsch über die Ekklesiologie zu nähern. Nicht nur, dass die Fragen, die sich damit verbinden, auch für die Gegenwart besonders dringlich sind.[1] Das Zusammenspiel von Liturgie und Ekklesiologie scheint bei Parsch besonders ausgeprägt zu sein, sodass auf diesem Wege zugleich Grundzüge seines Liturgieverständnisses deutlich werden. Die Überlegungen zur Theologie der Messfeier schließen hier nahtlos an. Es entsteht ein sehr profiliertes Bild der theologischen Sicht von Parsch auf diese Liturgie. Der Schlussakkord, die Frage nach ökumenischen Einflüssen, weitet die Perspektive noch einmal. Es ist aufschlussreich, Osten wie Westen dabei in den Blick zu nehmen.

Aus dem Kapitel „Verortung" nimmt man die starke Zeitgebundenheit von Pius Parsch mit. Es ist sehr eindrucksvoll, wieder einmal und durchaus mit neuen, sogar weitreichend neuen Akzenten zu sehen, welche Bedeutung Parsch für die Prozesse der Erneuerung, Reform und Vertiefung der Liturgie im 20. Jahrhundert besessen hat. Schon der Vergleich zweier in ihren Werken ja sehr unterschiedlicher Theologen wie Josef Andreas Jungmann und Parsch[2] zeigt auf der einen Seite die Gemeinsamkeiten, auf der anderen Seite aber die deutlichen Unterschiede,

---
1 Vgl. B. Kranemann/St. Kopp (Hg.), Gottesdienst und Kirchenbilder. Theologische Neuakzentuierungen (QD 313), Freiburg/Br. 2021.
2 Vgl. den Beitrag von R. Pacik in diesem Band.

die nicht nur darin begründet liegen, dass der eine stärker wissenschaftlich, der andere stärker pastoral orientiert war.[3] Durch beide wurden theologisch sehr unterschiedliche Akzente gesetzt. Die gegenseitige Wahrnehmung zeigt zwei Theologen mit anders ausgerichteten Interessen, aber doch der gemeinsamen Sache der liturgischen Erneuerung verpflichtet. Die Differenzierungen, die Rudolf Pacik herausgearbeitet hat, sind schon deshalb wichtig, um erneut zu betonen, dass die Liturgische Bewegung kein Block ist, sondern als ein höchst differenziertes Gebilde wahrzunehmen ist. Mit dem Begriff der „Bewegung", der ja zeitgenössisch und politisch etwas ganz anderes insinuierte, sollte man vorsichtig umgehen. Aber das sei hier nur am Rande festgehalten.

Wichtig für die weitere Wahrnehmung von Parsch sind die Ausführungen von Ursula Schumacher, und zwar deshalb, weil sie Parschs Position theologiegeschichtlich verorten und dadurch neu zum Sprechen bringen.[4] Hierzu gleich mehrere Beobachtungen: Parsch rezipiert eine Theologie, die man in seiner Zeit eben rezipierte, lässt Stärken erkennen, die offensichtlich nicht grenzenlos originell sind – der Erfahrungshintergrund der katholischen Seelsorge seiner Zeit prägt ihn –, lehnt die Drohbotschaft der Sündigkeit des Menschen ab und macht stattdessen das Vertrauen auf die Gnade Gottes stark. Darin unterscheidet er sich von anderen Theologen seiner Zeit, geht aber ebenso mit Zeitgenossen konform. Parsch ist zwar auf der Ebene der Gnadentheologie kein uninteressanter Gesprächspartner, aber zugleich nicht *der* Theologe, mit dem man vor allem das Gespräch über Liturgie und Gnadentheologie suchen würde. Die Gnadentheologie von Parsch zu verstehen, baut eine Brücke zu seinem pastoralliturgischen Wirken, und auf diesem Gebiet liegen seine Meriten.

Der Beitrag von Lea Lerch hilft, Parsch zu historisieren.[5] Das ist für die großen Gestalten der Liturgischen Bewegung unverzichtbar,[6] gleich ob es um Parsch, Casel, Guardini, Herwegen,[7] Gülden und wen auch

---

3 Vgl. zu einem ähnlichen Vergleich innerhalb „der" Liturgischen Bewegung schon A. Poschmann, Klosterneuburg und Leipzig – zwei Zentren der liturgischen Bewegung, in: HlD 58 (2004) 133–141.
4 Vgl. den Beitrag von U. Schumacher in diesem Band.
5 Vgl. den Beitrag von L. Lerch in diesem Band.
6 Das verdeutlichen die Beiträge in M. Lerch/Chr. Stoll (Hg), Gefährdete Moderne. Interdisziplinäre Perspektiven auf die katholische Reformtheologie der Zwischenkriegszeit, Freiburg/Br. 2021.
7 Dazu zählt auch, die Konflikte innerhalb der Liturgischen Bewegung und die persönlichen Grenzen der einzelnen Akteure aufzuzeigen. Vgl. dazu jetzt St. K. Langen-

immer geht. Sie sind nicht die Stichwortgeber oder Ratgeber für die Gegenwart, wiewohl die Auseinandersetzung mit ihnen und ihren Schriften hilft, Fragen aus der Geschichte für die Gegenwart zu formulieren, nach Weichenstellungen in der Vergangenheit zu fragen, die für die Gegenwart noch von Interesse sind, Kirchen- wie Liturgieentwicklung zu verstehen, die Vorgeschichte von Konzil und Liturgiereform nachzuzeichnen usw. Bei Parsch erkennt man aber unübersehbar die starke Zeitgebundenheit. Die jüngere und mittlere Vergangenheit, an der sich Parsch abarbeitet, ist nur mehr bedingt der Hintergrund heutiger theologischer Reflexion. Der Erste Weltkrieg bleibt für die Gegenwart ein wichtiges Datum der Geschichte, aber er ist nach 1945 nicht *die* Zäsur, die er für Parsch darstellte. Gleiches gilt für die Auseinandersetzung mit der Neuscholastik oder den Bezug auf konkrete gesellschaftliche Verhältnisse. Das lässt sich nicht nur für Parsch sagen. Diese Theologen müssen als Menschen ihrer Zeit wahrgenommen werden, was eine gewinnbringende Auseinandersetzung in der Gegenwart mit ihnen ja nicht ausschließt. Das, was man bei Parsch mit Blick auf Theologie, Praxis der Liturgie, nicht zuletzt Prozesse der liturgischen Bildung wahrnehmen kann, verdient alle Beachtung, aber unterliegt eben auch der Notwendigkeit der historischen Verortung, und zwar in der Welt und Kirche der ersten Hälfte des 20. Jahrhunderts.

Überraschend ist die Feststellung von Lerch, den Schriften Parschs sei nicht zu entnehmen, wie er nach 1918 die Grauen des Krieges verarbeitet habe. Wenn man daran denkt, wie Literatur und Kunst der Zeit den Ersten Weltkrieg aufgegriffen haben, wie Menschen bis ins Mark durch diesen Krieg psychisch wie physisch erschüttert waren, überrascht das, gelinde gesagt. Es wäre theologisch interessant und verdiente eine breitere Untersuchung: Wie gehen Akteure der Liturgischen Bewegung mit diesem Krieg um? Wie ist ihre Theologie davon geprägt? Muss man wirklich konstatieren: Es gab keine oder kaum eine Erschütterung? Was wäre das für eine Theologie und was für eine Liturgie, die sich so gegen diese epochale Katastrophe immunisiert hätte? Gleich noch am Rande eine weitere Beobachtung, die gerade in der Zeit der Corona-Pandemie auffällt. Zwischen 1918 und 1920 tobte die Spanische Grippe. Bei Recherchen, wie darauf die Liturgiewissenschaft der Zeit reagierte,

---

bahn, „… Damit wir endlich einen Kristallisationspunkt für wissensch. Liturgik haben". Romano Guardini als Promotor und Cunibert Mohlberg als Organisator des Jahrbuchs für Liturgiewissenschaft, in: ALW 62/63 (2020/21) 18–70.

wird man kaum fündig. Das Ergebnis ist niederschmetternd: In der liturgietheologischen Reflexion kommt diese Katastrophe nicht vor.

Sehr beeindruckend, zugleich reich an Fragen sind die Beiträge zur Kirche als Leib Christi und zum Ideal der Gemeinde bei Parsch. Klaus Unterburger verdeutlicht, in welchem ideengeschichtlichen Umfeld Parsch denkt.[8] Mit Gegensatzpaaren wie Objektivität und Subjektivität, Verbundenheit und Atomisierung wird eine Denkwelt aufgerufen, die ebenfalls bei anderen Liturgikern dieser Zeit begegnet. Es ist geradezu aufregend, vorgeführt zu bekommen, wie hier Geschichtsbilder Einfluss auf pastorale Strategien erhalten. Für die weitere Forschung ist es höchst anregend zu sehen, welche Denkmodelle wann wie entstanden sind und welche Variationsmöglichkeiten es gegeben hat. Wie schon bei Ursula Schumacher deutlich geworden ist, so jetzt wieder bei Klaus Unterburger: Liturgiegeschichtsforschung, insbesondere dann, wenn sie Theologiegeschichtsforschung ist, braucht Interdisziplinarität. Man merkt, welche kreativen Potenziale dadurch entstehen, welche Korrektive ins Spiel kommen und wie eine gegenseitige Bereicherung gelingt. Die Beiträge dieses Sammelbandes rufen geradezu nach mehr Interdisziplinarität.

Im Beitrag von Stefan Kopp überrascht die Wucht, mit der bei Parsch eine Kleruszentrierung begegnet, wiewohl das zeitgenössisch zu erwarten war.[9] Auf sie trifft man etwa dort, wo Parsch den Pfarrer als Stellvertreter des Hauptes Christi, den sichtbaren Ausdruck Christi, und die Pfarrangehörigen als Glieder des Leibes Christi versteht. Das alles wird, so hat Stefan Kopp die Position Parschs beschrieben, als Gegenentwurf zur Kirche als Institution verstanden, in der Recht und Macht dominieren. Hier drängt sich weitere, komparative Forschung für die Liturgische Bewegung geradezu auf. Gab es andere Modelle, wie sahen sie aus, was waren ihre Stärken und Schwächen? Wie stehen etwa die Pfarrmodelle von Parsch und den Leipziger Oratorianern zueinander? Ebenso reizvoll wäre es, Vergleichspunkte in der intellektuellen Debatte der Zeit zu suchen. Ein Zeitgenosse von Parsch ist Max Weber, der sich mit Themen wie „Charisma", „Macht" usw. beschäftigt hat und dessen bis heute relevante Thesen die Gesellschaft seiner Zeit beschäftigt haben. Sind die Debatten um Liturgie, Pfarrei, Kirche, um Kle-

---
8 Vgl. den Beitrag von K. Unterburger in diesem Band.
9 Vgl. den Beitrag von S. Kopp in diesem Band. Vgl. auch B. Kranemann, Allerheiligen – Entstehung und Bedeutungswandel eines Hochfestes, in: ThPQ 167 (2019) 388–395, hier: 392f.

rus und Laien von diesen Diskussionen völlig unberührt? Und wie ließe sich innerhalb der damaligen Zeit die Vorstellung, die Parsch von Gemeinde hat, analysieren? Es ist ja plausibel, der Institution „Kirche" kritisch den Umgang mit Recht und Macht vorzuhalten. Doch wie hat man sich in dem metaphorisch aufgeladenen Pfarreimodell, in dem von Leib und Haupt gesprochen wird, die inneren Verhältnisse vorzustellen? Und was wirkt weiter von dieser Sicht auf Gemeinde, die, wie Stefan Kopp sagt, anfällig war (und ist) für Missbrauch, Amtstriumphalismus und Klerikalismus? Was wird wie rezipiert? Wo muss man möglicherweise nach „unheiliger Theologie" fragen?[10] Es wäre nur redlich, hier schärfer nachzufragen, und wäre notwendig, mögliche Spannungen aus wissenschaftlichem Interesse auszuhalten. Reinhard Meßner ist zuzustimmen: Es ist leicht, heute Parsch zu kritisieren, aber dennoch ist die kritische Auseinandersetzung notwendig.

Aus Meßners Beitrag sollen ein paar Punkte herausgegriffen werden, die nicht auf der Linie der vertrauten Rezeption von Parsch liegen.[11] Das betrifft die Art und Weise, wie hier Theologie betrieben wird: Kirche werde bei Parsch, so Meßner, primär als Kult- und Gnadenreligion, nicht vor allem als Glaubens- und Moralsystem verstanden. Das ist theologisch – immer noch – aufregend und lohnt das genauere Hinsehen. Es ist ein Ansatz, der dem, was landläufig unter Kirche verstanden wird, entgegensteht. Zugleich ist das ein Aspekt der theologischen Intuition Parschs, der – weiterentwickelt, vertieft, kritisch befragt – noch in der heutigen Debatte um das Selbstverständnis der Kirche guttun würde.

Ein zweiter Aspekt, den Meßner ganz kurz streift, sei genannt: Parsch ist Vertreter einer ortskirchlichen Theologie. Wenn man einen solchen Ansatz im Nachhinein und im Lichte verschiedener Konzilsdokumente, nachkonziliarer Aufbrüche und anschließender retardierender und restaurativer Entwicklungen einer Relecture unterziehen und weiterdenken würde, könnte das für die Suche nach einer heute überzeugenden Ekklesiologie anregend sein. Aber dafür müsste man mehr wissen über diese Theologie, ihre Topoi und ihre Bezüge zur Liturgie. Vielleicht handelt es sich hier – mit Meßner formuliert – wiederum mehr um Intuition als um eine ausgearbeitete Theologie. Wobei

---

10 Vgl. M. Striet/R. Werden (Hg.), Unheilige Theologie! Analysen angesichts sexueller Gewalt gegen Minderjährige durch Priester (Katholizismus im Umbruch 9), Freiburg/Br. 2019.
11 Vgl. den Beitrag von R. Meßner in diesem Band.

ein Reiz dieser Intuition darin liegt, dass sie Jahrzehnte später Raum und Möglichkeit zur kreativen Rezeption lässt.

Und der dritte Aspekt in Meßners Beitrag: Die Eucharistie ist der Kristallisationspunkt der Kirche. Es wird deutlich, warum dies die Position von Parsch ist und warum er theologisch so optiert. (Nur nebenbei: Es überrascht schon, dass bei Parsch der systematische Ort des Wortes Gottes zumindest nicht so offensichtlich zu entdecken ist, wie man es erwarten würde.) Wenn man an dieser Aussage zur Eucharistie heute festhalten will, möglicherweise auch deshalb, weil man darin ein Erbe Parschs sieht, das die weitere Auseinandersetzung lohnt, stellt sich die Frage: Was heißt das denn heute? Wie kann die Kirche das leben, wenn ihr die ordinierten Vorsteher auszugehen drohen? Wie oft braucht sie, um es ganz einfach zu sagen, diesen Kristallisationspunkt? Und wie verhalten sich andere Gottesdienstformen, beispielsweise die Stundenliturgie, dazu? Um noch einen Schritt weiterzugehen: Wie versteht man eine eucharistische Ekklesiologie, wenn die Feier der Eucharistie mehr und mehr in Frage steht?[12] Das sind durchaus Themen, bei denen Parsch eine Herausforderung für Theologie und Kirche in der Gegenwart bleibt, und zwar ohne ihn unhistorisch zu überfordern.

In den Aufsätzen über die Messe überraschen die Befunde von Peter Ebenbauer und Winfried Haunerland,[13] wieviel immanente Entwicklung, wie immer sie motiviert gewesen sein mag, bei Parsch zu beobachten ist. Das Problem ist, dass nur selten diesen Entwicklungslinien im Werk von Parsch Aufmerksamkeit gewidmet wird. Aber es würde sich lohnen, einige Längsschnitte im Werk vorzunehmen und der theologischen Dynamik bei Parsch nachzugehen. Parsch arbeitet an seinen Schriften weiter, arbeitet sich vielleicht sogar an ihnen und ihrer Zielsetzung ab, optimiert und verfeinert sie. Er entwickelt sein Werk immer wieder weiter – das schon deshalb viel über den Verfasser und die Kirche seiner Zeit verrät. Bei Peter Ebenbauer fallen einige Begriffe auf, die zeigen, dass es lohnen würde, kulturwissenschaftliche Theorien mit Parsch ins Gespräch zu bringen. Von der Wendung der Eucharistietheologie ins Performative liest man in den Beiträgen hier im Buch. Damit

---

12 Vgl. S. Winter, Erzähl- und Mahlgemeinschaft. Die Theologie des lukanischen Doppelwerks als ein Schlüssel zum Verständnis der Eucharistie, in: LJ 69 (2019) 145–173, hier: 173, der unter bestimmten Bedingungen von einer eucharistischen Kirche auch dort sprechen möchte, wo nicht mehr immer und überall Eucharistie gefeiert werden kann.
13 Vgl. die Beiträge von P. Ebenbauer und W. Haunerland in diesem Band.

kommen der *Performative turn*, ebenso die *Ritual studies* ins Gespräch. Sicherlich wäre es ergiebig, einige der Kristallisationspunkte bei Parsch mit dem entsprechenden kulturwissenschaftlichen Handwerkszeug zu untersuchen, um sie in neuer Weise zum Sprechen zu bringen. Das gilt ebenso für eine weitere Notiz zu Ebenbauers Beitrag. Man liest dort, Parsch sei ein Wegbereiter einer modernen mystagogischen Liturgieerschließung und einer liturgischen Theologie, die in und aus der rituellen Erfahrung des Gottesdienstes lebe. Es wäre nachzufragen, was „modern" hier meint. Der Bezug auf das Ritual beispielsweise könnte als modern verstanden werden. Und allein am Beispiel von Parsch zu studieren, was es in der Moderne heißt, Liturgie ritualnah zu erschließen, könnte heuristisch für die Gegenwart wirken.

Zum Messopfer wäre viel zu sagen und zu fragen. Die Anregung von Winfried Haunerland ist hilfreich, nach Abhängigkeiten und Wechselbeziehungen zu anderen Autoren der Zeit von Pius Parsch zu suchen. Dies würde zu einem immer feiner differenzierten Bild der Liturgischen Bewegung verhelfen. Es gibt hier noch viel zu entdecken. Dazu gehört die Auseinandersetzung mit dem Thema, ob der Sühnegedanke im Laufe der Zeit bei Parsch an Bedeutung verloren hat und was an seine Stelle getreten ist. Allerdings: Bevor man sich mit Haunerland in die Diskussion um eine heutige Messopfererziehung begibt, wüsste man gerne, worauf man sich dabei genau einlassen soll.

Über die Wort-Gottes-Theologie bei Parsch ließe sich trefflich weiter debattieren. Um das Neben- und Miteinander von Schrift und Liturgie zu reformulieren, könnten Theorien der Intertextualität hilfreich sein. Es wäre spannend, mit Parsch und u. a. durch die Predigtanalyse herauszuarbeiten, wie genau dieses Zusammenspiel von Text und Ritus funktioniert. Auch die in jüngster Zeit angerissene Debatte um die Wirkungsästhetik der Liturgie ließe sich vermutlich interessant ins Feld führen.[14] Nicht nur das Anliegen der Predigtqualität bleibt aktuell, das Marco Benini erwähnt,[15] sondern ein wirklicher Ansatz der Schriftrezeption, der im Gespräch mit literaturwissenschaftlichen Verfahren wissenschaftlich zu durchleuchten wäre. Und noch einmal: Der Frage von Reinhard Meßner nach dem systematischen Ort des Wortes Gottes bei Parsch muss nachgegangen werden. Schließlich: Die Rede von einer Sakramentalität des Wortes könnte man von Parsch her angehen und

---

14 Vgl. M. Wald-Fuhrmann/K.-P. Dannecker/S. Boenneke (Hg.), Wirkungsästhetik der Liturgie. Transdisziplinäre Perspektiven (StPaLi 44), Regensburg 2019.
15 Vgl. den Beitrag von M. Benini in diesem Band.

sie im Kontext heutiger Theologie weiterdenken und sie auch sprachlich anders fassen. Auf diesem Gebiet haben Theologie und Kirche bis in die Gegenwart hinein erhebliche Defizite und sind deshalb in manchen Zusammenhängen der Pastoral kaum sprachfähig.[16]

Die beiden Beiträge zu den Einflüssen aus Ost und West machen auf ein weiteres Feld aufmerksam, das die Beschäftigung lohnt. Man muss bei Parsch nicht gleich von „Ökumene" sprechen, aber doch von einer Neugierde auf andere christliche Kirchen, für die die Präsenz unterschiedlicher Kirchen des Ostens und Westens in Wien einen denkbar günstigen Nährboden bot und bildet. Das, was beide Beiträge vorstellen, ist mindestens für die Wahrnehmung anderer Kirchen und ihrer Liturgien durch einen Akteur der Liturgischen Bewegung bemerkenswert. Vielleicht gehört diese Sensibilität zu dem Eigenen, das Parsch in die Liturgische Bewegung eingebracht hat. Daniel Seper erkennt eine zentrale Inspiration aus dem östlichen Christentum, und zwar für zentrale Begriffe bei Parsch. Dorothea Haspelmath-Finatti beobachtet überraschend Ähnliches mit Blick auf den Einfluss evangelischer Kirchen. „Erfahrung" ist in der Tat ein lohnendes Forschungsobjekt.[17]

„Die Liturgietheologie von Pius Parsch" ist dieser Band betitelt. Bei aller Größe, die Parsch innerhalb der Liturgischen Bewegung zugesprochen werden muss, kann von einer zielgerichtet entwickelten Theologie nicht gesprochen werden. Der Begriff der Intuition, den Reinhard Meßner verwendet, trifft Wesentliches. Hier schwingt viel Kreativität mit, die andernorts einer klar umrissenen Theologie sogar fehlt. Zugleich sind mit Bibel und Liturgie die Quellen genannt, aus denen Parschs Überlegungen gespeist wurden.

Unübersehbar ist der immense Einfluss von Parsch in seiner Zeit, der allein schon die Auseinandersetzung verlangt. Die Beiträge dieses Buches zeigen, wie eine Annäherung an Parsch heute gelingen kann. Aber: Dafür muss Parsch zunächst als eine Gestalt der Geschichte betrachtet werden, die in ihrem historischen Umfeld zu verstehen ist. Eine solche Auseinandersetzung mit Geschichte hilft, das eigene Woher zu verstehen, den Blick für Chancen wie Probleme in historischen Ver-

---

16 Vgl. M. Benini, Gegenwärtig im Wort. Sakramentalität des Wortes Gottes, in: Th. Söding/M. Linnenborn (Hg.), Liturgie und Bibel. Theologie und Praxis der Verkündigung des Wortes Gottes, Trier 2020, 28–52.
17 Vgl. L. Lerch, Liturgie im gesellschaftlichen Umbruch. Romano Guardinis Reformtheologie im historischen Kontext der Weimarer Republik [unveröff. Diss.]. Erfurt 2021.

hältnissen zu schärfen, aber auch, an der Kriteriologie der eigenen liturgiewissenschaftlichen Perspektive zu feilen. Nach allem, was man in diesem Buch lesen kann, ist Vorsicht geboten, die Überlegungen und Thesen von Parsch zu schnell ins 21. Jahrhundert zu transferieren. Er ist durch und durch ein Kind seiner Zeit und lohnt die Wahrnehmung in diesem Kontext. Insbesondere in den Aufsätzen von Lerch und Unterburger wird deutlich, wie stark dieser Kontext wirkt. Aber ein Werk, das so in Bewegung bleibt wie das von Parsch, das sich also offensichtlich anfragen lässt und dann weiterentwickelt wird, lohnt die Beschäftigung. Über das hinaus, was in diesem Sammelband thematisiert wird, wären für die Theologie der Liturgie Zeichen und Raum, Musik und Sprache, knapper gesagt: alles, was mit Leiblichkeit und Sinnlichkeit zu tun hat, wichtig. Vermutlich ließe sich zudem über die Werkpräsentation und -edition noch einmal redlich streiten, nämlich mit Blick darauf, wie die Werkentwicklung abgebildet werden kann. Wie hat Parsch eigentlich gearbeitet, mit wem arbeitete er zusammen, mit wem diskutierte er seine Texte? Wie sah sein Netzwerk aus? Gibt es Korrespondenz, die Einblick gibt? Was sind seine literarischen Genera? Welchen Prinzipien folgt er bei der Umarbeitung? Wenn die Perspektive des Gelegenheitslesers auf Parsch nicht gänzlich täuscht, liegen hier noch viele offene, weiterführende Forschungsfragen.

Eine letzte Frage: Wie lässt sich die Position von Parsch mit seiner spezifischen theologischen Sicht der Liturgie in der sich im frühen 20. Jahrhundert neu formatierenden Liturgiewissenschaft beschreiben? Kann man ihn im Feld der Liturgiewissenschaft verorten? Oder ist seine Weise, Liturgie zu reflektieren und zu vermitteln, nicht doch etwas Eigenes neben dem akademischen Betrieb? Wie wirkt sich seine Theologie auf die Bemühungen um das Unternehmen einer akademischen Theologie der Liturgie aus? Das ist ebenfalls eine interessante Frage, die sich nach der Lektüre dieses Buches stellt, die aber schon wieder ein neues Themenfeld aufmachen würde.

Schlussendlich zeigen die Beiträge dieses Bandes, dass die Beschäftigung mit Person und Werk von Pius Parsch in seiner Zeit lohnt, immer wieder neue Perspektiven eröffnet und die Entwicklung von Kirche, Liturgie und Theologie im 20. Jahrhundert zu verstehen hilft. Ohne Übertreibung darf man sagen, dass die vorliegenden Studien darüber hinaus motivieren, sich noch intensiver mit Themen der Liturgiewissenschaft auseinanderzusetzen!

Schlusswort

Andreas Redtenbacher

Am Schluss möchte ich mich noch einmal zu Wort melden. Zunächst einen großen Dank erstens für das Interesse und zweitens natürlich für das, was wir in diesen Tagen erleben durften. Ich habe den Eindruck, dass es ein großer Schritt nach vorn war, um mit Parsch auch heute umgehen zu können und zu schauen, was er aus seiner Zeit heraus uns heute zu sagen hat, oder welche Fragen er uns weiter aufgibt. Ein Danke allen Teilnehmern. Danke denen, die das Symposium so gewissenhaft vorbereitet haben. Es war ein langer Weg dorthin, etwa zwei Jahre immer wieder in neuen Teams, im wissenschaftlichen Beirat des Instituts und so weiter. Wie man sieht, ist es gelungen. Danke vor allem den Referenten. Ich glaube, es war kein einziges Referat dabei, von dem es uns leid täte, dass wir es gehört haben. Es war alles ganz aufschlussreich und exzellent, aber das wurde ohnedies immer wieder betont. Überraschend war die hohe Teilnehmerzahl für mich, 110 Personen haben sich angemeldet, jetzt sind über 60 noch dabei, im Durchschnitt haben immer 70 bis 80 Personen mitgehört, mitgedacht, mitgesprochen. Danke auch für die Diskussionsbeiträge, die die Themen immer wieder vertieft haben. Ich glaube, wir dürfen über dieses Symposium auch von Seiten der Veranstalter her und von Seiten aller Referenten zusammen sehr dankbar sein. Für mich ist erstaunlich, wie überall durchscheint, welche enorme Bedeutung das Stichwort „Gnade" bei Parsch hat. Man sollte das vielleicht auch unter dem Aspekt noch einmal anschauen und vertiefen. Karl Rahner hat einmal gesagt: „Was ist denn Gnade? Sie ist nicht irgendwas Substantielles, das weitergegeben wird, oder irgendein besonderer Erweis von oben an den Menschen, sondern was gibt Gott, wenn er Gnade gibt? Er gibt sich selbst. Gnade ist der Gott, der sich gibt." Es wäre lohnenswert, auch darüber mit Blick auf die Aussagen von Parsch nachzudenken. Beeindruckt hat mich ganz gegen Ende, ich glaube, Dorothea Haspelmath-Finatti hat die Art, wie Parsch mit der Liturgie umgeht, als *theologia prima* geschildert, als den Ort, wo genau diese Gnade erfahrbar und das erste Mal durchbuchstabiert wird, ins Zeichen kommt und dann auch verstanden werden kann.

Ich habe jetzt noch eine ehrenvolle Aufgabe. Die meisten von Ihnen wissen, dass am zweiten Tag des Parsch-Symposiums der bereits am 21. Oktober für das Stift Klosterneuburg ernannte neue Leiter, der Päpstliche Delegat Josef Clemens, parallel zu unserem Symposium das erste Mal im Stift eingetroffen ist und eine Unmenge an Gesprächen führt. Eigentlich hatte er vor, dass er sich heute am Ende des Symposiums einklinkt, um ein Grußwort zu sagen. Offenbar konnte er im Anfangstrubel seiner Tätigkeit doch keine Zeit dafür freischaufeln. Daher habe ich jetzt die Aufgabe, der ich mich nicht entziehen kann und nicht will, die aber mit dem Thema unseres Symposiums wieder sehr eng zusammenhängt. Der Päpstliche Delegat war fast zwei Jahrzehnte Sekretär des Kardinals Ratzinger, als dieser Präfekt der Glaubenskongregation war, und ist daher mit ihm auch heute noch im freundschaftlichen Kontakt. Nun hat der Delegat ihm von diesem Symposium berichtet und hat mir aufgetragen, Folgendes zu übermitteln: Der Papst emeritus, Benedikt XVI., lässt ausdrücklich die Teilnehmer und die Referenten des Symposiums ganz herzlich grüßen, er hat für uns gebetet und er begleitet diese Arbeit mit großer Sympathie. Damit glaube ich, können wir auch unser Symposium beenden. Herzlichen Dank.

Autorinnen und Autoren

Marco Benini ist Professor für Liturgiewissenschaft an der Theologischen Fakultät Trier und Leiter der wissenschaftlichen Abteilung des Deutschen Liturgischen Instituts.

Peter Ebenbauer ist als ao. Universitäts-Professor Leiter des Fachbereichs Liturgiewissenschaft an der Katholisch-Theologischen Fakultät Graz und Lehrbeauftragter für Liturgik am Institut für Kirchenmusik und Orgel der Grazer Kunstuniversität.

Dorothea Haspelmath-Finatti ist evangelische Liturgiewissenschaftlerin und Lehrbeauftragte an der Katholisch-Theologischen Fakultät der Universität Wien.

Winfried Haunerland ist Professor für Liturgiewissenschaft an der Katholisch-Theologischen Fakultät der Ludwig-Maximilians-Universität München und Direktor des Herzoglichen Georgianums.

Stefan Kopp ist Professor für Liturgiewissenschaft an der Theologischen Fakultät Paderborn.

Benedikt Kranemann ist Professor für Liturgiewissenschaft an der Katholisch-Theologischen Fakultät der Universität Erfurt.

Anton Leichtfried ist Weihbischof der Diözese St. Pölten und in der Österreichischen Bischofskonferenz Referatsbischof für Liturgie.

Lea Lerch war Assistentin im Pius-Parsch-Institut Klosterneuburg und ist jetzt wissenschaftliche Mitarbeiterin am Lehrstuhl für Liturgiewissenschaft der Katholisch-Theologischen Fakultät der Eberhard Karls-Universität Tübingen.

Reinhard Meßner ist Universitäts-Professor für Liturgiewissenschaft an der Katholisch-Theologischen Fakultät der Universität Innsbruck.

Rudolf Pacik war von 2004 bis 2012 Universitäts-Professor für Liturgiewissenschaft und Sakramententheologie an der Universität Salzburg.

Andreas Redtenbacher ist Professor für Liturgiewissenschaft an der universitären Philosophisch-Theologischen Hochschule Vallendar, Direktor des Pius-Parsch-Institutes und Präsident der Liturgiewissenschaftlichen Gesellschaft Klosterneuburg.

Ursula Schumacher ist als Professorin mit dem Arbeitsschwerpunkt Dogmatik an der Pädagogischen Hochschule Karlsruhe tätig.

Daniel Seper war Assistent am Lehrstuhl für Liturgiewissenschaft und Sakramententheologie der Universität Wien und ist wissenschaftlicher Mitarbeiter des Pius-Parsch-Institutes Klosterneuburg.

Klaus Unterburger ist Professor für Mittlere und Neue Kirchengeschichte an der Fakultät für Katholische Theologie der Universität Regensburg.

Dokumentation des Symposions

„Das liturgische Bewusstsein der Weltkirche geformt" (Ratzinger) – Die Liturgietheologie von Pius Parsch
Viertes Liturgiewissenschaftliches Symposion

22.–24. Februar 2021
Veranstaltet vom Pius-Parsch-Institut für Liturgiewissenschaft und Sakramententheologie Klosterneuburg

Montag, 22. Februar 2021

VERORTUNG

15:00 Uhr Eröffnung des Symposions
　　　　　 Andreas Redtenbacher (Klosterneuburg/Vallendar)
15:30 Uhr Modernewahrnehmungen und Reformvorstellungen bei Pius Parsch
　　　　　 Lea Lerch (Klosterneuburg)
16:00 Uhr Diskussion
16:15 Uhr Pause
16:45 Uhr „Erkennet das höchste Gut des Christentums, das göttliche Leben". Gnade, Gnadentheologie und Gnadenfrömmigkeit im Denken Pius Parschs
　　　　　 Ursula Schumacher (Karlsruhe)
17:15 Uhr „Die Schau des Christentums von der Mitte aus" / „Das ganze Christentum konzentrieren". Die pastoraltheologischen Anliegen von Pius Parsch und Josef Andreas Jungmann
　　　　　 Rudolf Pacik (Salzburg)
17:45 Uhr Diskussion

Dienstag, 23. Februar 2021

EKKLESIOLOGIE

09:00 Uhr Die Konzeption der Kirche als mystischer Leib Christi in der theologischen Debatte der Zwischenkriegszeit
　　　　　 Klaus Unterburger (Regensburg)
09:30 Uhr Kirche als Leib Christi bei Pius Parsch (Arbeitstitel)
　　　　　 Stefan Kopp (Paderborn)

10:00 Uhr Diskussion
10:30 Uhr Pause
11:00 Uhr Die Gemeinde bei Pius Parsch (Arbeitstitel)
Reinhard Meßner (Innsbruck)
11:30 Uhr Diskussion
12:00 Uhr Mittagspause

Die Messe

15:00 Uhr Zwischen Rezeption und Neuansatz: Zum eucharistietheologischen Profil der „Messerklärung" von Pius Parsch
Peter Ebenbauer (Graz)
15:30 Uhr „Die heutigen Christen haben kein Opferbewusstsein."
Beobachtungen zur Messtheologie bei Pius Parsch
Winfried Haunerland (München)
16:00 Uhr Diskussion
16:30 Uhr Pause
17:00 Uhr Festvortrag
„Große Entdeckung: Die Bibel ist sakramental."
Zu Pius Parschs Wort-Gottes-Theologie und seinen Liturgischen Predigten
Marco Benini (Augsburg)

Mittwoch, 24. Februar 2021

Einflüsse aus Ost und West

09:00 Uhr Von Kiew nach Klosterneuburg. Ostkirchliche Einflüsse auf Pius Parsch
Daniel Seper (Klosterneuburg/Wien)
09:30 Uhr Bibel, Liturgie und Gnade: Pius Parsch und die Liturgische Bewegung in den evangelischen Kirchen
Dorothea Haspelmath-Finatti (Wien)
10:00 Uhr Diskussion
10:30 Uhr Pause
11:00 Uhr Zusammenfassung des Symposions
Benedikt Kranemann (Erfurt)
11:30 Uhr Schlussdebatte
12:00 Uhr Ende

Pius-Parsch-Studien
Quellen und Forschungen zur Liturgischen Bewegung
Herausgegeben von Andreas Redtenbacher

Pius Parsch (1884–1954) war neben Romano Guardini und Odo Casel OSB einer der wichtigsten Pioniere der Liturgischen Bewegung des 20. Jahrhunderts, auf deren theologische und praktische Arbeit viele Aspekte der Liturgiereform des Zweiten Vatikanischen Konzils zurückzuführen sind. Mit seiner „volksliturgischen Bewegung" bildete Parsch ein eigenes Profil innerhalb der Liturgischen Bewegung des deutschen Sprachraumes aus. Parschs Schriften wurden in 17 Sprachen übersetzt und lösten international ein beachtliches Echo aus. Die Reihe „Pius-Parsch-Studien – Quellen und Forschungen zur Liturgischen Bewegung" publiziert Werke von und über Pius Parsch, um seine Theologie für die Wissenschaft und Praxis fruchtbar zu machen.
Mit Band 11 erscheint die Reihe im Verlag HERDER.

Band 11
Josef Keplinger
Der Vorstehersitz
Funktionalität und theologische Zeichenstruktur
2015. 432 Seiten
ISBN 978-3-451-31585-5

Band 12
Andreas Redtenbacher (Hg.)
**Liturgie lernen und leben –
zwischen Tradition und Innovation**
Pius Parsch Symposion 2014
2015. 352 Seiten
ISBN 978-3-451-31586-2

Band 13
Pius Parsch
Laienrituale – Das Buch des Lebens
Neu eingeleitet von Manfred Probst
2016. 336 Seiten
ISBN 978-3-451-31587-9

Band 14
Andreas Redtenbacher (Hg.)
Liturgie als Gnade und Rechtfertigung
Pius Parsch und die Liturgische Bewegung in ökumenischer Perspektive
2018. 168 Seiten
ISBN 978-3-451-31588-6

Band 15
Pius Parsch
Breviererklärung
Mit einer Einführung von Alexander Zerfaß
2018. 512 Seiten
ISBN 978-3-451-31589-3

Band 16
Andreas Redtenbacher/
Markus Schulze (Hg.)
**Sakramentale Feier und
theologia prima.**
Der Vollzug der Liturgie als Anfang und Mitte der Theologie
Klosterneuburger Symposion 2018
2019. 160 Seiten
ISBN 978-3-451-31591-6

Band 17
Andreas Peter Kaiser
Das lateinisch-deutsche Altarmessbuch (1965)
Der vergessene Schritt in der Umsetzung der Liturgiereform
2020. 408 Seiten
ISBN 978-3-451-38917-7

Band 18
Andreas Redtenbacher/
Daniel Seper (Hg.)
Die Liturgietheologie von Pius Parsch
Klosterneuburger Symposion 2021
2022, 264 Seiten
ISBN 978-3-451-38920-7

Band 19
Pius Parsch
Die liturgische Predigt
Grundlegung
Neu eingeleitet von Marco Benini
2021. 400 Seiten
ISBN 978-3-451-38919-1

Erhältlich in jeder Buchhandlung!

HERDER